Lea Tesařová
Monika Bovermann
Hubert Eichheim
Marion Hollerung

BLAUE BLUME

Deutsch als Fremdsprache

Learner's Handbook

Translation

John Stevens

Max Hueber Verlag

Quellenverzeichnis der Texte im Teil „Transkriptionen"

Einheit 1 *Das Gespräch* aus: Gerhard Polt/Hanns Christian Müller „Da schau her" © 1984 by Haffmans Verlag AG, Zürich

Einheit 25 *Der schöne 27. September* aus: Eduard von Jan/Claudia Hümmler-Hille „Hören Sie mal! 2" © Max Hueber Verlag, Ismaning

Einheit 27 *Blaulicht* aus: Hörfunksendung des Bayerischen Rundfunks (BR 2 Notizbuch v. 27.05.98) „Rüstige Alte, Team 50plus – Die älteste Greenpeace-Aktivistin Deutschlands" von Ursula Schwarzer

Einheit 37 *Freiheit, die ich meine* aus: „50 Jahre Deutschland – Jahrgang 49 – aufgewachsenen in zwei Deutschen Staaten" von Felix Kuballa © WDR Köln

Einheit 38 *Hand* aus: Hörfunksendung des Bayerischen Rundfunks (BR 2 Notizbuch v. 25.02.97) „Die Geschichte der Hand" von Bettina Weiz und Hildegard Fendt

Einheit 39 *Was draußen passiert* aus: Hörfunksendung des Bayerischen Rundfunks (BR 2 Notizbuch v. 14.12.98) Ausschnitt aus „Zeit haben" von H. Troxler

Einheit 40 *Des Schweizers Schweiz* aus: Sabine Christiansen (ARD am 03.05.98) Ausschnitt mit S. Christiansen/B. Kurz/K. Felix © Medienkontor Hamburg

Einheit 48 *Die Schönheits-Tipps von Kaiserin Sissi* aus: Hörfunksendung des Bayerischen Rundfunks (BR 2 Sonntags geöffnet v. 06.09.98) von Christine Klumbies und Angelika Schneiderat

Einheit 50 *Ramstein* aus: H.-M. Enzensberger „Ach, Europa!" © Suhrkamp Verlag Frankfurt. Ausschnitt aus dem Hörspiel „Ramstein/Böhmen am Meer" (ausgestrahlt im WDR am 02.06.98)

Einheit 54 *Baummieter* aus: „Hundertwasser – Leben in Spiralen" Ausschnitt einer Reportage von Ferry Radax (ausgestrahlt in ARTE am 19.11.99)

 Dieses Werk folgt der seit dem 1. August 1998 gültigen Rechtschreibreform. Ausnahmen bilden Texte, bei denen künstlerische, philologische oder lizenzrechtliche Gründe einer Änderung entgegenstehen.

€ 3. 2. 1.   Die letzten Ziffern
2007 06 05 04 03   bezeichnen Zahl und Jahr des Druckes.

Alle Drucke dieser Auflage können, da unverändert,
nebeneinander benutzt werden.
1. Auflage
© 2003 Max Hueber Verlag, D-85737 Ismaning
Redaktion: Andrea Mackensen, Andreas Tomaszewski
Umschlaggestaltung: independent Medien-Design, München
Satz: TextMedia, Erdmannhausen
Druck und Bindung: Ludwig Auer GmbH, Donauwörth
Printed in Germany
ISBN 3–19–111620–6

Contents

The glossary contains the words and phrases that appear in the texts and exercises of the Blaue Blume units. As additional support, phrases are given with the important grammatical forms that are relevant. See the explanations below.

The grammatical forms are given from the point at which they are treated in the coursebook:

as from Unit 2:	article and plural form of nouns
as from Unit 4:	irregular forms of verbs in the present tense (3rd person singular)
as from Unit 8:	indication of the prefix in a separable verb
	nouns that only occur in the plural
as from Unit 10:	the perfect form of irregular verbs
as from Unit 13:	dative and accusative object/supplement of verbs
as from Unit 18:	past forms of irregular verbs

Productive vocabulary

The productive vocabulary (the words and phrases you should learn and be able to use) appear in the glossary in normal print. The expressions in italics does not need to be learnt; they are intended as comprehension aids for the texts.

Explanations

Nouns

der Mensch, **-en**	*"-en"*: The plural form is *Menschen*.
die Nacht, **Nächte**	Plural forms with an umlaut and an ending are given in full.
das Nomen, **-**	*"-"*: The plural form is the same as the singular form.
die Leute **Pl.**	*"Pl."*: These nouns only occur in the plural.
der Himmel	no note: The noun has no plural form.

Verbs

fahren, fährt, fuhr,	infinitive, 3rd person singular present, 3rd person singular past
ist gefahren	3rd person singular perfect
auf/stehen	*"/"*: separable prefix
haben jdn./etw.	*haben* + accusative object/supplement (person/thing)
machen etw.	*machen* + accusative object/supplement (thing)
faszinieren jdn.	*faszinieren* + accusative (person)
sich freuen auf jdn./etw.	*sich freuen auf* + accusative (person/thing)
gehören zu jdm./etw.	*gehören zu* + dative (person/thing)
helfen jdm.	*helfen* + dative (person)
bringen jdm. etw.	*bringen* + dative (person) + accusative (thing)
leben von etw. (D)	*leben von* + dative (thing)
gelten als jd./etw.	*gelten als* + nominative (person/thing)

Prepositions

vor A, D	*vor* + accusative or dative
von D	*von* + dative
durch A	*durch* + accusative
infolge G	*infolge* + genitive

Abbreviations

jd.	jemand
jdn.	jemanden
jdm.	jemandem
etw.	etwas

Einheit 1 Das Gespräch

das Gespräch	conversation

1a Das Gespräch

Was?	What?
Hä?	Huh?

2b

Das finde ich toll!	*That's great.*
Genial ist das!	*That's brilliant.*
Ein Meisterwerk!	*A masterpiece!*
Du hast ja keine Ahnung!	*You haven't got a clue.*
Kannst du mir helfen?	*Can you help me?*
Ich brauche Geld.	*I need money.*
2000 Euro	*2000 euros*
Bitte, du musst mir helfen!	*Please, you must help me.*

Ja der Erwin!

Ja der Erwin!	Yes, Erwin.

4

Hallo!	Hello. Hi.
Guten Tag!	Hello.
Grüß Gott!	Hello. (South Germany)
Gruezi!	Hello. (Switzerland)
Servus!	Hello. (Austria)
Wie geht es Ihnen?	How are you? (formal)
Wie geht es dir?	How are you? (informal)
Wie geht's?	How are things?
Danke gut.	Fine thanks.
Sehr gut, danke.	Very well, thank you.
Es geht.	OK.
Schlecht.	Bad(ly). Not good/well.
Schön!	Fine.
Gut!	Good.
Tut mir Leid.	Sorry.
Wie bitte?	Sorry?/Pardon?
Warum?	Why?
Ach so.	Oh, I see.
Ja so.	Right.
Schade!	A pity.
Klar!	Sure.
O.K.	OK.
Natürlich!	Of course.
Ja, also …	Well, …
Also dann …	Well then …
O.K. dann …	OK then …
Auf Wiedersehen!	Goodbye.
Auf Wiederhören!	Goodbye. (on the phone)
Ciao!	Cheerio.
Tschüs!	Bye.

Intonation: Satzmelodie, Satzakzent

Intonation	intonation
Satzmelodie	intonation
Satzakzent	sentence stress

8 Hallo, Sie!

Hallo, Sie!	Hey, you!
Ja, bitte?	Yes?
Wissen Sie, wie ich heiße?!	*Do you know my name?*
Nein.	No.
Hab ich mir gedacht!	*That's what I thought.*
Und du?	And you?
Weißt du, wie ich heiße?	*Do you know my name?*
Aha.	Aha.
Na, dann tschüs!	Right then, bye.

10

Entschuldigung!	Excuse me.
Entschuldigen Sie!	Excuse me.
Hallo, du!	Hey, you!
Entschuldige!	Excuse me.
heißen	be called
Wie heißen Sie?	What's your name? (formal)
Wie heißt du?	What's your name? (informal)
Wie ist Ihr Name?	What's your name? (formal)
Wie ist dein Name?	What's your name? (informal)
Mein Name ist …	My name is …
Ich heiße …	My name is …

14 BahnCard

The nouns are listed with their article and plural form, see note in Unit 2.

die BahnCard	railcard
die Frau, –en	(here:) Mrs
der Herr, –en	(here:) Mr
der Vorname, –n	first name
der Name, –n	name
die Straße, –n	street, road
das Haus, Häuser	house
Nr. = die Nummer, –n	no. = number
die PLZ (Postleitzahl)	postcode, zipcode
der Wohnort, –e	place of residence
der Staat, –en	state
das Geburtsdatum, Geburts-daten	date of birth
der Tag, –e	day
der Monat, –e	month
das Jahr, –e	year
das Telefon, –e	telephone
die Vorwahl	(area/dialling) code

| die Rufnummer, -n | (phone) number |
| die Adresse, -n | address |

Einheit 2 Dualismus

In this unit you learn the article and the plural form of nouns. From here onwards nouns are listed like this: **der** Mensch, **-en**, **die** Nacht, **Nächte**. Nouns with identical singular and plural forms are listed like this: das Nomen, -. Only the singular form is listed if the noun has no plural, e.g. der Himmel.

| der Dualismus | dualism |

2a Dualismus

der Himmel	heaven, sky
und	and
die Hölle	*hell*
das Meer, -e	sea
der Strand, Strände	shore, beach
die Ebbe	*ebb, low tide*
die Flut	*flow, high tide*
der Tag, -e	day
die Nacht, Nächte	night
oben	top, up
unten	bottom, down
links	(on the) left
rechts	(on the) right
stehen	stand
liegen	lie
dienen	*serve*
beherrschen	*rule*
die Liebe	love
der Tod	death
der Krieg, -e	war
der Frieden	peace
der Gott, Götter	god, God
der Teufel, -	*the devil*
der Hass	hatred
die Vergebung	*forgiveness*
der Kompromiss, -e	*compromise*
der Mensch, -en	man(kind)

Wortarten

| die Wortart, -en | word class, part of speech |

5

der Artikel, -	article
das Nomen, -	noun
das Verb, -en	verb
die Konjunktion, -en	conjunction
das Adverb, -ien	adverb

7a Der Himmel

die Erde	earth
die Sonne	sun
die Wolke, -n	cloud
der Strahl, -en	*beam*
das Licht	light
die Finsternis	*darkness*
der Mond	moon
der Stern, -e	star
abends	in the evening(s)
die Dämmerung	*dusk*
morgens	in the morning(s)
die Morgenröte	*dawn*

Aussprache: Vokale (lang, kurz)

die Aussprache	pronunciation
der Vokal, -e	vowel
lang	long
kurz	short

Aussprache und Orthographie

| die Orthographie | spelling, orthography |

12 Das Alphabet

das Alphabet, -e	alphabet
der Umlaut, -e	umlaut
klein	small
groß	big, large

13

Wie?	How?
schreiben	write, spell
Wie schreibt man das?	How do you spell that?
buchstabieren	spell
Bitte buchstabieren Sie.	Please spell.

14a Wo ist das?

Wo?	Where?
Wo ist das?	Where is that?
Wo ist ...? Wo sind ...?	Where is ...? Where are ...?
Wo steht ...?	Where is ...?
in der Mitte	in the middle
das Bild, -er	picture
im Bild	in the picture
der Text, -e	text
im Text	in the text
die Übung, -en	exercise
in der Übung	in the exercise
die Seite, -n	page
auf Seite acht	on page eight

Einheit 3 Zu Hause sein

Zu Hause sein

zu Hause	at home
sein	be
Zu Hause sein ...	Being at home ...
heißen = bedeuten	mean
die Sprache, -n	language
haben	have
Wo ist man zu Hause?	Where is one at home?
der Wurm, Würmer	*worm*
tief	deep (down)
in der Erde	in the earth
der Vogel, Vögel	bird
hoch	high
die Luft	air
in der Luft	in the air
aber	but
ich	I
ich bin	I am

3 Eine gemeinsame Sprache – internationale Wörter

gemeinsam	common
international	international
das Wort, Wörter	word
das Hotel, -s	hotel
die Diskussion, -en	discussion
diskutieren	discuss
die Distanz, -en	*distance*
das Kino, -s	cinema
die Qualität	quality
die Politik	politics
das Musikfestival, -s	*music festival*
das Konzert, -e	concert
das Foto, -s	photo
die Information, -en	information
fotografieren	photograph
informieren	inform
die Konferenz, -en	conference
das Restaurant, -s	restaurant
das Fitnesscenter, -	*fitness centre*
das Zentrum, Zentren	centre
der Film, -e	film
der Sport	sport
filmen	*film*
der Bus, -se	bus
die Physik	physics
das Museum, Museen	museum
der Optimist, -en	*optimist*
der Musikant, -en	*musician*

die Natur	nature
das Klima	*climate*
der Idealismus	*idealism*
der Ingenieur, -e	engineer
der Psychologe, -n	psychologist
die Maschine, -n	machine
die Grammatik, -en	grammar
die Melodie, -n	*melody*
die Biographie, -n	*biography*
der Student, -en	student

5 Intonation: Wortakzent

der Wortakzent, -e	word stress
das Radio, -s	radio
das Taxi, -s	taxi
die Musik	music
die Literatur, -en	*literature*
das Problem, -e	problem
der Politiker, -	politician
der Apparat, -e	apparatus, device
der Fotoapparat, -e	*camera*

7 Eine gemeinsame Sprache – die Optik

die Optik	optics, visual appearance

8a Land – Sprache – Nationalität – Person

das Land, Länder	country
die Nationalität, -en	*nationality*
die Person, -en	person
m = maskulin	masculine
f = feminin	feminine
Deutschland	Germany
Deutsch	German (language)
deutsch	German
der Deutsche /die Deutsche, -n	German (man/woman)
die Schweiz	Switzerland
Schweizerdeutsch	Swiss German
Italienisch	Italian
Französisch	French
schweizerisch	Swiss
der Schweizer, -	Swiss (man)
die Schweizerin, -nen	Swiss (woman)
Österreich	Austria
österreichisch	Austrian
der Österreicher, -	Austrian (man)
die Österreicherin, -nen	Austrian (woman)
Frankreich	France
französisch	French
der Franzose, -n	Frenchman
die Französin, -nen	Frenchwoman
die Türkei	Turkey

Türkisch	Turkish (language)
türkisch	Turkish
der Türke, -n	Turk (Turkish man)
die Türkin, -nen	Turk (Turkish woman)
Italien	Italy
italienisch	Italian
der Italiener, -	Italian (man)
die Italienerin, -nen	Italian (woman)
Großbritannien	Great Britain
Englisch	English (language)
britisch	British
der Brite, -n	Briton (British man)
die Britin, -nen	Briton (British woman)
Schweden	Sweden
Schwedisch	Swedish (language)
schwedisch	Swedish
der Schwede, -n	Swede (Swedish man)
die Schwedin, -nen	Swede (Swedish woman)

9 Ich bin ..., Ich heiße ...

alt	old
das Jahr, -e	year
Ich bin 8 Jahre alt.	I'm 8 years old.
aus	from
Polen	Poland
Ich bin aus Polen.	I'm from Poland.
Ich komme aus (der Türkei/ der Schweiz/Polen.)	I come from (Turkey/ Switzerland/Poland.)
sprechen	speak
Ich spreche Französisch.	I speak French.
Woher?	Where from?
Woher bist / kommst du? Woher sind / kommen Sie?	Where are you / Where do you come from?
Welche ...?	What ... / Which ...?
Welche Sprache sprichst du / sprechen Sie?	What/Which language do you speak?
Polnisch	Polish
wohnen	live
Wo wohnst du / wohnen Sie?	Where do you live?
In Wien.	In Vienna.
Bist du ...? / Sind Sie ...?	Are you ...?

10 Das ist Semra. ...

leben	live
auch	also, too
Sie lebt auch in Wien.	She lives in Vienna, too.
die Türkei	Turkey

Verb und Subjekt

das Subjekt, -e	subject

12 Das Verb: Präsens Singular

das Präsens	present
der Singular	singular
das Personalpronomen, -	personal pronoun
ich	I
du	you
Sie	you
er	he
sie	she
es	it

Der Satz: Aussage, Wortfrage, Satzfrage

der Satz, Sätze	sentence
die Aussage, -n	statement
die Frage, -n	question
die Wortfrage, -n	question with interrogative pronoun, wh-question
die Satzfrage, -n	yes/no-question

19 Verstehen Sie?

verstehen	understand
Verstehen Sie?	Do you understand?
Das verstehe ich nicht.	I don't understand that.
langsam	slow(ly)
Sprechen Sie bitte langsam.	Please speak slowly.
wiederholen	repeat, say again
Wiederholen Sie bitte.	Please say it again.
Wie heißt das auf Englisch/ Deutsch?	What's that in English/ German?
erklären	explain
Erklären Sie das bitte.	Please explain that.

Einheit 4 Farben hören, Töne schmecken

In this unit you learn verbs with irregular forms in the present. So from here on the 3rd person singular is listed for these verbs, e.g. sehen, **sieht**; fahren, **fährt**.
Further information on present forms of irregular verbs can be found on pp. 73–74.

die Farbe, -n	colour
hören	hear
der Ton, Töne	*tone, sound, (music) note*
schmecken	taste

1 Die 5 Sinne

der Sinn, -e	*sense*
sehen, sieht	see
laut	loud, aloud
leise	quiet(ly)
rot	red

bunt	(brightly) coloured
die Form, -en	form, shape
rund	round
spitz	pointed
tasten	*feel, grope*
anfassen	touch
fühlen	feel
hart	hard
weich	soft
riechen	smell
gut	good
schlecht	bad
die Blume, -n	flower
essen, isst	eat
das Brot	bread
trinken	drink
das Wasser	water
der Wein	wine
kalt	cold
warm	warm
heiß	hot
bitter	bitter
salzig	salty
süß	sweet

3 Synästhetiker sehen mehr ...

der Synästhetiker, -	*synesthete*
andere	other
mehr als andere	more than others

A

Ina schmeckt in Formen und Farben.	*Ina tastes in shapes and colours.*
etwas	something
Wenn sie etwas isst, ...	When she eats something, ...
geometrisch	*geometric*
die Figur, -en	figure, shape
bei Salzigem	with salty things
denken an	think of
automatisch	automatic(ally)
reflektierend	*reflective, reflecting*
das Glas	glass
die Glaskugel, -n	*glass ball*

B

assoziieren mit	*associate with*
blau	blue
gelb	yellow

C

heute	today
morgen	tomorrow
grün	green
übermorgen	the day after tomorrow
taubengrau	*dove-coloured*
für	for
die 76-Jährige, -n	the 76-year-old
haben, hat	have
jeder	each, every
der Wochentag, -e	weekday, day of the week
speziell	special

D

nicht nur	not only
Er hört Musik nicht nur, er sieht sie auch.	He doesn't just hear music, he sees it too.
bei jedem Ton	with every note
ablaufen, läuft ab	*run, reel off*
sein, seine	his
der Kopf, Köpfe	head
Bei jedem Ton läuft in seinem Kopf ein Film ab.	*Each sound sets a film running in his head.*
manchmal	sometimes
sehr	very (much)
kompliziert	complicated
ein Film aus bunten, manchmal sehr komplizierten Formen	a film made up of brightly coloured, often very complicated shapes

Textzusammenhang verstehen

der Textzusammenhang	text structure, context

8

z.B. = zum Beispiel	e.g. = for example
das Beispiel, -e	example

9

die Popmusik	*pop music*
Tschechien	the Czech Republic
Tschechisch	Czech (language)
tschechisch	Czech
der Sänger, -	singer

10 Das Verb: Präsens Singular und Plural

der Plural	plural
wir	we
ihr	you (informal plural)
Sie	you (formal singular and plural)
sie (Plural)	they
fahren, fährt	go, drive

Wörter lernen

lernen	learn
neutral (n)	neuter
das Haus, Häuser	house
der Mann, Männer	man
die Frau, -en	woman
für beide	for both

Einheit 5 Zeit

die Zeit	time

A

nur	only, just
Sg. (Singular)	sing. (singular)
das Vorübergehen	*passing*
der Augenblick, -e	moment
die Stunde, -n	hour
die Woche, -n	week
vergehen: die Zeit vergeht	*pass: time passes*
schnell	fast
viel	much, a lot
viel Zeit haben	have a lot of time
wenig	little
wenig Zeit haben	have little time
keine Zeit haben	have no time

B

Zeitwörter	*time words*
die Arbeit, -en	work
die Arbeitszeit, -en	working hours/time
frei	free
die Freizeit	free time
der Unterricht	school, class(es), lessons
die Unterrichtszeit, -en	school time, class/lesson time
der Urlaub, -e	holiday
die Urlaubszeit	holiday time
die Jahreszeit, -en	season
die Tageszeit, -en	time of day
die Uhr, -en	clock
die Uhrzeit, -en	(clock) time
die Jugend	youth
die Jugendzeit	(time of one's) youth
die Schule, -n	school
die Schulzeit	school time, school days
die Welt	world
der Rekord, -e	record
der Weltrekord, -e	world record
die Weltrekordzeit, -en	*world record time*
Zeit haben	have time
Zeit verlieren	lose time

C

die Stechuhr, -en	*time-clock*
die Zeitschrift, -en	magazine
die Werbung	advertising
die Zeitschriftenwerbung	*magazine advertising*
um (1920)	about/around (1920)

D

die Kirche, -n	church
St. = Sankt	St. = saint
Zürich	Zurich
mit größtem Zifferblatt Europas	*with the biggest clockface in Europe*

E

schon	already, as early as
v. Ch. = vor Christus	BC = before Christ
bei	(here:) with
der Ägypter, -	Egyptian
bei den Ägyptern	with the Egyptians
die Sonnenuhr, -en	sundial
der Kalender, -	calendar
gebräuchlich als	*(in) common (use) as*
mittelalterlich	*medieval*
der Bauer, -n	farmer, peasant
fünf	five
der Finger, -	finger
der Strohhalm, -e	*straw*

F

das Inhaltsverzeichnis, -se	*table of contents*
das Tempus, Tempora	*tense*
der Gebrauch	*use*
das Perfekt	perfect (tense)
oder	or
das Präteritum	preterite, past (tense)
die Vergangenheit	past
die Vergangenheitsform, -en	past (tense) form
das Plusquamperfekt	past perfect, pluperfect
das Futur	future (tense)

G

die Gegenwart	present
die Zukunft	future

Wortbildung: Komposita

die Wortbildung	word formation
das Kompositum, Komposita	compound (noun)

4

fremd	foreign
die Mutter, Mütter	mother

der Computer, -	computer
die Heimat	home (country), native country
der Vater, Väter	father
das Ausland	foreign country/countries, abroad

Zahlen: Kardinalzahlen

die Zahl, -en	number
die Kardinalzahl, -en	cardinal number

5 Nacht in der Wildnis

Nacht in der Wildnis	*night in the wild(erness)*
das Auge, -n	eye
funkeln	*sparkle*
der Tiger, -	*tiger*
dunkel	dark
im Dunkeln	in the dark
zuzwinkern	*wink at*
Sie zwinkern uns zu: …	*They wink at us: …*
Macht's gut!	So long!
dort	there
fortgehen	*go away*
die Sohle, -n	*sole*
Sie gehen auf leisen Sohlen fort.	*They steal away.*

Die Uhrzeit

zwölf Uhr	twelve o'clock
Viertel vor (sechs)	(a) quarter to (six)
halb (sechs)	half past (five)
Viertel nach (sechs)	(a) quarter past (six)

Nach der Zeit fragen – Die Zeit angeben

fragen nach	ask for
nach der Zeit fragen	ask the time
angeben	give, state
die Zeit angeben	give the time
Wie viel Uhr ist es? / Wie spät ist es?	What time is it? / What's the time?
(Es ist) elf (Uhr).	(It's) 11 (o'clock).
(Es ist) zehn nach elf.	(It's) ten past eleven.
(Es ist) zwei Uhr dreißig / vierzehn Uhr dreißig / halb drei.	(It's) two thirty (a.m.) / two thirty (a.m.) / half past two.
Wann / Um wie viel Uhr …?	When / (At) What time …?
öffnen	open
die Bibliothek, -en	library
Wann / Um wie viel Uhr öffnet die Bibliothek?	When / What time does the library open?
beginnen	begin
Wann / Um wie viel Uhr beginnt der Unterricht?	When / What time do lessons start?

kommen	come
Wann / Um wie viel Uhr kommst du?	When / What time are you coming?
Um neun (Uhr).	At nine (o'clock).
Von wann bis wann …?	From when to / till when …?
geöffnet	open
Von wann bis wann ist die Bibliothek geöffnet?	From when till when is the library open?
Von neun bis achtzehn Uhr.	From 9am till 6pm.
dauern	last
Von wann bis wann dauert der Unterricht?	From when till when do lessons last?
Wie lange …?	How long …?
bleiben	stay, remain
Wie lange bleiben Sie?	How long are you staying?
Bis elf (Uhr).	Till eleven (o'clock).
die Minute, -n	minute
die Sekunde, -n	second
Eine Viertelstunde.	A quarter of an hour.
Eine halbe Stunde.	Half an hour.
Eine Dreiviertelstunde.	Three quarters of an hour.
Eineinhalb Stunden.	One and a half hours.

12

die Bäckerei, -en	bakery, baker's
Mo = der Montag	Mon = Monday
Fr = der Freitag	Fri = Friday
die Puppe, -n	doll
täglich	daily
außer	except
der Sonntag	Sunday
am Sonntag	on Sunday
frisch	fresh
das Brötchen, -	roll
die Pause, -n	break

13

der Workshop, -s	workshop

14a Die Zahl 7

die Todsünde, -n	*deadly sin*
Im Märchen gibt es …	*In the fairy tale there are …*
der Rabe, -n	*raven*
der Zwerg, -e	*dwarf*
die Siebenmeilenstiefel Pl. (aus dem Märchen „Der gestiefelte Kater": Stiefel, mit denen man mit einem Schritt 7 Meilen zurücklegt)	*seven-league boots* (from the fairy tale "Puss in the Boots": boots in which you can go seven miles with each step)
die Prinzessin Siebenschön	*Princess Siebenschön*
Rom liegt auf 7 Hügeln.	*Rome is built on 7 hills.*

Je 7 Paare von den „reinen" Tieren kommen auf die Arche Noah.	*7 pairs of each of the "pure" animals get into Noah's Arch.*
Pharao träumt von 7 fetten und 7 mageren Kühen.	*Pharaoh dreams of 7 fat and 7 lean cows.*
In der Antike gab es 7 Weltwunder.	*In the ancient world there were 7 wonders of the world.*
In der Bibel macht Gott die Welt in 6 Tagen …	*In the Bible, God creates the world in 6 days …*
… am 7. Tag ruht er sich aus.	*… on the 7th day he rests.*
7 Töne hat die Tonleiter.	*A scale has 7 notes.*
westliche Musik	*western music*

Einheit 6 Irrtümer

From here on verbs that have an accusative object (transitive verbs) are listed like this: sehen **jdn./etw.** (jemanden/etwas jemanden/etwas), machen **etw.** (etwas). In the translation column sb. = somebody, sth. = something.

1 Irrtümer

der Irrtum, Irrtümer	mistake, error
das Lexikon, Lexika	lexicon, encyclopedia
populär	popular
der Chinese, -n	*Chinese (person)*
England	England
das Fastfood	fast food
der Alkohol	alcohol
die Diät	diet
Kanada	Canada
Europa	Europe
die Schokolade, -n	chocolate
haben jdn./etw.	have sb./sth.
er/sie hatte	he/she had
die Kolonie, -n	colony
machen etw.	make sth.
dünn	thin
das Opium	opium
das Volk, Völker	people
der Zahn, Zähne	tooth
die Haut	skin
er/sie war	he/she was
arm	poor
ein armer Schlucker	*a poor devil*
regnen	rain
das Monster	*monster*
der Schüler, -	pupil
wärmen	*warm*
ungesund (gesund)	unhealthy (healthy)
nördlicher als	further north than

2 Elefanten werden …

der Elefant, -en	elephant
alt werden, wird alt	grow old
bis zu	up to
Elefanten werden bis zu 100 Jahre alt.	*Elephants live up to a hundred years.*
die ältesten	the oldest
bisher	so far
bzw. (beziehungsweise)	or
Die ältesten Elefanten wurden bisher laut Guinness Book of Records 70 bzw. 76 Jahre alt.	*According to the Guinness Book of Records the oldest elephants were 70 or 76 years old.*
die meisten	most
Die meisten werden aber keine 50.	*Most don't reach 50.*

Der Artikel: unbestimmter/bestimmter Artikel, Nullartikel

unbestimmter Artikel	indefinite article
bestimmter Artikel	definite article
der Nullartikel, -	zero article

3

der Zoo, -s	zoo
Sport machen	do sport

4

die Tasse, -n	cup
der Tee	tea
der Kaffee	coffee

5

auf der Straße	in the street
sagen	say
die Universität, -en	university
Musik machen	make music
interessant	interesting

6 Das Nomen: Nominativ, Akkusativ

der Nominativ	nominative
der Akkusativ	accusative
der Dialog, -e	*dialogue*
lesen etw., liest	read
markieren etw.	mark sth.
der Akzent, -e	accent, stress
ergänzen etw.	complete sth.
die Liste, -n	list

Nominativergänzung (N), Akkusativergänzung (A)

die Ergänzung, -en	object, supplement
die Nominativergänzung, -en	nominative supplement
die Akkusativergänzung, -en	accusative object/supplement

8

Wer?	Who?
Was?	What?
Wen?	Whom?

10 Zustimmen und widersprechen

zustimmen	agree
widersprechen, widerspricht	disagree, contradict
stimmen	be right
Das stimmt (nicht).	That is (not) right/correct.
Das ist (nicht) richtig.	That is (not) right.
Du hast Recht. / Sie haben Recht.	You're right.
Das ist falsch.	That is wrong.
Ich weiß nicht.	I don't know.

Einheit 7 Ich hab's geschafft!

schaffen etw.	manage sth.
Ich hab's geschafft!	I've made it!

1 Ich hab's geschafft!

mein, meine	my
die Sekretärin, -nen	secretary
Morgen!	Morning!
das Büro, -s	office
der Tisch, -e	table
der Schreibtisch, -e	(writing) desk
das Leder	leather
der Sessel, -	(arm)chair
der Ledersessel, -	*leather armchair*
Hallo?	Hello?
Jawohl.	*Yes, of course.*
der Herr, -en	sir
der Direktor, -en	director
erledigen etw.	deal with sth., see to sth.
(Es) wird erledigt.	(It) will be dealt with / I'll see to it.
sofort	at once, immediately
der Chef, -s	boss

Possessivartikel im Nominativ, Akkusativ

der Possessivartikel, -	possessive article

4

der Markt, Märkte	market
unser, unsere	our

das Angebot, -e	offer
das Sonderangebot, -e	*special offer*
der Preis, -e	price
die Chance, -n	chance, opportunity
die Reise, -n	journey, trip
reservieren etw.	reserve, book
jetzt	now
Ihr, Ihre	your (formal)
ihr, ihre	her
berühmt	famous
weltberühmt	*world-famous*
das Lächeln	smile
dein, deine	your (informal)
der Geburtstag, -e	birthday
alles	everything
Alles Liebe!	Love!
Alles Gute!	All good / Best wishes!
sein, seine	his, its
euer, eure	your (informal plural)
ihr, ihre	her, their

5

das Buch, Bücher	book
die Zeitung, -en	(news)paper
das Auto, -s	car
das Heft, -e	exercise book
der Kugelschreiber, -	biro
die Tasche, -n	bag

6

die Brille, -n	glasses
der Schlüssel, -	key
der Ausweis, -e	identity card
der Schirm, -e	umbrella
das Geld	money
der Geldbeutel, -	purse
der Handschuh, -e	glove
blöd	*stupid*
Ich bin doch nicht blöd!	*I'm not stupid.*

Einheit 8 Guten Tag!

From here on separable verbs are listed like this:
auf/machen.
Nouns that only occur in the plural are labelled "Pl", e.g.
die Leute Pl.

2 Guten Tag!

die Bäckerin, -nen	baker('s woman)
auf/machen etw.	open sth.
der Laden, Läden	shop
da (= vor dem Laden)	*there (= outside the shop)*

der Kunde, -n	customer
der Dauerlauf	*(cross-country) run*
die Runde, -n	*circuit*
die Leute Pl.	people
die Leute von der Nachtschicht	*the people from the nightshift*
dürfen, darf	can, be allowed to
nach Hause	home
gehen	go
Sie dürfen ... gehen.	They can go ... .
müssen, muss	must, have to
von der falschen Seite	from the wrong side
Sie müssen ... sehen.	They must see ... .
der Lehrer, -	teacher
steigen (ins Kabrio)	*get (into the convertible)*
Karl der Große	*Charlemagne*
die Frau, -en	wife, woman
der Koffer, -	suitcase
zu/machen etw.	shut sth.
bügeln etw.	*iron sth.*
nie	never
nie mehr	never again
die Hose, -n	trousers
der Dichter, -	poet
zu/decken jdn./etw.	*cover sb./sth. up*
behutsam	*carefully, cautiously*
die Schreibmaschine, -n	*typewriter*
immerzu	*all the time*
geben	give
es gibt jdn./etw.	there is sb./sth.
so (viele)	so (many)
alle	all
mögen jdn./etw., mag	like sb./sth.
Es gibt so viele Menschen, die man alle gerne mag.	There are so many people that we all like so much.

6

Lehrer für ...	teacher of
die Geschichte	history
das Gymnasium, Gymnasien	grammar school
am Gymnasium	at the grammar school
auf/stehen	get up
früh	early
Er steht gern früh auf.	He likes getting up early.
frühstücken	have breakfast
gemütlich	leisurely, in a leisurely way
lange	*for a long time*
an/fangen etw. , fängt an	begin, start
mittags	at lunchtime / midday
meist (meistens)	usually
das Essen	meal

nach dem Essen	after (here:) lunch
der Mittagsschlaf	*afternoon nap*
dann	then
korrigieren jdn./etw.	correct sb./sth.
vor/bereiten jdn./etw.	prepare sb./sth.
nächst-	next
für den nächsten Tag	for the next day
das Thema, Themen	topic
die Klasse, -n	class, year
in der zwölften Klasse	in the twelfth class/year
gerade	at the moment, just
viel Arbeit machen	be a lot of work
abends	in the evening(s)
aus/gehen	go out
treffen jdn., trifft	meet sb.
der Freund, -e	(male) friend, boyfriend
spielen etw.	play sth.
vielleicht	maybe, perhaps
die Partie, -n	*game*
das Billard	*billiards*
zwischen	between
schlafen, schläft	sleep

Das Verb: trennbare Verben, Satzklammer

trennbare Verben	separable verbs
die Satzklammer	verbal bracket
das Präfix, -e	prefix

8

vergessen jdn./etw., vergisst	forget sb./sth.
besuchen jdn.	visit sb.

Sätze/Satzteile verbinden: aber, und

der Satzteil, -e	part of the sentence
verbinden etw.	link/connect sth.

Tageszeiten

der Morgen, -	morning
am Morgen / morgens	in the morning(s)
Guten Morgen!	Good morning.
der Vormittag	morning
am Vormittag / vormittags	in the morning(s)
der Mittag	midday, lunchtime
am Mittag	at midday/lunchtime, in the middle of the day
mittags	at midday/lunchtime, in the middle of the day
der Nachmittag	afternoon
am Nachmittag / nachmittags	in the afternoon(s)
der Abend, -e	evening
am Abend / abends	in the evening(s)

Guten Abend!	Good evening.
in der Nacht / nachts	at night
Gute Nacht!	Good night.

12

spät	late
nichts	nothing
tun etw.	do sth.
faulenzen	*laze about*
die Freundin, -nen	(female) friend, girlfriend
besuchen jdn.	visit sb.
ein/laden jdn., lädt ein	invite sb. (round)
arbeiten	work
einen Stadtbummel machen	*go for a stroll round town*
die Stadt, Städte	town, city
fern/sehen, sieht fern	watch television
die Hausarbeit, -en	housework
der Brief, -e	letter
der Whisky, -s	*whisky*
der Kamillentee	*camomile tea*
die Briefmarke, -n	stamp
sortieren etw.	*sort sth. (out)*
das Theater, -	theatre
ins Theater gehen	go to the theatre
ins Kino gehen	go to the cinema
die Disko(thek), -en / Diskos	disco(theque)
in die Disko(thek) gehen	go to the disco
die Bar, -s	bar
in eine Bar gehen	go to a bar
ein/kaufen etw.	buy sth.
der Kurs, -e	course
einen Sprachkurs machen	do/take a language course

Der Satz: Hinweise zur Zeit

Hinweise zur Zeit	time references

14

danach	afterwards, after that
die Mitternacht	midnight

15

immer	always
oft	often

Am Montag fängt die Woche an.

am Montag	on Monday
was für ein/eine ...	what ...
Was für ein Tag ist heute?	What day is it today?
Na, Montag!	Monday.
noch (4 Tage)	(4) more (days)
das Wochenende, -n	weekend
das Ende	end

mancher, manches, manche	many a
montags	on Mondays
blau machen	*skip work*
Blauer Montag!	*Blue Monday, skip work on Monday*
der Friseur, -e	hairdresser
geschlossen	closed, shut

17 Wochentage

der Montag, -e	Monday
der Dienstag, -e	Tuesday
der Mittwoch, -e	Wednesday
der Donnerstag, -e	Thursday
der Freitag, -e	Friday
der Samstag, -e	Saturday
der Sonntag, -e	Sunday

Die Zeit angeben: Wann?

gestern	yesterday
heute	today
morgen	tomorrow
der Sonnabend	Saturday
gestern Morgen	yesterday morning
heute Morgen	this morning
morgen Vormittag	tomorrow morning
am Montagmorgen	on Monday morning
am Dienstagnachmittag	on Tuesday afternoon

Wann sind Sie gut gelaunt?

gut/schlecht gelaunt sein	be in a good/bad mood
Zutreffendes ankreuzen	*Mark with a cross what's applicable.*

Einheit 9 Maloche

die Maloche	*slog, (hard) work*

1 Maloche

auf die Maloche gehen	*go to work*
können, kann	can
(Das) ist aber nicht schön.	(That) is not nice.
in gutem Deutsch	in good German
ganz	all, the whole
den ganzen Tag	all day
Da ist man nun den ganzen Tag hart auf der Maloche.	*There you are hard at work all day.*
warten auf jdn./etw.	wait for sb./sth.
aufs Essen warten	wait for one's food
kein, keine	no
Das ist kein gutes Deutsch.	That's not good German.
bei/bringen	*teach*

Dir werd' ich gutes Deutsch beibringen.	*I'll teach you good German.*

3

der Sohn, Söhne	son

5

ugs. = umgangssprachlich	*colloquial*
gespr. = gesprochen	*spoken*

Negation: nicht, kein

die Negation	negation

13 Das Verb: Modalverben Präsens

das Modalverb, -en	modal verb
der Job, -s	job

Satzklammer

der Infinitiv, -e	infinitive

Einheit 10 Heute hier, morgen dort

From here on, irregular verbs are listed with their perfect form too, e.g. fahren, fährt, **ist gefahren**, lesen, liest, **hat gelesen**. You can find the perfect forms of irregular verbs on pp. 98–100.

hier	here
dort	there

2

niemals	never
da	here, there

3 Heute hier, morgen dort

kaum	hardly
ich muss fort(gehen)	I have to go (away)
deswegen	for that reason
sich beklagen	complain
(ich) hab' mich niemals deswegen beklagt	(I) have never complained about that
selbst	myself
wählen jdn./etw.	choose sb./sth.
so	so, thus
(ich) hab' es selbst so gewählt	It was my own choice.
zählen jdn./etw.	count sb./sth.
(ich habe) nie die Jahre gezählt	(I have) never counted the years
(ich habe) nie nach gestern und morgen gefragt	(I have) never asked about yesterday and tomorrow
träumen	dream
Manchmal träume ich schwer.	Sometimes I dream a lot.

denken, hat gedacht	think
bleiben, ist geblieben	stay
nun (jetzt)	now
(et)was ganz and(e)res	something completely different
Jahr um Jahr	year for year
dass	that
wie	as, how, like

Das Verb: Perfekt

das Perfekt	(the) perfect

Partizip II

das Partizip II	past participle
regelmäßige Verben	regular verbs
unregelmäßige Verben	irregular verbs

11 Ich will nicht mehr

können, kann	can, be able to
dürfen, darf	can, may, be allowed to
wollen, will	want to
Ich will nicht mehr!	I've had enough.

15 Modalverben

Ich kann das (nicht) auf Deutsch sagen.	I can(not) say that in German.
Ich kann (nicht) hier bleiben.	I can(not) stay here.
Du kannst den Brief (nicht) lesen.	You can('t) read the letter.
Sie dürfen nach Hause gehen.	You may go home.
Du darfst den Brief nicht lesen.	You may not read the letter.
Kann ich Sie etwas fragen?	Can I ask you something?
Darf ich etwas sagen?	Can/May I say something?
Darf ich bleiben?	Can/May I stay?
Ich muss (nicht) Deutsch lernen.	I must / have to (don't have to) learn German.
Ich will (nicht) hier bleiben.	I (don't) want to stay here.
Er mag Ilona (nicht).	He likes (doesn't like) Ilona.
Magst du (keine) Schokolade?	Do(n't) you like chocolate?
Spielen wir Billard? – Nein, ich mag nicht.	Shall we play billiards? – No, I don't want to / don't fancy it.

17

der Moment, -e	moment

Einheit 11 Kunkels Dias

das Dia, -s	*slide*
Kunkels Dias	*Kunkel's slides*

1 Reisen

reisen, ist gereist	travel
fahren, fährt, ist gefahren	go, drive
eine Reise machen	make / go on a journey
fliegen, ist geflogen	fly
nach Österreich	to Austria
in die Schweiz	to Switzerland
nach Amerika	to America
nach Afrika	to Africa

2

Wohin?	Where to?
im Urlaub	on holiday

3 Kunkels Dias

der Komfort	*luxury*
mit allem Komfort	*with all mod cons*
jeder, jedes, jede	each, every
der Beweis, -e	proof
auf Mallorca / Menorca / Capri	on Majorca / Minorca / Capri
in Rom/Athen	in Rome/Athens
der/die Bekannte, -n	friend, acquaintance
der Onkel, -	uncle
die Tante, -n	aunt
der/die Verwandte, -n	relation, relative
(alle) armen Verwandten	*(all the) poor relatives*
sollen, soll	should, ought to, be to
bei (Kunkel)	at (Kunkel's)
dunkel machen	make it dark
bitten jdn. um etw., hat gebeten	ask sb. for sth.
die Ruhe	quiet
los/legen	get going/started
die Gattin, -nen (veraltet)	*wife (old-fashioned)*
die Schwägerin, -nen	sister-in-law
in lebensgroß	*life-size*
mal	sometimes ...; now ...
speisen	*eat*
in Nizza/Ibiza	*in Nice/Ibiza*
die Pizza, -s	pizza
zu Wasser	*on the water*
zu Land	*on land*
rufen etw., hat gerufen	call, shout sth.
neidisch	*envious*
ganz (neidisch)	quite/completely (envious)
hochinteressant	fascinating, most interesting

Intonation: rhythmisches Sprechen

rhythmisches Sprechen	rhythmic speaking

8a Urlaub machen

Urlaub machen	going on holiday
in der Sonne liegen, hat gelegen	lie in the sun
Tennis spielen	play tennis
schwimmen, ist/hat geschwommen	swim
wandern, ist gewandert	hike, go hiking
besichtigen etw.	see/view/look at sth.
der Ausflug, Ausflüge	excursion
einen Ausflug machen	go on an excursion

9 Verwandschaftsbezeichnungen

die Verwandtschaftsbezeichnungen Pl.	*(terms for) relations*
das Ehepaar, -e	married couple
die Tochter, Töchter	daughter
das Kind, -er	child
der Junge, -n	boy
das Mädchen, -	girl
der Bruder, Brüder	brother
die Schwester, -n	sister
die Geschwister Pl.	brothers and sisters
die Eltern Pl.	parents
der Schwiegervater, -väter	father-in-law
die Schwiegermutter, -mütter	mother-in-law
die Schwiegereltern Pl.	parents-in-law
der Großvater, -väter	grandfather
die Großmutter, -mütter	grandmother
die Großeltern Pl.	grandparents
der Enkel, -	grandson
die Enkelin, -nen	granddaughter
das Enkelkind, -er	grandchild
der Neffe, -n	nephew
die Nichte, -n	niece
der Cousin, -s	(male) cousin
die Cousine, -n	(female) cousin
verheiratet	married
ledig	single
geschieden	divorced

16a Wie finden Sie ...?

finden jdn./etw., hat gefunden	find sb./sth.; think of sb./sth.
Wie finden Sie ...?	What do you think of ...?
(Das ist) wunderschön.	(That's) wonderful/beautiful.
Wie findest du ...?	What do you think of ...?
(Das finde ich) super.	(I think that's) super.
gefallen, gefällt, hat gefallen	like
Wie gefällt dir ...?	How do you like ...?

(Das gefällt mir) super, sehr, ganz gut, gar nicht.	(I think that's) super; (I like that) a lot; I quite like that; (I do) not (like that) at all.
Wie gefällt Ihnen ...?	How do you like ...?
halten von etw./jdm., hält, hat gehalten	think of/about sb./sth.
Was hältst du von ...?	What do you think of ...?
(Davon halte ich) viel, nicht viel, gar nichts.	(I think) a lot, I don't think much/anything (of that).
Was halten Sie von ...?	What do you think of ...?
todlangweilig	deadly boring
langweilig	boring
sehr (langweilig)	very (boring)
ziemlich (langweilig)	pretty (boring)
ganz (interessant)	very/highly/extremely/quite (interesting)
spannend	exciting
nicht besonders interessant	not particularly (interesting)
hässlich	ugly
toll	great
schrecklich	awful, terrible

Einheit 12 Ein Farbiger

ein Farbiger	*a coloured man*

1

der/die Farbige, -n	*coloured man/woman*
der/die Weiße, -n	*white (man/woman)*
weiß	white
der/die Schwarze, -n	*black (man/woman)*
schwarz	black
farbig	coloured

2 Ein Farbiger

wenn	when
zur Welt kommen, ist gekommen	come into the world, be born
auf/wachsen, wächst auf, ist aufgewachsen	*grow up*
krank	ill
in der Sonne gehen, ist gegangen	go out into the sun
frieren, hat gefroren	freeze
sterben, stirbt, ist gestorben	die
rosa	pink
grau	grey
wagen etw.	*dare sth.*
verdammt noch mal	*damn it*
nennen jdn./etw., hat genannt	call sb./sth.

Sätze verbinden: Hauptsatz und Nebensatz

der Hauptsatz, –sätze	main clause
der Nebensatz, –sätze	sub-clause, subordinate clause

Spur im Sand

die Spur, -en	track, trace
der Sand	sand
er ging (*Präteritumform* von gehen)	he went (past of gehen)

8a

dick	fat, thick
reich	rich
intelligent	intelligent
dumm	stupid
jung	young

Aussprache: *er* und *e* am Wortende

das Wortende	end of the word

11 Wortbildung: Suffix *-er*

das Suffix, -e	suffix
der Leser, -	reader
der Träumer, -	dreamer
Japan	Japan
der Japaner, -	Japanese (person)
Kanada	Canada
der Kanadier, -	Canadian
Spanien	Spain
der Spanier, -	Spaniard
Berlin	Berlin
der Berliner, -	Berliner
ein Schwarzer	*a black (man/person)*
ein Rechter	*a right-winger, rightist*
ein Grüner	*a green*

Einheit 13 Der Brief

From here on, verbs that take a dative (indirect) object are listed like this: helfen **jdm.** (jemandem = [to/for] somebody). Verbs that have a dative (indirect) and an accusative (direct) object, like this: bringen **jdm. etw.** (jemandem etwas).

1 Der Brief

von D	from
von mir	from me
zu D	to
zu dir	to you
das Tier, -e	animal
dies	this
das Stück, -e	piece

das Papier	paper
jedoch	but, however
bringen jdm. etw., hat gebracht	bring sb. sth.
der Bericht, -e	report
lieb haben jdn./etw., hat lieb, hat lieb gehabt	be fond of sb./sth.
vergessen jdn./etw., vergisst, hat vergessen	forget sb./sth.
Vergiss mich nicht!	Don't forget me.

Personalpronomen: Nominativ, Akkusativ, Dativ

der Dativ	dative

Rätsel

das Rätsel, -	*puzzle*
geben jdm. etw., gibt, hat gegeben	give sb. sth.
trotzdem	nevertheless, despite that

7

lieben jdn./etw.	love sb./sth.

8

antworten jdm.	answer sb.
helfen jdm., hilft, hat geholfen	help sb.

9 Liebe ... Lieber ...

Liebe ...	Dear ... (addressing woman)
Lieber ...	Dear ... (addressing man)
der Juli	July
sicher	certainly, I'm sure/certain
wieder	again
zurück	back
hochbefriedigend	*highly satisfying*
befriedigend	satisfying
zusammen/bringen jdn./etw.	bring sb./sth. together
neu	new
einander	each other
kennen lernen jdn./etw.	get to know sb./sth.
befreundet sein mit jdm., ist gewesen	be friends / have been friends with sb.
etw. freut jdn.	be a pleasure to sb., please sb.
das Buch, Bücher	book
ein Buch über (Griechenland)	*a book about (Greece)*
außerordentlich	extremely
gespannt sein auf jdn./etw.	be (eagerly) looking forward to sb./sth.
Ich bin gespannt darauf.	I'm looking forward to it.
scheinen, hat geschienen	seem, appear
wie mir scheint	it seems to me
du wirst ... anpeilen	*you will be aiming/looking at ...*

dabei	in it
griechisch	Greek
das Verhältnis, -se	relationship
gehen um jdn./etw.	deal with, be about
es wird sicher nicht um ... gehen	it certainly won't be about ...
sondern	but (on the contrary)
der Grieche, -n	Greek (person)
(he)rum/laufen, läuft (he)rum, ist (he)rumgelaufen	*run round*
schicken jdm. etw.	send sb. sth.
die Sache, -n	thing (here: piece of writing)
lang, länger	long, quite long
eine längere Sache	quite a long piece (of writing)
einseitig	one-page
damals	then, at the time
der Zorn	*anger*
allgemein, allgemeiner	general(ly), more general(ly)
argumentieren	*argue*
der Verlag, -e	*publisher*
das Exemplar, -e	*copy*
die Antwort, -en	answer, reply
bekommen etw., hat bekommen	get, receive
möglicherweise	*possibly*
an/regen jdn./etw.	*inspire sb./sth.*
ähnlich	similar
jedenfalls	at any rate, in any case
Mach's gut!	So long!

Akkusativergänzung, Dativergänzung

die Dativergänzung, -en	dative object/supplement
Wem?	To whom?

16 Anredeformen und Grußformen

die Anrede, -n	form of address, salutation
der Gruß, Grüße	greeting
Sehr geehrter Herr ...	Dear Mr ...
Sehr geehrte Frau ...	Dear Ms/Mrs ...
Sehr geehrte Damen und Herren	Dear Sir, dear Madam; Dear Sirs
mit freundlichen/herzlichen Grüßen	Yours sincerely / Yours very sincerely, Warmest regards
freundlich	friendly
herzlich	cordial, hearty, sincere
mit freundlichem Gruß	Yours sincerely
Herzliche Grüße	Yours very sincerely, Warmest regards
Viele Grüße	Best wishes
Herzlichst ...	Yours

17 Vergiss mich nicht!

sich rasieren	shave (oneself)
sich an/ziehen, hat sich an-gezogen	get dressed
der Schuh, -e	shoe
putzen etw.	clean sth.
die Jacke, -n	jacket
zu/knöpfen etw.	*button sth. up*
gerade	straight
sich (gerade) halten, hält, hat gehalten	*stand up straight*
sich beeilen	hurry up

Das Verb: Imperativ

der Imperativ	imperative

20

pünktlich	punctual(ly), on time
lauter	louder
an/rufen jdn.	call/phone sb.

21

überrascht	surprised
der Briefkasten, -kästen	letterbox
lag (*Präteritumform* von liegen)	lay (past of liegen)
endlich	finally, at last
der Plan, Pläne	plan
besprechen etw., bespricht, hat besprochen	discuss
wirklich	really
unbedingt	absolutely, really
der Gedanke, -n	thought
Mach dir schon mal Gedanken.	*Start thinking about it.*
der Treffpunkt	meeting place
also	so
sich treffen, trifft sich, hat sich getroffen	meet
Also treffen wir uns ...	So we'll meet ...

Einheit 14 Weibsbilder

das Weibsbild, -er	*female, woman*

1 Weibsbilder

die Vokabel, -n	vocabulary (item)
wissen etw., weiß, hat gewusst	know sth.
zuerst	first, at first
die Pflicht, -en	duty
Wieso?	Why? How come?
sich treffen mit jdm.	meet sb.
das Schwimmbad, Schwimmbäder	swimming pool

pauken etw.	*swot up on sth.*
Du willst ins Kino, Tennis spielen, ... – nur nicht Vokabeln pauken!	You want to go to the cinema, play tennis, ... – everything but swot up on your vocabulary.
die Übertreibung, -en	*exaggeration*

7b Vorwürfe machen – auf Vorwürfe reagieren

der Vorwurf, Vorwürfe	reproach
Vorwürfe machen	reproach (sb.)
reagieren auf etw.	react to sth.
Du weißt doch, dass ...	But you know that ...
Du siehst doch, dass ...	But you can see that ...
Sie wissen doch, ...	But you know that ...
Ja, ich weiß, aber ...	Yes, I know, but ...
Wieso ...? / Warum ...?	How come ...? / Why ...?
Da siehst du's.	There you are!
Da hast du's.	There you are!

Aussprache: unbetontes e

unbetont (betont)	unstressed (stressed)

17b Stephie Betz

das Fahrrad, -räder	bicycle
der Park, -s	park
die Familie, -n	family
der Hund, -e	dog
die Grundschule, -n	primary school
die Wohnung, -en	flat
das Zimmer, -	room
die Küche, -n	kitchen
das Bad, Bäder	bath(room)
zusammen sein	be together
erzählen jdm. etw. / von jdm./etw. (D)	tell sb. sth./about sb./sth.
Latein	Latin (language)
Spanisch	Spanish (language)
die Hausaufgabe, -n	homework
spazieren gehen	go for a walk

19 Stephie, kannst du mir mal erzählen, ...

eigen-	own
das Schlafzimmer, -	bedroom
sich teilen etw.	share sth.
eigentlich	actually, really, in fact
es passt	it fits, it's right
gehören zu jdm./etw.	belong to sb./sth.
500 Meter weiter die Straße rauf	500 metres up the road
der Halbbruder, -brüder	*half-brother*
nah an D	near
praktisch	handy, practical

das Radl (= das Fahrrad)	bike (Bavarian dialect)
der Garten, Gärten	garden
sonst wohin	anywhere else
brauchen jdn./etw.	need sb./sth.
kein ... mehr	no ... any longer

Einheit 15 Stehkneipe

die Stehkneipe, -n	stand-up bar
die Kneipe, -n	pub, bar

1 Stehkneipe

sich unterhalten mit jdm., unterhält sich, hat sich unterhalten	chat/talk to sb., have a conversation with sb.
der Gast, Gäste	guest, customer
sitzen, hat gesessen	sit
seit D	since
ungefähr	about, roughly
Na, seit ungefähr, sagen wir, fünf Minuten vor sechs.	Well, since about, let's say, five to six.
Wie lange werden Sie noch hier sitzen?	How much longer will you sit here?
Ich würde sagen, ...	I'd say ...
bis A	till
bis Feierabend	till evening/finishing time
weil	because
der Durst	thirst
Durst haben	be thirsty
der Grund, Gründe	reason
ander-	other
Aus keinem anderen Grund?	For no other reason?
als (Kellner)	as (a waiter)
der Kellner, -	waiter
das Glas, Gläser	glass
das Bier	beer
allein	alone
schmecken jdm.	taste good
Allein schmeckt mir das Bier nie.	I never enjoy my beer when I'm on my own.
in Gesellschaft	in company
Wie alt sind Sie?	How old are you?
die Nase, -n	nose
(Ich habe) die Nase voll.	(I'm) fed up.

12 Der Mann am Klavier

das Klavier, -e	piano
Sagen Sie ihm, (e)s wär(e) von mir.	Tell him it's from me.
dafür	for it, in exchange
das Lied, -er	song

kriegen etw.	get sth.
tanzen	dance
erst	not till
zum Schluss	at the end
brav	good old
der Musikus	musician
fast	nearly, almost
die Freude, -n	joy
Freude machen	give pleasure
heran/rufen jdn.	call sb. over
der Wirt, -e	landlord
bestellen etw.	order sth.
gießen etw., hat gegossen	pour sth.
dieser, dieses, diese	this

Aussprache: vokalisches r

vokalisches r	vocalic r

14b Im Café

das Café, -s	café
im Café	in the café
Der Tisch dort ist noch frei.	The table there is free.
die Rechnung, -en	bill
Die Rechnung bitte!	The bill, please.
Haben Sie reserviert?	Have you booked?
Kann ich bitte Pfeffer und Salz haben?	Can I have salt and pepper, please?
die Speisekarte, -n	menu
Hier ist die (Speise)karte.	Here is the menu.
Dort hinten.	Back there.
Was macht das?	How much is that?
Guten Appetit!	Enjoy your meal.
leider	unfortunately, I'm afraid
Die Küche hat leider schon zu.	I'm afraid we're no longer serving food / the kitchen is already closed.
Was willst du trinken/essen?	Whatdo you want to drink/eat?
Was wollen/möchten Sie trinken?	What do you want / would you like to drink?
22 Euro 50	22 euros 50
der Euro, -s	euro
Was darf ich Ihnen bringen?	What can I bring you?
Getrennt oder zusammen?	Separate or together?
Bringen Sie die Karte, bitte.	(Bring) The menu, please.
Wie viele Personen?	How many people?
Ich möchte eine Tasse Kaffee.	I'd like a cup of coffee.
Ein Glas Apfelsaft, bitte.	A glass of apple juice, please.
Ein kleines Mineralwasser.	A small mineral water.
Wo ist bitte die Toilette?	Where is the toilet, please?
(be)zahlen etw.	pay for sth.

| Bezahlen bitte! | The bill, please. |
| Ein Omelett mit Schinken, bitte. | A ham omelette, please. |

Die Zeit angeben: Präpositionen

die Präposition, -en	preposition
Seit wann sind Sie hier?	How long have you been here?
Seit einer Stunde.	For an hour.

an, in, nach, von ... bis, zwischen, um, vor

vor D	before
vor 9 Uhr	before 9 o'clock
nach D	after
nach 9 Uhr	after 9 o'clock
in D	in
in zwei Stunden	in two hours
in einem Monat	in a month('s time)

Einheit 16 Herz verloren

| das Herz, -en | heart |
| verlieren jdn./etw., hat verloren | lose sb./sth. |

1 Haben Sie jemals Ihr Herz verloren?

| *jemals* | *ever* |
| *Folgen haben* | *have consequences* |

A

gehören jdm.	belong to sb.
etw. gefällt jdm. an jdm./etw.	like sth. about sb./sth.
einfach	simply, just
An dem gefällt mir einfach alles.	I just like everything about him.
heiraten jdn.	marry sb.
etw. geht schief	*sth. goes wrong*

B

verschenken etw.	give sth. away
völlig	complete(ly)
der Blödsinn	*nonsense*
Na ja	well
einmal	once
so ein/eine	a sort of
die Affäre, -n	*affair*
sah ... aus (*Präteritumform von aussehen*)	looked (past of aussehen)
aus/sehen, sieht aus, hat ausgesehen	look
der Blick, -e	glance, look
auf den ersten Blick	at first sight
stürmisch	*passionate, wild*

| irgendwie | somehow |
| *wie ausgedacht* | *made up, imaginary* |

C

die Fleischerei, -en	*butcher's*
schwer	heavy
die Kiste, -n	*crate, box*
helfen jdm. mit etw. (D), hilft, hat geholfen	help sb. with sth.
erst (zuerst)	first (at first)
sich freuen auf jdn./etw.	look forward to sb./sth.
Er freut sich d(a)rauf.	He's looking forward to it.
auf die Nerven gehen	*get on sb.'s nerves*
das Schreien	crying
sich vor/stellen etw.	imagine sth.
anders	different(ly)
Ich hatte mir das alles anders vorgestellt.	I had completely different ideas

D

nie mehr	never again
Ich würde mein Herz nie mehr verschenken, ich würde es nur noch verborgen.	I'd never give my heart away again, I'd only lend it.
er ist weg(gegangen)	he's gone
er wollte (*Präteritumform von* wollen)	he wanted (past of wollen)
ich hatte	I had
Ich hatte aber schon eins (= ein Kind).	But I already had one (= a child).
Jeder hatte seinen Dickkopf.	*Each of us was stubborn.*
als	when
wehtun jdm., hat wehgetan	hurt sb.
seither	*since then*
vorsichtig	careful
werden, wird, ist geworden	become, get

8

| danken jdm. | thank sb. |
| gratulieren jdm. | congratulate sb. |

Das Verb: reflexive Verben

reflexive Verben	reflexive verbs
das Reflexivpronomen, -	reflexive pronoun
sich verstehen, haben sich verstanden	get on/along

12a

| sich um/ziehen, hat sich umgezogen | get changed, change one's clothes |

14 Ich hab mein Herz in Heidelberg verloren

lau	*mild*
die Sommernacht, Sommernächte	*summer night*
der Sommer, -	summer
verliebt sein	be in love
beide	both
das Ohr, -en	ear
bis über beide Ohren ver- liebt sein	be head over heels in love
das Röslein	*little rose*
der Mund, Münder	mouth
lachen	laugh
Abschied nehmen, nimmt, hat genommen	*say farewell, take one's leave*
das Tor, -e	*gate*
letzter, letztes, letzte	last
der Kuss, Küsse	kiss
erkennen jdn./etw., hat er- kannt	recognize sb./sth., realize sth.
schlagen, schlägt, hat ge- schlagen	beat
der Neckar	*Neckar (river in southwest Germany)*

15 Liebe

sich küssen	kiss (each other)
sich verlieben	fall in love
sich verabschieden	say goodbye

Einheit 17 Hallo! Hallo!

1 Hallo! Hallo!

suchen jdn./etw.	look for sb./sth.
süß	*sweet*
nett	nice
lieb	kind, sweet, lovable
hübsch	pretty
froh	glad
Ich wär so froh, ganz toll und froh.	*I'd be so glad, really glad.*
ganz genau	exact(ly); for certain/sure
bald	soon
..., wenn ich sie bald hätte	*... if I had her soon*
klar	clear
rein	clear, pure
dunkelblau	dark blue
klug	clever
genug	enough
kokett	*coquettish*

Das Verb: Konjunktiv II Gegenwart

das Adjektiv, -e	adjective

Das Adjektiv: vor dem Nomen, beim Verb

der Konjunktiv II	subjunctive II

17 Phantombild

das Phantombild	*identikit picture*

Der/Die Gesuchte

der/die Gesuchte, -n	*the suspect*
das Alter	age
die Größe, -n	size
das Geschlecht, -er	sex

Erscheinung

die Erscheinung	appearance
(un)gepflegt	*unkempt, untidy*
modisch	*fashionable*
seriös	*respectable*

Gestalt

die Gestalt	figure
schlank	slim
muskulös	*muscular*
sportlich	athletic

Gesicht

das Gesicht, -er	face
oval	*oval*
länglich/schmal	*long/narrow*
rund/voll	round/full
breit	broad, wide
eckig	*angular*
weich	*soft*
kindlich	*childlike*
blass	pale
gerötet	*reddish*
dunkel	*dark*

Haare

das Haar, -e	hair
blond	blond
braun	brown
dunkel	dark
glatt	smooth, flat
wellig	*wavy*
mittel	*medium(-sized, length)*
dicht	thick
die Glatze, -n	*bald head*

Besonderheiten

die Besonderheit, -en	peculiarity, special feature
der Zopf, Zöpfe	*pigtail, plait*
der Pferdeschwanz, -schwänze	*pony-tail*
die Perücke, -n	*wig, toupet*

Augen

dunkel	dark
hell	light

Ohren

anliegend	*lying flat*
abstehend	*protruding*

Nase

die Nase, -n	nose
gerade	straight
schief	crooked

Mund

mittel	medium-sized

Besonderheiten

die Sommersprossen Pl.	*freckles*
der Pickel, -	*pimple*
die Warze, -n	*wart*
die Narbe, -n	*scar*

Kinn

das Kinn	chin
spitz	pointed
rund	round
kantig	*square, angular*
das Doppelkinn	*double chin*

Hals

der Hals, Hälse	neck, throat
dünn	thin
kräftig	thick

Bart

der Bart, Bärte	beard
der Vollbart, -bärte	*full beard*
der Kinnbart, -bärt	*chin-beard*
der Oberlippenbart, -bärte	*moustache*
kurz	short
spitz	pointed

18a

tragen etw., trägt, hat getragen	wear sth.

Einheit 18 Es war einmal ein Mann

From here on the past tense of irregular verbs is listed, e. g. gehen, **ging**, ist gegangen.
You can the past tense of irregular verbs on p. 98–100.

4

der Wald, Wälder	forest, wood
die Maus, Mäuse	*mouse, mice*
die Geschichte, -n	story
das Bett, -en	bed
Tirol	Tirol
der Schwamm, Schwämme	*sponge*
die Gasse, -n	*street, lane, alley*
(da)heim	at home

6 Es war einmal ein Mann

nass	wet
zu (nass, kalt, …)	too (wet, cold, …)
voll	full (of people)
heim/gehen, ging heim, ist heimgegangen	*go home*
daheim	*at home*
sich legen	lie down
Daheim war es ihm zu nett, da legte er sich ins Bett.	*At home it was too nice so he lay down in bed.*
Die Geschichte ist aus.	*The story's finished.*

Ortsergänzung: Wohin? Woher?

der Ort, -e	place
die Ortsergänzung, -en	locational object

14

das Flugticket, -s	flight ticket
das Reisebüro, -s	travel agency

15 Es war einmal ein Mann (Janosch)

der Kahn, Kähne	*boat*
bauen etw.	build something
das Floß, die Flöße	*raft*
fallen, fällt, fiel, ist gefallen	fall
der Dreck	*dirt*
weg/laufen, läuft weg, lief weg, ist weggelaufen	run away
laufen, läuft, lief, ist gelaufen	run
weit	far, a long way
kaufen etw.	buy something
das Kleid, -er	dress
die Sau, Säue	*pig, swine*
mit/nehmen jdn./etw., nimmt mit, nahm mit, hat mitgenommen	take sb./sth. with you

das Mauseloch, -löcher	mousehole
wohl	probably
Dort ist der Mann wohl heute noch.	The man is probably still there today.

Einheit 19 Simon Maier

1b Simon Maier, 38, …

das Schaf, –e	sheep
unter freiem Himmel	*under the open sky*
steinern	*stone*
Nicht nur steinerne Häuser sind ihm ein Gräuel.	*He doesn't loathe just stone-built houses.*
neuerdings	*of late*
die Angst, Ängste	fear
jd./etw. macht jdm. Angst	sb./sth. frightens sb.

2 Schafe

das Fleisch	meat, flesh
die Wolle	wool
der Schäfer, -	*shepherd*
das Lamm, Lämmer	*lamb*
die Herde, -n	*flock, herd*

4a

werden etw. (N), wird, wurde, ist geworden	become sth.
Wie wird man denn Schäfer?	How do you become a shepherd?
leben von etw. (D)	live off sth.
sich langweilen	be/get bored
da draußen	out there

Simon Maier

wunderbar	wonderful
romantisch	*romantic*
zu tun haben	have something to do
sich hin/legen	lie down
sonst	otherwise
auf/hören	stop
fressen etw., frisst, fraß, hat gefressen	eat sth.
die Kuh, Kühe	cow
aus/schauen	*look*
der/das/die eine	(the) one
der/das/die andere	the other, another
größer	bigger
kleiner	smaller
dünner	thinner
die Lippe, -n	*lip*

bereits	*already*
der Schäferkarren, -	*shepherd's cart*
der Wohnwagen, -	*caravan*
dabei haben etw.	have sth. with you
schöner als …	nicer than
inmitten	*in the midst of*
höchstens	at most
gucken auf jdn./etw.	look at sb./sth.
auf dumme Gedanken kommen, kam, ist gekommen	get silly ideas
das Wetter	weather
Eigentlich nicht.	Not really.
kennen jdn./etw., kannte, hat gekannt	know sb./sth.
der Traum, Träume	dream
Frauen möchten heute frei sein.	Women want to be free nowadays.
vorerst	for the time being
wichtig, wichtiger	important, more important

Das Adjektiv: Vergleich (Grundform, Komparativ, Superlativ)

der Vergleich, -e	comparison
die Grundform	basic form
der Komparativ	comparative
der Superlativ	superlative

9

das Gras	grass
der Schnee	snow

11a Ferienerzählungen

die Ferien Pl.	holidays
die Erzählung, -en	story
der Berg, -e	mountain
steigen auf etw., stieg, ist gestiegen	climb up sth.
durch A	through, across
durch die weiteste Ebene	*across the widest plain*
der Apfelbaum, -bäume	*apple tree*
der Apfel, Äpfel	apple
der Baum, Bäume	tree
lassen, lässt, ließ, hat gelassen	let
(Ich) hab meine Träume fliegen lassen.	*I let my dreams fly.*

12

teuer	expensive

Einheit 20 Ich und mein Bruder

2 Ich und mein Bruder

vor/lesen etw., liest vor, las vor, hat vorgelesen	*read sth. (to sb.)*
der Musterknabe, -n	*model boy*
machen etw. aus jdm./etw.	make sth. out of sb./sth.
der Dialekt, -e	*dialect*
im Dialekt sprechen, spricht, sprach, hat gesprochen	*speak in a dialect*
schenken jdm. etw.	give sb. sth. (as a present)
die Krawatte, -n	tie
streiten, stritt, hat gestritten	argue
die Meinung, -en	opinion
anderer Meinung sein, bin, war, ist gewesen	be of a different opinion, disagree
merken etw.	notice sth.
erwachsen	grown-up, adult
er war erwachsen geworden	he had grown up
irgendwohin	somewhere
wieder/kommen	come back
um nicht wiederzukommen	and didn't come back; for ever

3

die Erinnerung, -en	memory
die Toleranz	tolerance
der Ehrgeiz	*ambition*
der Egoismus	*egoism*
das Verantwortungsbewusstsein	*sense of responsibility*
das (schlechte) Gewissen	*(bad/guilty) conscience*
die Überlegenheit	*superiority*
der Neid	*envy*
der Stolz	pride

Titel, Schlagzeilen, Überschriften

der Titel, -	title
die Schlagzeile, -n	headline
die Überschrift, -en	heading
der Regen	rain

Aussprache: Knacklaut

der Knacklaut	glottal stop

14

der Moment, -e	moment
peinlich	*embarrassing*
aufregend	*exciting*
gefährlich	dangerous
wütend	angry, furious

18 Hallo Vater!

singen etw., sang, hat gesungen	sing sth.
die Band, -s	band
pennen	*here: laze about*
selten	seldom, rarely
Ich bin noch nicht so weit.	*I haven't got that far yet.*
das schwarze Schaf	*black sheep*
das Luder	*devil, so-and-so*
(Es) tut mir Leid.	I'm sorry.
denn	for (conjunction)
irgendwann	sometime
keiner, kein(e)s, keine	nobody

Einheit 21 Und

4 Und

der Weg, -e	way
ist auf dem Weg ...	is on the way ...
der Kindergarten, Kindergärten	kindergarten
Sie zerrt ein ... Mädchen neben sich her.	*She's dragging a ... girl along beside her.*
neben	beside, next to
widerspenstig	*rebellious, stubborn, unruly*
stolpern	*stumble*
hin/fallen, fällt hin, fiel hin, ist hingefallen	fall down
genau	exactly, right
vor	in front of
..., die ... sitzt.	..., who is sitting ...
die Bank, Bänke	bench
auf einer Bank	on a bench
die Bushaltestelle, -n	bus-stop
an der Bushaltestelle	at the bus-stop
murmeln	*mumble*
geschehen, geschieht, geschah, ist geschehen	happen
Mir ist nichts geschehen.	I'm OK. Nothing's wrong.
das Kleine	*the little girl*
sich an/sehen, sahen sich an, haben sich angesehen	look at each other
einen Augenblick lang	for a moment
Die hat's gut!	*She's all right.*
in Hülle und Fülle	*galore*
fehlen jdm.	lack, be missing
Genau das, was mir fehlt.	*Just what I don't have.*
Hat ... zu zerren.	*Hasn't got a ... to drag ... .*
es eilig haben	be in a hurry
Dabei hab ich's so eilig.	And I'm in such a hurry.

Wenn ich doch einmal so viel Zeit hätte wie die!	*If only I had as much time as her!*
der Besuch, -e	visit, visitor(s)
kochen etw.	cook sth.
beinahe	*nearly*
Hätte ich beinahe vergessen.	*I almost forgot.*
Das wird dann sicher wieder spät.	That's bound to go on till late again.
müde	tired
aus/schlafen, schläft aus, schlief aus, hat ausgeschlafen	*lie in, sleep late*
ungerecht verteilt	*unfairly distributed*
wenigstens	at least
Hat wenigstens etwas zu tun ...	Has at least got something to do ...
den lieben ganzen Tag	*all day long*
bloß	only
Ich vertreibe mir ja bloß noch die Zeit.	*I just kill time.*
Wie flink die laufen kann!	*How nippy she is.*
tauschen mit jdm.	*swap with sb.*
Mit der jungen Frau würde ich gerne tauschen.	*I'd like to swap with the young woman.*
(einen Tag) ... randvoll mit Sachen, die zu erledigen sind.	*(a day) ... cram-jam full with things to do.*
der Betrieb	bustle
die Geschäftigkeit	*activity*
mittendrin	*in the midst of things*
nochmal	*again*
an den Rand geschoben	*pushed to one side*
schieben, schob, hat geschoben	*push*
zu/sehen	watch

7

Wenn ich doch ... hätte/ wäre!	If only I had/was ...
Ich würde gern ...	I would like to ...
Ich hätte gern ...	I'd like to have ...
Ich möchte ...	I'd like (to) ...

Das Verb: Konjunktiv II Gegenwart

würd- + Infinitiv	*würd-* + infinitive

15 Höflichkeiten

die Höflichkeit, -en	expression of politeness
jdm. einen Gefallen tun	*do sb. a favour*
zurück/gehen, ging zurück, ist zurückgegangen	*go/move back*
Würdest du bitte mal ein Stück zurückgehen?	*Would you move back a bit, please?*
schließlich	*after all*

deutlich	clearly
zeigen	show
die Hauptperson, -en	*main character*

Verschiedene Höflichkeitsstufen

verschieden	various, different
die Stufe, -n	level, stage
geben, gibt, gab, hat gegeben	give
Würden Sie / Würdest du mir bitte die Zeitung geben?	Would you give me the newspaper, please?
Könnten Sie / Könntest du mir bitte die Zeitung geben?	Could you give me the newspaper, please?
Dürfte/Könnte ich bitte die Zeitung haben?	Could I have the newspaper, please?
Geben Sie / Gibst du mir bitte die Zeitung?	Will you give me the newspaper, please?
Können Sie / Kannst du mir bitte die Zeitung geben?	Can you give me the newspaper, please?
Darf ich bitte die Zeitung haben?	May I have the newspaper, please?
Ich hätte gern die Zeitung, bitte.	I'd like the newspaper, please.
Ich möchte die Zeitung, bitte.	I'd like the newspaper, please.
Geben Sie / Gib mir bitte (mal) die Zeitung!	Give me the newspaper, will you.
Geben Sie / Gib mir die Zeitung!	Give me the newspaper.
Die Zeitung (bitte)!	The newspaper (please).

18

an/bieten jdm. etw., bot an, hat angeboten	offer sb. sth.

19 Höflichkeit im Alltag und im Unterricht

der Alltag	everyday life
Wären Sie bitte so freundlich und ...?	Would you be so kind as to ...?
Antwort geben	(give a/an) reply, answer
auf/schreiben jdm. etw., schrieb auf, hat aufgeschrieben	write sth. down for sb.
Schreib / Schreiben Sie mir das bitte auf.	Write that down for me, please.

Einheit 22 Der kleine Prinz

der Prinz, -en	*prince*

1 Der kleine Prinz

der Fuchs, Füchse	*fox*
traurig	sad
gezähmt	*tamed*
Verzeihung!	sorry

bedeuten	mean
zähmen jdn./etw.	*tame sb./sth.*
das Gewehr, -e	*gun, rifle*
schießen, schoss, hat geschossen	*shoot*
lästig	*a nuisance*
auf/ziehen jdn./etw.	*bring up sb., breed sth.*
das Huhn, Hühner	chicken
einzig	only, sole
das Interesse, –n	interest
eine in Vergessenheit geratene Sache	*a thing that's been forgotten*
sich vertraut machen	*familiarize oneself*
gewiss	*certainly*
Noch bist du für mich nichts als …	*You're still no more to me than …*
gleichen, glich, hat geglichen	*be like, be similar to*
ein Junge, der … gleicht	*a boy who is like …*
ebensowenig	*just as little*
Wenn du mich zähmst, werden wir einander brauchen.	*If you tame me, we'll need each other.*
Du wirst für mich einzig sein in der Welt.	*You'll be unique in the world for me.*
in der Welt	in the world
glauben	believe, think
möglich	possible
auf der Erde	on (the) earth
das Ding, -e	thing
alle möglichen Dinge	all sorts of things
der Planet, -en	*planet*
der Jäger, -	*huntsman, hunter*
Nichts ist vollkommen.	*Nothing is perfect.*

Der Satz: Relativsatz

der Relativsatz, -sätze	relative clause
das Relativpronomen, -	relative pronoun

11

der Pessimist, -en	*pessimist*
die Autorin, –nen	(female) author

Das Verb: Futur

das Futur	future
die Karibik	*Caribbean*

Einheit 23 Nachdenken

das Nachdenken	reflection, thinking

I

sich um/drehen	turn over/round
ein bisschen	a little
weiter/schlafen	sleep on

die Dusche, –n	shower
Gymnastik machen	*do exercises*
stark	strong
… und mache mir einen starken Kaffee	… and make strong coffee …
das Gebet, -e	*prayer*
wecken jdn.	wake sb.
einige	some, a few
nach/denken über jdn./etw., dachte nach, hat nachgedacht	think about sb./sth., reflect on sb./sth.
holen jdn./etw.	fetch sb./sth.

2 Nachdenken

in der Früh	*in the morning*
am Weg	on / by the way / path

9 Draußen regnet es. …

der Kater, -	*tomcat*
Wenzel (Name)	*Wenzel (name)*
springen, sprang, ist gesprungen	jump, spring
der Stuhl, Stühle	chair
hängen etw.	hang sth.
hängen, hing, hat gehangen	hang
aus/ziehen etw.	take sth. off
werfen etw., wirft, warf, hat geworfen	throw sth.
hinter	behind
der Pantoffel, -n	*slipper*
stellen etw.	put sth.
erschöpft	*exhausted*
an/ziehen etw.	put sth. on
sich setzen	sit down
ein/schlafen, schläft ein, schlief ein, ist eingeschlafen	go to sleep

10

an A, D	at, by, on
auf A, D	on
hinter A, D	behind
in A, D	in
neben A, D	next to
über A, D	over, above
unter A,	under, below
vor A, D	in front of

11a

setzen etw.	put sth. (down)
legen etw.	lie sth. (down)

Einheit 24 Der Weitgereiste

der Weitgereiste, -n	*the widely travelled man*

1 Reisen

die Bahn, -en	railway, train
der Zug, Züge	train
das Schiff, -e	ship
das Flugzeug, -e	plane
der Flug, Flüge	flight
buchen etw.	book sth.

3 Der Weitgereiste

vor Zeiten	long ago, in days gone by
obwohl	although
obwohl es ihm da nicht übel gefiel, ...	*although he didn't mind it there, ...*
übersiedeln	*move*
um/ziehen, zog um, ist umgezogen	move to
eines Tages	one day
ziehen, zog, ist gezogen nach	move to
auf Neues stets erpicht	*always keen for something new*
sogar	even
sich nieder/lassen	*settle*
Das war ihm wider die Natur.	*That was against his nature.*
per (Schiff)	*by (ship)*
sich verlieren, verlor sich, hat sich verloren	get lost
bis	until, till
bis endlich man ... wiederfand	*until at last they found ... again*
finden jdn./etw., fand, hat gefunden	find sb./sth.
an achtzig alt	*about 80 years old*
D(a)rauf sagten ...	*at that ... said ...*
begraben jdn., begräbt, begrub, hat begraben	*bury sb.*
bequem	comfortable, easy
es bequemer haben	have it easier
der Tote	the dead man
lächeln	smile
weise	*wise(ly)*
sich begeben, begibt sich, begab sich, hat sich begeben	*set off*

6

unruhig (ruhig)	restless (quiet)
beenden etw.	*finish sth.*
studieren etw.	study sth.
... um dort zu studieren	... to study there

dorthin	there
der Schauspieler, -	actor
der Erfolg, -e	success
gleich	same
die Rolle, -n	role, part
spielt ... die gleiche Rolle, die des Willy Wanderer.	... plays the same part, that of Willy Wanderer
alle zwei Wochen	every two weeks

8 Natur

Pflanzen

die Pflanze, -n	plant
wachsen, wächst, wuchs, ist gewachsen	grow
die Wiese, -n	meadow

Gewässer

das Gewässer, -	*water*
der Bach, Bäche	*stream*
der Fluss, Flüsse	river
fließen, floss, ist geflossen	flow
der See, -n	lake
die See	sea

Wetter

das Gewitter, -	thunderstorm
wehen	*blow*
der Blitz, -e	(flash of) lightning
der Wind, -e	wind
schmelzen, schmilzt, schmolz, hat/ist geschmolzen	*melt*
der Nebel, -	fog, mist
schneien	snow

Berge

der Gipfel, -	*summit*

9a Wir wollen zu Land ausfahren

aus/fahren, fährt aus, fuhr aus, ist ausgefahren	*go out*
aufwärts	*upwards*
die Einsamkeit	loneliness
horchen	*listen*
brausen	*roar*
hausen	*live*
blühen	bloom, blossom
drinnen	*inside*
fein	*fine*
gewinnen jdn./etw., gewann, hat gewonnen	*win, gain sb./sth.*
rauschen	*rustle*

murmeln	*murmur*
der Wandervogel, -vögel	*(member of the) wandervogel (movement)*

Einheit 25 Der schöne 27. September

2 Der schöne 27. September

nach/sehen jdm.	*gaze after sb.*
wünschen jdm. etw.	wish sb. sth.
der Spiegel, -	mirror
die Zeile, -n	line
einen Stein ins Rollen bringen	*set a ball rolling*

Das Nomen: n-Deklination

die n-Deklination	n-declension
der Kollege, -n	colleague
der Friede	peace
der Präsident, -en	president
der Pädagoge, -n	pedagogue, teacher

Der Artikel: mit Nomen, als Pronomen

das Pronomen, -	pronoun

jemand – niemand; etwas – nichts

jemand	somebody
niemand	nobody

10b

Komm mal her!	Come here, will you?

11 Zahlen: Ordnungszahlen

die Ordnungszahl, -en	ordinal number
der erste, der zweite, der dritte, ...	the first, the second, the third, ...
erstens, zweitens, drittens, ...	firstly, secondly, thirdly, ...

Datum, Monate, Jahreszeiten

das Datum, Daten	date
die Jahreszeit, -en	season
Der Wievielte ist heute?	What's the date today?

12a Monate

der Januar	January
der Februar	February
der März	March
der April	April
der Mai	May
der Juni	June
der Juli	July
der August	August
der September	September
der Oktober	October
der November	November
der Dezember	December

13 Jahreszeiten

der Frühling, -e	spring
der Sommer, -	summer
der Herbst, -e	autumn
der Winter, -	winter

Einheit 26 Die roten Balkons

der Balkon, -s	balcony

2 Sie wohnt auf dem Mond

zu Ende sein	be over, be at an end
halten jdn./etw., hält, hielt, hat gehalten	hold sb./sth.
die Hand, Hände	hand
die Brause, -n	*lemonade*
die Limonade, -n	lemonade
nach Hause bringen jdn.	take sb. home
wo immer das mag sein	*wherever that may be*
führen jdn. zu jdm./etw.	lead sb. to sb./sth.
der Stadtrand	edge/outskirts of the town/city
am Stadtrand	on the outskirts
der Betongigant, -en	*concrete giant*
die Reihe, -n	row
von unten	from the bottom
von oben	from the top
irgendwo	somewhere
der/die Verliebte, -n	*lover*
träumen von jdm./etw.	dream of/about sb./sth.
doch ich, ich wohne ...	but I, I live ...
beim Sternenschein(e)	*by the starlight*
der Rest	rest
versprechen jdm. etw., verspricht, versprach, hat versprochen	promise sb. sth.
... habe ich versprechen müssen	... I had to promise
ab/holen jdn./etw.	fetch sb./sth.
die Nummer, -n	number
wie sie hinten heißt	*what her surname is*
Ich glaub, mein Herz zerreißt.	*I think my heart will burst.*

10 Kleiner Wurm, was nun?

kleiner Wurm	*little worm*
unverhofft	*unexpected*
das Wiedersehen	*reunion*
gut aussehend	*good-looking*

Ich bin sprachlos.	*I'm lost for words.*
verkaufen etw.	sell sth.
... um BISS zu verkaufen	... to sell BISS
plötzlich	suddenly
längst	*for ages*
Ich glaubte immer, sie sei längst gestorben.	*I always thought she'd been dead for ages.*
die Weihnachtsfeier, -n	Christmas party
in der Residenz	*royal palace in Munich*
der Verkäufer, -	salesman
von einem zum anderen	from one to the other
sich gewöhnen an jdn./etw.	get used to sb./sth.
das letzte Mal	the last time
früher	earlier; the past
der Offizier, -e	*officer*
verwundet	*wounded*
das Lazarett, -e	*military hospital*
das Grab, Gräber	grave
... habe ihr Grab nie finden können.	... was never able to find her grave.
wahrscheinlich	probably
der Bombenangriff, -e	*bombing raid*
um/kommen	*die, be killed*
die Krankenschwester, -n	nurse
die Jungs Pl. ugs.	boys
Oberfranken	*region in the north of Bavaria*
die Ziege, -n	*goat*
der Hase, -n	*rabbit, hare*
die Taube, -n	*dove*
der Zwerg, -e	*dwarf*
Sie konnte sich nie so richtig an das neue Zuhause gewöhnen.	*She could never really get used to her new home.*
die Stiefmutter, -mütter	*step-mother*
derselbe, dasselbe, dieselbe	*the same*
der Bonze, -n ugs. pej.	*big-wig*
zu tun haben mit jdm./etw.	*have dealings with sb./sth.*
sich vertragen, verträgt sich, vertrug sich, hat sich vertragen	get on/along
Mit denen habe ich mich aber nicht so gut vertragen.	*But I didn't get on well with them.*
... bin ich von Kulmbach weg	... I left Kulmbach (town in upper Franconia)
München	*Munich*
Nürnberg	*Nuremberg*
... hatte gehört, dass sie weg sei.	*... had heard that she'd left.*
lernen (Krankenschwester)	train to be (a nurse)
Sie ist nie wieder nach Hause zurück.	She never returned home.
Wir Kinder sind ja alle in die Fremde.	*We children are all away from home.*
Kinder bekommen	have children
in der Nähe von jdm./etw.	near sb./sth.
Ergänzung mit Präposition	prepositional object/ supplement

Einheit 27 Blaulicht

das Blaulicht	*flashing blue light*

1

der Vertriebskaufmann	*sales executive*
ehrenamtlich	*honorary*
der Mitarbeiter, -	member (of staff)
Technisches Hilfswerk	*Technical Aid Organization*

3

der Verletzte, -n	injured person
der Autounfall, -unfälle	car accident
das Krankenhaus, -häuser	hospital
das Wrack, -s	*wreck*
schneiden etw., schnitt, hat geschnitten	cut sth.
durch/kommen	*survive*
das Leben	life
umsonst	in vain

4 Blaulicht

die Jugendgruppe, -n	youth group
gnadenlos	*merciless(ly)*
faszinieren jdn.	*fascinate sb.*
..., weil mich so ein Blaulicht gnadenlos fasziniert hat. Das tut's immer noch, ...	*..., because these flashing blue lights had such a fascination for me. They still do, ...*
inzwischen	meanwhile, in the meantime
viel mehr	a lot more
das bedeutet mir viel mehr	it means a lot more to me
die Grenze, -n	limit, border, boundary
nämlich	namely, actually
das Team, -s	team
zusammen/arbeiten	*work together*
sich (blind) verlassen auf jdn.	rely (implicitly) on sb.
das Gefühl, -e	feeling
der Einsatz, Einsätze	*assignment, mission*
echte Knochenarbeit	*real back-breaking work*
Katastrophen- und Hilfseinsätze	*disaster assignments and aid assignments*
die Katastrophe, -n	disaster
ausgebildet sein für etw.	be trained for sth.
nicht schnell genug sein	not be quick enough
versagen	*fail, be a failure*
Spaß machen jdm.	be fun for sb., be enjoyable (for sb.)

... mir macht´s auch heute noch total Spaß.	... I still find it great fun today.
gehören zu jdm./etw.	belong to sb./sth.
der Lebenssinn	*purpose of life*
darüber hinaus	on top of that
der Sinn	meaning, purpose
sich etw. schaffen, schuf, hat geschaffen	*create sth.*
..., dann macht das Sinn für mein Leben.	*... then that gives my life a sense of meaning.*
egal, ob ...	it doesn't matter whether ...
sich ein/schließen, schloss sich ein, hat sich eingeschlossen	*shut oneself in*
... und befreit werden muss	... and has to be released
der Hochwassereinsatz, -einsätze	*flood assignment*
der Lastwagenfahrer, -	lorry/truck driver
der Lastwagen, -	lorry, truck
der Fahrer, -	driver
zwei Stunden lang	for two hours
überleben	survive
Selbst wenn ich ... mal scheitere	*Even if I ... fail*
(et)was Sinnvolles	*something meaningful*

7

nimmermehr	*never more/again*
die Grube, -n	*pit*
graben etw., grub, hat gegraben	*dig sth.*
der Pfennig, -e	*pfennig*
ehren jdn./etw.	*honour sb./sth.*
die Wahl	choice
zuletzt	last
hinein/fallen	fall in
die Qual, -en	*trouble, torment*
der Taler, -	*thaler*
..., ist des Talers nicht wert.	*... is not worth the thaler*

Rüstige Alte

rüstig	*sprightly*
der/die Alte, -n	old man/woman

9

das Notizbuch, -bücher	*notebook*
die Notiz, -en	note
sich überlegen etw.	consider sth., think about sth., weigh sth. up
um/blättern (Seiten)	*turn over (pages)*
Den Geschichten, ..., ist eines gemeinsam: ...	*The stories ... have one thing in common: ...*
im Ruhestand leben	*live in retirement*
... bekommen sie kein oder kaum Geld.	... they get no or hardly any money

die Anerkennung	*recognition*
die Ehre	honour
deshalb	that's why
das Engagement	*commitment, involvement*
viele Facetten haben	*have many facets*

10

mit 85 Jahren	at the age of 85
die Aktivistin, -nen	activist
der Friede(n)	peace
die Gewaltfreiheit	*non-violence*
der Senior, -en	*senior citizen*
bestehen aus jdm./etw., bestand, hat bestanden	consist of sb./sth.
versuchen etw.	try sth.
die Umwelt	environment
schützen jdn./etw.	protect sb./sth.
die heile Welt	*intact world*
heilen jdn./etw.	*cure sb./sth.*
gesund werden	get well
da	as, since
die Unternehmung, -en	*enterprise, project*
unterstützen jdn./etw.	support sb./sth.
sich beteiligen an etw. (D)	*participate in sth.*
direkt	direct(ly)
die Aktion, -en	*campaign, operation*

12

auf/stellen etw.	*set up sth.*
ein/setzen	*risk (one's life)*
klar machen jdm. etw.	*make sth. clear to sb.*
sammeln etw.	collect sth.
verteilen etw.	distribute sth.
waghalsig	*daring, hazardous*
teilweise	*partly*
der Info(rmations)stand, -stände	*information stand*
der Zettel, -	leaflet, handbill
die Unterschrift, -en	signature
der Firmenchef, -s	boss of a firm
die Firma, Firmen	firm, company
der Unternehmer, -	*employer*
falls	*if*

Sätze verbinden: obwohl, falls, da

die Radiosendung, -en	radio broadcast/programme
nichts nützen	achieve nothing

Sätze verbinden: Konjunktionen (Übersicht)

die Übersicht	summary
daher	therefore, for that reason

Intonation: Satzmelodie in Satzverbindungen

die Satzverbindung, -en	sentence link

17

aktiv	active
aktiv werden	become active
mit/machen	join in
sich interessieren für jdn./etw.	be interested in sb./sth.
sich ein/mischen	intervene, interfere
das Protestschreiben, -	letter of protest
der Protest, -e	protest
Spaß haben	have fun
faxen	fax
die E-Mail, -s	e-mail

Einheit 28 Die Suche nach den Deutschen

die Suche nach jdm./etw.	search for sb./sth.
entweder ... oder	either ... or
verrückt	mad, crazy
Du machst mich verrückt.	You make me crazy.
die Gegend, -en	region, area
geboren sein	be born
der Fall, Fälle	case
in diesem Fall	in this case
... das will ... nichts heißen.	*... that doesn't mean anything.*
sich fühlen als (Deutscher)	*feel oneself to be (a German)*
düster	*gloomy*
unbeholfen	*clumsy, awkward*
verschlossen	*reserved, withdrawn*
sich identifizieren mit jdm./ etw.	identify with sb./sth.
fröhlich	cheerful, happy
entspannt	*relaxed*
lachend	laughing
offen	open
Also, lass mal gut sein, ...	*Come on now, ...*
zwar	it's true that ...
die Wahrheit	truth
in Wahrheit	in truth/reality
ähneln jdm./etw.	*be similar to sb./sth.*
jahrelang	for years
sich wohl fühlen	feel comfortable
das ist viel unmittelbarer	*that's much closer / more direct*
kein Wort verstehen	not understand a word
Halt mal, ...	Hold on, ...
Du bringst mich ...durcheinander.	*You're mixing me ... up.*
Erst sagst du, deine Heimat sei ...	*First you say your home / native country is ...*
Hochdeutsch	*high German*

die Erfindung, -en	invention
etwas Abstraktes	*something abstract*
das Fernsehen	television
der Kurs, -e	course
das Goethe-Institut	*Goethe Institute*
alles gelogen	all lies
lügen, log, hat gelogen	lie, tell lies
der wirkliche Deutsche	*the real German*
verrückt werden	go mad
..., die ganze Familie würde denken, er sei verrückt geworden.	... the whole family would think he'd gone mad.
nicht einmal	not even
der Regierende, -n	*ruler*
das Gegenteil, -e	opposite
im Gegenteil	on the contrary
ein paar	a few
die Rede, -n	speech
sich an/hören jdn./etw.	*listen to sb./sth.*
Du brauchst dir nur ein paar Reden anzuhören.	*You only need to listen to a few speeches.*
Es wird immer deutlicher ...	*It's clearer and clearer ...*
die Entdeckung, -en	discovery
unternehmen etw., unternimmt, unternahm, hat unternommen	undertake sth.
der Versuch, -e	attempt
sich an/strengen	make an effort, take pains
auch wenn wir uns noch so anstrengten, ...	however hard we tried
... schlugen unweigerlich fehl	*were doomed to failure*
unter unseren Freunden	among our friends
in Zahlen ausgedrückt	expressed in figures
etwa	roughly
sich halten für jdn./etw.	consider oneself sb./sth.
exotisch	exotic
weit weg	far away
sich beleidigt fühlen durch etw.	feel insulted by sth.
ob	whether
irgendetwas	something
an/spielen auf jdn./etw.	*insinuate sth., allude to sb./sth.*
auf/rufen zu etw. (D)	*appeal/call for sth.*
die Versammlung, -en	gathering, meeting
gegen A	against
der Nationalismus	*nationalism*
der Ex-Ossi, -s	*former inhabitant of the GDR*
..., die sich nicht daran gewöhnen können, ...	... who can't get used to the fact
restlich	*remaining*
usw. (und so weiter)	etc.

Sätze/Satzteile verbinden: wenn ... dann, ...

sowohl ... als auch	both ... and

Redewiedergabe: direkte und indirekte Rede

die Redewiedergabe	reporting speech
direkte Rede	direct speech
indirekte Rede	indirect/reported speech

Konjunktiv I: sein

der Konjunktiv I	subjunctive I

9 Einwenden – Widersprechen

ein/wenden, wendete ein / wandte ein, hat eingewendet/eingewandt	object, raise an objection
Das will nichts heißen.	That doesn't mean anything.
Das heißt gar nichts.	That means nothing at all.
Das ist alles gelogen.	That's all lies.
Das stimmt doch nicht.	But that's not true.
Das ist doch gar nicht wahr.	But that's not true at all.
Lass mal gut sein.	Come on now.
Hör auf damit.	Stop it/that.
Das bringt mich (völlig) durcheinander.	That confuses me (completely).
Das macht mich verrückt.	That makes me mad.
Du machst mich verrückt.	You make me mad.
Mach mich nicht verrückt.	Don't make me mad.

Das Verb: Partizip I und Partizip II

das Partizip I	present participle
eine beleidigende Frage	an insulting question
ein beleidigter Deutscher	an insulted German
das entspannte Gespräch	the relaxed conversation

13b

die Industrie	industry
der Fußball	football
die Geografie	geography
das Porzellan	porcelain
die Nationalfahne, -n	national flag

14a Deutschland ist ...

1

die Elbe	river through Hamburg
Cuxhaven	town on the North Sea
das Allgäu	region in Bavaria
Timmendorf	resort on the Baltic Sea
der Fels, -en	rock
Helgoland	island in the North Sea

2

Weimar	Weimar

Meißen	town in Saxony
der Fisch, -e	fish
Schwerin	capital of Mecklenburg-Vorpommern
der Ku(rfürsten)damm	boulevard in Berlin

3

der Refrain, -s	refrain, chorus
die Kohle, -n	coal
das Revier, -e	coal-mining area; the Ruhr region
das Gold	gold
der Weizen	wheat

4

das Bundesligaspiel, -e	federal league match
der HSV	Hamburger Sportverein
Bayern	Bavaria
Köln	Cologne
Werder Bremen	football club in Bremen
FKK (Freikörperkultur)	nudist
sich schämen	be ashamed

15a

Allgäu

die Landschaft, -en	landscape, region
nördlich von	north of
der Bodensee	Lake Constance
die Alpen	Alps
das Voralpenland	region north of the Alps
die Landwirtschaft	agriculture
die Milch	milk
der Käse	cheese
das Spielzeug, -e	toy
Ravensburg	town in southern Germany

Ku(rfürsten)damm

der Boulevard	boulevard, avenue
das Geschäft, -e	shop
Café Kranzler	famous Berlin café

Ruhrgebiet

das Ruhrgebiet	region in Nordrhine-Westphalia
die Ruhr	river in the Ruhr region
das Gebiet, -e	area, region
der Rhein	Rhine
die Schwerindustrie	heavy industry
das Stahlwerk, -e	steelworks
Essen	city in the Ruhr region
Bochum	city in the Ruhr region
Dortmund	city in the Ruhr region

Timmendorfer Strand

der Badeort, -e	*bathing/seaside resort*
der Norden	north
im Norden von	in the north of
die Ostseeküste	*Baltic Sea coast*
die Ostsee	*Baltic Sea*
die Küste, -n	coast
Lübeck	*city in northern Germany*
Kiel	*city in northern Germany*
der Nacktbadestrand, -strände	*nudist beach*

Meißen

der Vorort, -e	suburb
die Villa, Villen	*villa*
die Porzellanmanufaktur, -en	*manufacture of porcelain*
der Weinberg, -e	*vineyard*
das (Bundes)land, -länder	(federal) state
Bundes-	federal
Sachsen	*Saxony*

Helgoland

die Insel, -n	island
die Nordsee	*North Sea*
die Zerstörung durch jdn./etw.	destruction by sb./sth.
die Bombe, -n	bomb
der Weltkrieg, -e	world war
der Wiederaufbau	*reconstruction*

Bundesliga

die Fußballliga	*football league*
Westdeutschland	western Germany
der Verein, -e	club
der FC (der Fußballclub)	*FC (football club)*
Borussia Dortmund	*football club in Dortmund*

15b

bekannt sein für etw.	be known/famous for sth.

Einheit 29 Liebe und Tod

2a

die Trauer	*mourning, grief*
lebendig	living, alive
gern haben jdn./etw.	like sb./sth.
Mitleid haben mit jdm.	*have sympathy for sb.*
tot	dead

3 Liebe und Tod

Den würd(e) ich aber nicht mehr mit ins Bett nehmen.	I wouldn't take him to bed with me any more.

die Wärme	warmth
Na und?	*So what?*
Verstehst du denn nicht? Er ist tot. – Eben.	*Don't you understand? He's dead. – Exactly.*
unhygienisch (hygienisch)	*unhygienic (hygienic)*
Unwas?	*So what?*
schmutzig	dirty
(Ich habe) kein Wort (da)von gesagt.	I didn't mention/say a word about that.
der Goldhamster, -	*golden hamster*
Genau.	Exactly.
(Den) hab(e) ich ja gar nicht (lieb gehabt).	*But I wasn't fond of him.*
Du hast es doch (so)eben gesagt.	*But you just said so.*
meinen (Du meinst, ...)	think
etw. nützt jdm. nichts	sth. is of no use to sb.
Nee.	*Nah.*
traurig sein über jdn./etw.	be sad about sb./sth.
(et)was Gestorbenes	*something dead*
pflanzen etw.	*plant sth.*
Dafür pflanzt du ihm Blumen d(a)rauf.	*You can plant him flowers on top.*
Und was hat er davon?	*And what good will that do him?*
Wie kann ich (et)was (da)von haben, wenn er nichts von hat?	*What good will it do me if it doesn't do him any good.*
vergleichen jdn./etw., verglich, hat verglichen	compare sb./sth.

6

wütend machen jdn.	make sb. furious

Aussprache: Konsonanten

der Konsonant, -en	consonant
stimmlos	voiceless
stimmhaft	voiced

8b

sich merken etw.	remember sth.

9a

ab Potsdam	from Potsdam (city near Berlin)

11

modern	modern
weiter/erzählen	tell it / pass it on to other people
nach/sehen	look (and see), have a look
die Tür, -en	door

12 Lebenszeit

A

der Esel, -	donkey
erscheinen, erschien, ist erschienen	appear
zufrieden sein mit jdm./etw.	be satisfied with sb./sth.
der Wille	will
aus/halten jdn./etw.	bear sth., stand (up to) sth.
die Stimme, -n	voice
das Bellen	barking
das Beißen	biting
übrig bleiben jdm. etw., blieb übrig, ist übrig geblieben	be left for sb./sth.
Was bleibt mir übrig, als ...	What else can I do but ...
laufen, läuft, lief, ist gelaufen	run
knurren	growl
die Ecke, -n	corner
erlassen jdm. etw	let sb. off sth.

B

menschlich	human
folgen auf etw.	follow sth.
die Last, -en	burden
auf/legen jdm. etw.	impose sth. on sb.
das Korn	corn
damit	so that
der Schlag, Schläge	blow
der Dienst, -e	service
der Affe, -n	monkey
schwachköpfig	weak-headed
närrisch	mad
alberne Dinge treiben	do stupid things
lachen über jdn./etw.	laugh at sb./sth.

C

schaffen etw., schuf, geschaffen	create sth.
die Kreatur, -en	creature
bestimmen jdm. etw.	determine sth. for sb.
Ist dir das recht?	Does that suit you?
mühselig	arduous, wearisome
der Kornsack, -säcke	sack of corn
die Mühle, -n	mill
schleppen etw.	drag sth.
der Teil, -e	part

D

freudig	cheerful, joyful
frisch	fresh
Welch eine kurze Zeit!	What a short time!
Früchte tragen	bear fruit
sich des Lebens freuen	enjoy life
verlängern etw.	prolong sth.

E

guter Dinge sein	be in good spirits
lustige Streiche machen	do funny tricks
Gesichter schneiden	make faces
hinein/beißen, biss hinein, hat hineingebissen	bite into sth.
sauer	sour

Einheit 30 Licht macht Laune

die Laune, -n	good mood
etw. macht Laune	sth. puts you in a good mood

1b

unglücklich (glücklich)	unhappy (happy)
heiter	cheerful
ein wenig	a little

2b

brennen, brannte, hat gebrannt	burn
das Lebenslicht brennt	the spark of life glows
jd. ist ein großes Licht	sb. is a genius
das Licht der Welt erblicken	see the light of day
das leuchtet mir ein	I can see that, that makes sense to me
der Tunnel, -	tunnel
Licht am Ende des Tunnels sehen	see light at the end of the tunnel
geboren werden	be born
jd. ist begabt	sb. is gifted
jd. ist eine Leuchte	sb. is a shining light
begreifen jdn./etw., begriff, hat begriffen	understand sb./sth.
mir geht ein Licht auf	I see the light, it dawns on me

3a

täuschen jdn.	deceive sb.
auf/klären etw.	clarify sth, clear sth. up

3b Licht macht Laune

verkünden etw.	announce sth.
die Oma, -s	grandma
kürzer werden	get shorter
Weihnachten	Christmas
erklären	declare, explain
von ... an	from ... (on)
von (nun) an	from (now) on
länger werden	get longer
... erklärte sie, von nun an würden sie wieder länger.	she declared, from now on they would get longer again.

Ich konnte das ... nie so recht verstehen.	... I could never really understand that.
Mitte Juni	in the middle of June
um Weihnachten	about/around Christmas
Anfang Januar	at the beginning of January
hell werden	get light
dunkel werden	get dark
merken etw. von etw. (D)	notice much of sth.
für viele von euch	for many of you
finster	*dark, gloomy*
heutzutage	*nowadays*
auf Knopfdruck	*at the press of a button*
lauter (Gutes)	*nothing but (good)*
solange	as long as
die Hoffnung, -en	hope
neue Hoffnung schöpfen	*have new hope*
der Spruch, Sprüche	*saying*
das Lichtlein, -	*little light*
her/kommen	come (along)
aus/drücken etw.	express sth.
das Gleiche	the same
die Klugheit	cleverness, wisdom
der Ausdruck, Ausdrücke	expression
unterbelichtet sein	*be not exactly bright*
reichlich (unfreundlich)	*rather/awfully unfriendly*
nicht sonderlich (intelligent)	*not particularly (intelligent)*
auf der anderen Seite	on the other hand
das Kompliment, -e	*compliment*
bezeichnen jdn./etw. als	*denote/describe sb./sth. as*
übrigens	by the way
Alles klar?	All clear? OK?
schwieriger werden	become more difficult
schwierig	difficult
(an)statt	instead
hinters Licht führen jdn.	*pull the wool over sb.'s eyes*
ins Dunkle führen	*lead astray*
ursprünglich	*originally*
dorthin	there
leicht	easy, easily
..., wo er ... leicht zu täuschen ist	*... where he ... is easy to deceive*
Dunkelmänner	*shady characters*
dunkle Gestalten	*shady figure*
mit Vorliebe machen etw.	*do sth. readily*
dagegen	*however, by contrast*
ans Licht bringen etw.	*bring sth. to light*
bei Licht betrachtet	*seen in the light of day*
ein solcher, ein solches, eine solche, Pl. solche	such a

4a

gehoben (geh.)	*elevated*
salopp	*casual, informal*

6

ohne A	without
aus/lachen jdn.	*laugh at sb.*
Licht machen	make it light

11b

eine Zeit lang	for a time
der Chemiker, -	chemist

12a

die Truppe, -n	*troops*
das Elsass	*region im eastern France*
besetzen etw.	*occupy sth.*
offiziell	*official(ly)*
elsässisch	*Alsatian*
der Zeichner, -	*graphic artist*
der Karikaturist, -en	*caricaturist*

Das Verb: Aktiv, Passiv

das Aktiv	active
das Passiv	passive
der Journalist, -en	journalist
die Affäre, -n	*affair*

14a

die Glocke, -n	*bell*
läuten	*ring*
der Adventskalender, -	Advent calendar
der Advent	Advent
der Glühwein	*mulled wine*
der Heiligabend	Christmas Eve
das Weihnachtsgebäck	*Christmas biscuits*
das Gebäck	biscuits
die Kirche, -n	church
der Christbaum, -bäume	Christmas tree
schmücken etw.	decorate sth.

14b Dorf-Adventskalender

das Dorf, Dörfer	village
das Fenster, -	window
die Bürgerin, -nen	(female) citizen
der Bürger, -	(male) citizen
Abend für Abend	*every evening*
festgelegt	*fixed*
der Plan, Pläne	plan
der Ort, -e	place
der Reihe nach	*in order*
beleuchten etw.	*illuminate sth.*

täglich	daily, day by day
zahlreich	numerous
der Erwachsene, -n	adult
der Hausherr, -en	owner of the house
der Besucher, -	visitor
der Punsch	punch
der Kuchen, -	cake
ins Gespräch kommen	get into conversation
leuchten	shine
das Zeichen, -	sign, signal
ein Zeichen setzen	give a signal
auf dem Weg zur Weihnacht	on the way to Christmas
die Art, -en	way
der Hausbewohner, -	inhabitant of the house
der Bewohner, -	inhabitant
weihnachtlich	in a Christmassy way

15

der Lebenslauf, -läufe	course of one's life; CV
der Mitschüler, -	fellow pupil
der Mitmensch, -en	fellow human being

16

die Diplomarbeit, -en	diploma dissertation

17

der Sportclub, -s	sports club
die Gitarre, -n	guitar
Gitarre spielen	play the guitar
die Klavierstunde, -n	piano lesson
Gitarrenunterricht nehmen	take guitar lessons

Einheit 31   Zoff oder Zärtlichkeit

der Zoff	rowing, squabbling
die Zärtlichkeit, -en	affection

1a

schweigen, schwieg, hat geschwiegen	be quiet, not say anything
plappern	chatter
der Krach	row
der Streit	argument
Krach haben mit jdm.	have a row with sb.
Krach anfangen mit jdm.	start a row with sb.
Krach bekommen mit jdm.	get into a row with sb.
Es gibt Krach.	There'll be a row.
reden von jdm./etw.	talk about sb./sth.
Zoff haben mit jdm.	have a set-to with sb.
Zoff bekommen mit jdm.	get into a row with sb.
Es gibt Zoff.	There'll be a row.

1b

auf/wachen, ist aufgewacht	wake up
erwachen	awake
wach sein	be awake
munter sein	be bright
ausgeschlafen sein	be rested, have slept long enough

2

Zoff am Morgen

putzmunter sein	be chirpy, bright as a button
liebend gern	love to (do sth.)
ernsthaft	serious
die Krise, -n	crisis
entstehen, entstand, ist entstanden	arise
los/plappern	chatter away
vergebens	in vain
der Morgenmuffel, -	person who's grumpy in the morning
die Decke, -n	blanket
ziehen	pull
konsequent	persistently
die Morgenblüte	lark
unbeeindruckt	unimpressed
reden über jdn./etw.	talk about sb./sth.
die Party, -s	party
am Vorabend	the evening before
perfekt	perfect(ly)
allerdings	though, albeit
die Rache	revenge
der Partner, -	partner
die Entrüstung über jdn./etw.	indignation / sense of outrage about sb./sth.

Nächtliches Tagebuch

nächtlich	night-time, nightly
das Tagebuch, Tagebücher	diary
beschließen etw.	decide sth.
ändern jdn./etw.	change sb./sth.
aus/nutzen jdn./etw.	make good use of sb./sth.
(sich) duschen	(have a) shower
genießen etw., genoss, hat genossen	enjoy sth.
das Frühstück, -e	breakfast
rauchen etw.	smoke sth.
die Zigarette, -n	cigarette

10

gewohnt sein etw.	be used to sth.

12 Versuche mit Liebe

sich glücklich schätzen	*think oneself lucky*
der Zustand, Zustände	state
etw. verdrießt jdn., verdross, hat verdrossen	*sth. annoys sb.*
voraus denken	*think ahead*
rückwärts	backwards
planen etw.	plan sth.
unerträglich sein	*be unbearable*
offen gestanden	*to be honest*
die Heuchelei	*hypocrisy*
ertragen jdn./etw.	bear / put up with sb./sth.
das Geschirr	dishes

Indirekte Fragen

direkte Frage	direct question
indirekte Frage	indirect question

Fragewörter (Übersicht)

das Fragewort, -wörter	question word
der Typ, -en	type

16

Wessen (Auto)?	Whose (car)?
Was für ein/eine ...?	What kind of ...?
Welcher/Welches/ Welche ...?	Which ...?

17a

diskutieren über jdn./etw.	discuss sb./sth.

18a

ärgern jdn.	annoy sb., make sb. angry

Einheit 32 Manager sollen wieder das Lachen lernen

der Manager, -	*manager*

2

die Seele, -n	*soul*
das Leid	*suffering*
der Ernst	seriousness
ernst	serious
sich ernst nehmen	take oneself seriously
die Lustlosigkeit	*listlessness*
die Verbissenheit	*grimness*
der Humor	humour
zum Lachen bringen	*make sb. laugh*
Blödsinn machen	*fool around*

3 Manager sollen wieder das Lachen lernen

nicht nur ... sondern auch	not only ... but also
der Körper, -	body
der Firmenberater, -	*consultant*
der Berater, -	adviser
der US-Bundesstaat, -en	*US state*
veranstalten etw.	carry out / organize sth.
das Seminar, -e	*seminar*
trainieren jdn./etw.	train sb./sth.
der Kampf, Kämpfe	battle
motiviert	*motivated*
kreativ	*creative*
ein/reden jdm. etw.	*sb. is made to believe sth.*
unprofessionell (professionell)	unprofessional (professional)
ehemalig	*former*
entfernt	away, distant
Nichts sei weiter von der Wahrheit entfernt.	*Nothing is further from the truth.*
krebskrank	*ill with cancer*
trotz G	despite
(sich) kleben etw. auf etw.	stick sth. on sth.
bevor	before
die Operation, -en	operation
bevor sie zur Operation gerollt wurde	*before she was rolled away to her operation*
der Bauch, Bäuche	stomach
der Tumor, -e	*tumor*
raus/nehmen etw.	take sth. out
entfernen jdm. etw.	*remove sth. from sb.*
der Leberfleck, -e	*birthmark*
tibetanisch	*Tibetan*
der Mönch, -e	*monk*
die Absurdität	*absurdity*
akzeptieren jdn./etw.	*accept sb./sth.*
nackt	*naked*
sich breitbeinig stellen	*stand legs apart*
die Hüfte, -n	*hip*
einen Freudenschrei heraus/lassen	*let out a cry of joy*
der Schrei, -e	cry, shout
beim Grimassenschneiden	*while making grimaces*
auf/hängen etw.	hang sth. up
alberne Geräusche machen	*make silly noises*
erstellen (eine Liste)	*make (a list)*
komisch	funny

5 Humor

die Fähigkeit, -en	*ability*
unangenehm (angenehm)	unpleasant (pleasant)
gelassen	*calmly*
die Situation, -en	situation

behalten (seinen Humor)	keep (one's sense of humour)
der Witz, -e	joke
Witze über jdn./etw. machen	make jokes about sb./sth.
ewig	eternal, never-ending
verderben jdm. etw., verdirbt, verdarb, hat verdorben	spoil sth. for sb.
passende Bemerkungen machen	make appropriate remarks
ironisch	ironical
sarkastisch	sarcastic
trocken	dry
einen trockenen Humor haben	have a dry sense of humour
humorlos	humourless
humorvoll	humorous

6
| witzig | witty |

10a
| der Hut, Hüte | hat |
| die Rose, -n | rose |

11a
| ab und zu | now and then |

Redewiedergabe: Redeeinleitung
| die Redeeinleitung, -en | reporting verb, introduction of reported speech |

13
unschuldig (schuldig)	innocent (guilty)
stehlen etw., stiehlt, stahl, hat gestohlen	steal sth.
der Richter, -	judge
Vom Richter gefragt, wie …	Asked by the judge how …
jemand habe sie ihm wohl in die Tasche getan	someone must have put it in his pocket
das Kaufhaus, -häuser	department store
der Uhrendieb, -e	watch/clock thief
besitzen etw., besaß, hat besessen	possess/own sth.
der Einkauf, Einkäufe	shopping
der Unsinn	nonsense

Sätze/Satzteile verbinden: sondern, aber
| der Kabarettist, -en | cabaret artist |

15
| passiv | passive(ly) |

16 Nein, ...
sowieso	anyway
zum letzten Mal	for the last time
notieren etw.	note down sth.
das nächste Mal	next time

hoffentlich	hopefully
etw. passiert, ist passiert	sth. happens
bis dahin	till then
irgendwas Lustiges	something funny

17 Lachen
Das ist ja lächerlich.	That's laughable.
Da gibt's nichts zu lachen.	That's no laughing matter.
Wer zuletzt lacht, lacht am besten.	He who laughs last laughs longest.
Dass ich nicht lache!	That's ridiculous.
Lachen ist die beste Medizin.	Laughter is the best medicine.
unsinnig	nonsense

18
das Spiel, -e	game, match
beim nächsten Mal	next time
verlieren etw., verlor, hat verloren	lose sth.

Einheit 33 Samstag Nacht in Deutschland

4 Samstag Nacht in Deutschland
A
die S-Bahn, -en	S-Bahn, suburban railway
achtzehn S-Bahn- und einige Gehminuten vom … entfernt	18 minutes by S-Bahn and a few minutes' walk from the …
das Stockwerk, -e	storey
kosten	cost
monatlich	monthly, per month
die Miete, -n	rent
Heizungskosten inbegriffen	heating (costs) included
die Heizung, -en	heating
die Kosten Pl.	costs
betoniert	concrete
der Parkplatz, -plätze	car park
die Tiefgarage, -n	underground garage
die Garage, -n	garage
der Anwohner, -	resident
das Radfahren	cycling
das Rollschuhfahren	roller-skating
benutzen etw. zu etw. (D)	use sth. for sth.
parken	park

B
der Mieter, -	tenant
das Einkommen, -	income
ein mittleres Einkommen	average income
um 2500 Mark netto	about 2500 marks net

die Norm, -en	*norm*
sich einen Kananrienvogel halten	*keep a canary*
die Katze, -n	*cat*
der Lift, -e/-s	*lift*
sich grüßen	say hello
bestehen (Kontakte)	(contacts) exist
freundschaftlich	friendly
der Kontakt, -e	contact
das Paar, -e	couple
die Garantie, -n	guarantee
sauber	clean
genügend	*sufficient*
der Vorhang, Vorhänge	curtain

C

überall	everywhere
etw. ist bestimmt von etw.	sth. is determined by sth.
der Ablauf, Abläufe	*course*
Den Samstag lassen wir faul zu Ende gehen.	*We let Saturday finish in a lazy way.*
faul	lazy
in der Regel	as a rule
verbringen etw.	spend sth.
der Fernsehapparat, -e	television set
gegenüber D	opposite
die Couchgarnitur, -en	*(three-piece) suite*

D

der Umzug, Umzüge	*removal, move*
innerhalb G	inside
das Ritual, -e	*ritual*
verändern jdn./etw.	change sb./sth.
... hat am Ritual ... nichts verändert	... has not changed the ritual
nötig machen etw.	*make sth. necessary*
die Sitzordnung	*seating arrangement*
die Ordnung	arrangement, order
bei Hellwigs	*At/With the Hellwigs*
der Stammplatz, -plätze	*fixed place*
der Platz, Plätze	place, seat
der Fernseher, -	television
die Couch, -s	couch, sofa
sich verteilen	*spread themselves*
übrig	remaining
die Sitzmöglichkeit, -en	*seat*
die Möglichkeit, -en	possibility
der Boden, Böden	floor
außer Haus	out of the house
ein/nehmen etw.	*occupy*
hierarchisch	*hierarchical*

E

die Altbausanierung, -en	*modernization of old buildings*
eine Firma betreiben, betrieb, hat betrieben	*run a firm*
der Nachbar, -n	neighbour
mal ... mal	sometimes ... sometimes ...
das Wohnzimmer, -	livingroom
in dessen Wohnzimmer	in his livingroom
an/schauen jdn./etw.	look at sb./sth.
die Sportschau	*sports report*
beschriftet	*labelled*
um die Wette schreien	*try to outdo each other shouting*
wenn ein Tor fällt	*when there's a goal*
anschließend	*afterwards*
der Hellwegsche Farb-TV-Samstag	*the Hellwegs' colour-TV Saturday*
außerdem	furthermore, also
die Aufschnittplatte, -n	*plate of cold meats*
die Literflasche, -n	*litre bottle*
die Flasche, -n	bottle
die Knabbernüsse Pl.	*nuts to nibble*
der Morgenmantel, -mäntel	*dressing gown*
die Lottozahlen Pl.	*lottery numbers*
auf/bleiben	*stay up*
der Spätkrimi, -s	late-night thriller
nutzen etw. für etw.	make use of sth. for sth.
die Vorbereitung, -en	preparation
das Abschminken	*taking off her make-up*
das Zähneputzen	*cleaning her teeth*
das Bettfertigmachen	*getting ready for bed*

Nomengruppen

die Nomengruppe, -n	noun phrase

Architektur von Sätzen

die Architektur	architecture
das Vorfeld	initial position

11a

die Rente, -n	pension
in Rente gehen	go into retirement
die Künstlerin, -nen	(female) artist
das Fest, -e	festival
die U-Bahn, -en	*underground (railway)*
das Erdgeschoss, -e	ground floor
die Treppe, -n	stairs
das Treppenhaus, -häuser	stairway

11c Die Wohnung des Herrn Eichelstiel ...

das Oktoberfest	Oktoberfest
renoviert	*renovated, modernized*

allein stehend	*single*
der Rentner, -	*pensioner*
der Stock / das Stockwerk, -werke	storey, floor
die Treppe herunter/kommen	*come down the stairs*

12

ein Bad nehmen	take a bath
sich freuen über jdn./etw.	be pleased about sb./sth.

Einheit 34 Was macht die Liebe

1

The "Winterhilfswerk" (WHW) was founded in 1933 and was under the control of Joseph Goebbels' Ministry of Propaganda. People could donate money or participate in the largely involuntary activities by knitting something (socks, scarves, gloves and caps). The donations were used almost exclusively to prepare for war.

3 Was macht die Liebe

der Soldat, -en	soldier
die Ostfront	eastern front
das Liebesgabepaket, -e	*gift parcel*
das Paket, -e	parcel
handgestrickt	*hand-knitted*
die Socke, -n	sock
gleich	straightaway
den Rückzug an/treten, tritt an, trat an, hat angetreten	*(beat a) retreat*
marschieren	*march*
der Fuß, Füße	foot, feet
furchtbar	terrible
rasten	*rest*
der Stiefel, -	*boot*
das Kärtchen, -	*little card*
unbekannt (bekannt)	unknown (known)
sich melden bei jdm.	get in touch with
die Strickerin, -nen	*knitter*
bei der Entlassung aus der Kriegsgefangenschaft	*on my release as a prisoner of war*
an/geben etw.	*give*
keine Ahnung haben	have no idea
Die große Liebe? – Für mich schon.	Your great love? – It was for me.
der Ostpreuße, -n	*East Prussian*
schweigsam	*silent*
leiden unter jdm./etw., litt, hat gelitten	suffer because of sb./sth.
in einer Krise stecken	*be in a crisis*
sich aus/sprechen	*discuss things, have it out*

die Krebsoperation, -en	cancer operation
bedauern jdn./etw.	*regret sth., pity sb.*
sich lange Zeit lassen mit etw.	take a long time about sth.
derselbe, dieselbe, dasselbe	the same
damalig	*then*
der Traummann, -männer	*dream man*
die Schranke der Zurückhaltung	*barrier of reservedness*
vermitteln jdm. etw.	*help sb. to find*
bis nach Mitternacht	*till after midnight*
schick	*smart*
Da ist mir aufgestoßen, dass …	*That's when I came to resent the fact that …*
der Trainingsanzug, -anzüge	*tracksuit*
das Training	training
Aber ich war Sportlehrer … – Schon.	*But I was a sports teacher … – True, but …*
nerven jdn.	*get on sb.'s nerves*
Eigentlich wollte ich … nichts wie weg.	*Actually … I just wanted to get away.*
empfindsam	*sensitive*
über sich bringen etw.	*be able to bring oneself to do sth.*
die Beziehung, -en	relationship
sich versetzen lassen	*have oneself transferred*
verborgen	*hidden*
auf einmal	all at once
die Ausrede, -n	*excuse*
hieb- und stichfest sein	*hold water*
angeblich	allegedly, supposedly
sich hübsch machen	*do oneself up*
etw. fällt jdm. auf	*sb. notices sth.*
hinein/gehen	go in
sich entscheiden für jdn./ etw., entschied sich, hat sich entschieden	make a decision in favour of sb./sth.
mit sich (he)rum/tragen etw.	*carry sth. around with oneself*
… war ich vollkommen fertig.	*… I was completely shattered.*
an/tun jdm. etw.	*do sth. to sb.*
der Nierenkrebs	*cancer of the kidneys*
tagelang	*for days*
sich erholen	recover
bestrahlt werden	*have radiotherapy*
die Wand, Wände	wall
zum ersten Mal	for the first time
das Herz auf/machen	*unburden oneself*
etw. kommt zum Vorschein	*sth. comes to light*
Es klingt blöd.	*It sounds stupid.*
die Krankheit, -en	illness
dankbar sein	be thankful
positiv	positive
die Angst, Ängste vor jdm./etw.	fear of sb./sth.

verreisen	*go away (on a trip)*
in einer Hinsicht	*in one respect*
vernachlässigen jdn./etw	*neglect sb./sth.*
Ich wüsste ... nicht mehr, wie das geht.	*I wouldn't know any more how to do that ... .*

7 Hinweise zur Zeit kombinieren

erst später	not till later
viel später	a lot later
noch später	even later
immer später	later and later
schon seit 1995	since (as long ago as) 1995
schon früher	earlier (in fact)
schon immer	always (in fact)
immer schon	always
immer noch	still
immer wieder	again and again
immer erst, wenn ...	never until ...
nie wieder	never again
nie mehr	not any more
noch einmal	again
noch nie	never
noch immer	still
viel früher	a lot earlier
noch früher	even earlier

8

schreiben an jdn.	write to sb.
wegbleiben	stay away
Argentinien	Argentina
... ist mir klar geworden, dass ...	*... I realized that ...*

Liebst du mich?

zum Teufel	*the devil*
Wer zum Teufel ist mich?	Who the devil is me?

10 Gefühle ausdrücken

Es tut mir gut, wenn ...	It does me good when ...
Es tut weh, wenn ...	It hurts when ...
Ich bin sehr froh, dass ...	I am very glad that ...
Ich bin glücklich/un-glücklich über ...	I am happy/unhappy about ...
Es nervt mich, wenn ...	It get on my nerves when ...
Ich bedauere, dass ...	I regret that ...
Ich freue mich, dass ...	I am pleased that ...
Ich bin traurig über ...	I am sad about ...
Ich werde wütend, wenn ...	I get furious when ...
Ich habe Angst vor ...	I am afraid of ...
Es macht mich fertig, wenn ...	It really gets to me when ...
Ich fühle mich beleidigt, wenn ...	I feel insulted when ...

Ich habe ein schlechtes Gewissen, wenn ...	I have a bad conscience when ...

Einheit 35 Mozart war ein armer Schlucker

1

die Einnahme, -n	*takings, income*
ein/nehmen etw.	*earn, receive, take (money)*
die Einkünfte Pl.	*income*
rechnen (Geld)	calculate/count (money)
die Ausgabe, -n	*expense, expenditure*
aus/geben (Geld)	spend (money)
der Lohn, Löhne	pay
das Gehalt, Gehälter	salary
verdienen (Geld)	earn (money)
der Verlust, -e	loss
das Erbe	inheritance
erben etw.	*inherit sth.*
Mozart war ein armer Schlucker.	*Mozart was a poor devil.*
alles andere als	anything but
gelten als jd./etw., gilt, galt, hat gegolten	be regarded as sb./sth.
klassisch	classic
der Künstler, –	artist
der Herrschende, -n	*ruler*
aus/beuten jdn.	*exploit sb.*
fallen lassen jdn./etw.	*drop sb./sth.*
die Legende, -n	*legend*
die Tatsache, –n	fact
den Tatsachen stand/halten	*be borne out by the facts*
heutig	today's
der Maßstab, -stäbe	*standard*
der Großverdiener, -	*big earner*
berechnen etw. für etw.	charge sth. for sth.
der Gulden, -	*guilder*
das Honorar, -e	*fee*
zum Vergleich	in comparison
die Magd, Mägde	*maid*
öffentlich	public
der Auftritt als Pianist	*appearance as a pianist*
nach eigenen Angaben	*by his own account*
durchschnittlich	average
pro (Jahr)	per (year)
rund (10 000 Gulden)	about (10,000 guilders)
etw. ergibt etw.	*sth. amounts to sth.*
die Kaufkraft	*purchasing power*
dennoch	nevertheless
der Bettelbrief, -e	*begging letter*
etw. liegt an jdm./etw.	sth. is due to sb./sth.
bestens	admirably

sich ein Dienstmädchen halten	*keep a maidservant*
die Köchin, -nen	*cook*
die Schulden Pl.	debts
aus/schlagen etw., schlägt aus, schlug aus, hat ausgeschlagen	*refuse, reject sth.*
im Armengrab bestatten lassen	*have buried in a pauper's grave*
die Schuld	*fault*
der Kaiser, -	*emperor*
böswillig	*malicious*
vor allem	above all
häusliche Misswirtschaft	*domestic mismanagment*
gepaart mit etw.	*coupled with sth.*
die Leidenschaft, -en für jdn./etw.	*passion for sb./sth.*
das Kartenspiel	*playing cards*
vermutlich	*probably*
verdienen durch etw. (A)	earn from sth.

5

komponieren etw.	*compose sth.*
die Oper, -n	*opera*
arbeiten an etw. (D)	work on sth.

7

privat	private
die Bank, -en	bank

Das Familien-Budget

das Budget, -s	*budget*
die Verbrauchsausgaben Pl.	*consumer expenditure*
die Arbeitnehmerfamilie, -n	*working family*
der Arbeitnehmer, -	*employee*
insgesamt	altogether
das Nahrungsmittel, -	food
das Getränk, -e	drink
der Tabak	*tobacco*
der Verkehr	traffic
die Post	post(age)
die Bildung	*education*
die Unterhaltung	entertainment
die Möbel Pl.	furniture
das Haushaltsgerät, -e	*household appliance*
die Bekleidung	*clothing*
die Energie	*energy*
die Gesundheit	health
die Körperpflege	*personal hygiene*
die persönliche Ausstattung	*personal effects*

9 Das Verb *lassen*

Ich habe mir ... schenken lassen.	I asked for ... as a present.
Warum lässt du mich nicht ins Konzert gehen?	Why won't you let me go to the concert?

Ich habe ihn nicht ins Haus gelassen.	I didn't let him into the house.
Ich mag den Kaffee nicht. – Dann lass ihn doch stehen.	I don't like the coffee. – Then just leave it.
Wo ist mein Geldbeutel? Habe ich ihn im Restaurant gelassen?	Where's my purse? Did I leave it in the restaurant?
Du lässt ihm deinen Computer?	You're letting him have your computer?
Das kannst du nicht machen. Bitte lass das!	You can't do that. Please stop it.

10

sitzen lassen jdn.	*leave sb. in the lurch, stand sb. up*
stehen lassen jdn.	*leave sb. standing (there)*
links liegen lassen jdn.	*ignore sb.*

11

der Fleck, -e	spot, mark
der Rock, Röcke	skirt
So ein Pech!	That's a nuisance.
reinigen lassen etw.	have sth. cleaned

13

die Höhe (der Ausgaben)	level (of expenditure)

Das Verb: Passiv (2)

häufig	often
ruinieren jdn./etw.	*ruin sb./sth.*

14

der Biograph, -en	*biographer*
beschreiben jdn./etw.	describe sb./sth.

15

das Baby, -s	baby
die Geburt, -en	birth
vertauschen jdn./etw.	*swap / mix up sb./sth.*
retten jdn./etw.	save sb./sth.
der Bundespräsident, -en	Federal President
das Jubiläum, Jubiläen	anniversary

Einheit 36　Zeit ohne Zeit

1

zivilisiert	*civilized*
statt G	instead of

3

der Urmensch, -en	*primitive man*
die Menschheit	*mankind, humanity*
sich entwickeln	develop

4 Zeit ohne Zeit

das Merkmal, -e	*mark, characteristic*
stattdessen	*instead*
der Mantel, Mäntel	coat
auf/knöpfen etw.	*unbutton*
Er braucht nicht … aufzu-knöpfen.	*He doesn't need to unbutton … .*
an der Hand	*on his/her hand*
der Hunger	hunger
Hunger haben	be hungry
Er wusste nichts davon.	He didn't know about it.
erfinden etw.	invent sth.
ein Scheibchen hierfür, ein Scheibchen dafür	*a slice for this, a slice for that*
dünn	thin
recht dünn	pretty thin
etw. reicht	*sth. is enough, lasts*
das Blättchen, -	*flake*
die Wurst, Würste	sausage
Mit der Zeit ist es ebenso.	It's the same with time.

5

das weiß ich selber	I know that myself.
die Regel, -n	rule

6 Kleidung – tragen, anhaben, aufhaben

die Kleidung	clothing
an/haben etw.	have sth. on
auf/haben etw.	have sth. on (head)
der Strumpf, Strümpfe	stocking
der Anzug, Anzüge	suit
das Hemd, -en	shirt
die Jeans Pl.	jeans
der Pullover, -	pullover
die Bluse, -n	blouse
das Kostüm, -e	suit
das T-Shirt, -s	T shirt
die Jacke, -n	jacket
der Ring, -e	ring
die Halskette, -n	necklace
der Schal, -s/-e	scarf
das Halstuch, -tücher	neck scarf
der Turnschuh, -e	trainer
die Mütze, -n	cap

7

elegant	elegant
gestreift	*striped*
gemustert	*patterned*
kariert	*check*
hoch	high

flach	flat
weit	broad, wide
eng	narow
dunkelblau	dark blue

Text erschließen: Lesetexte

erschließen etw.	work out the meaning of sth.

A Ganz einfach

zu einem Blitzbesuch fahren	*go on a lightning visit*
füttern jdn./etw.	*feed sb./sth.*
Ich weiß nicht mehr, wo mir der Kopf steht.	*I don't know where I am.*
sich ab/hetzen	*dash around*
Ich bin nur noch ein Nerven-wrack.	*I'm just a bag of nerves.*
Der Alte kratzt sein linkes Ohr …	*The old man scratches his left ear …*
Hör gut hin.	*Listen carefully.*
schaffen (= arbeiten)	*work*
Was soll dieser Quatsch?	*What's this nonsense?*
etwas anders (= ein bisschen anders)	*somewhat differently*

B Immer mehr Freizeit

das Volumen an (Zeit)	*volume of (time)*
vergangen	*past*
sich versechsfachen	*multiply six times*
in weiteren 40 Jahren	*in another 40 years*
erneut	*again*
die Hälfte, -n	half
wachsen um (die Hälfte) (A)	grow by (half)
die Lebenserwartung (in Jahren)	*life expectancy (in years)*
die Lebenserwerbszeit	*working life*
ab Ende	from the end of
die Ausbildung	training, education
die Annahme, -n	*assumption*
der Stau, -s	traffic jam
die Lektüre	*reading*
die Ampel, -n	traffic light
Lippenstift auftragen	*putting on lipstick*
um 1900	around 1900
steigen	go up, climb, increase
die Grafik, -en	*diagram*

C Umgang mit der Zeit

der Umgang mit etw.	*dealing with sth.*
raten jdm. etw., rät, riet, hat geraten	advise sb. about sth. / to do sth.
die Geschwindigkeit, -en	speed
ökonomische Produktivkraft	*driving force for economic pro-ductivity*

ist weitgehend ausgereizt	*has largely exhausted itself*
weitgehend	*largely*
unentdeckt	*undiscovered*
produktiv	*productive*
die Kraft, Kräfte	power
der Vorzug, Vorzüge	advantage, asset
das Unternehmen, -	company, organization
entwickeln etw.	develop sth.
etw. lohnt sich	sth. is worth
weit mehr als	far more than
der Handlungsverzicht	*renunciation of action*
purer Aktivismus	*pure activism*
der Zeitpunkt	*point in time*
die Markteinführung von	*the introduction of products*
Produkten	*(onto the market)*
beurteilen jdn./etw.	*judge sb./sth.*
etw. gelingt jdm., gelang, ist	sth. succeeds (for sb.)
gelungen	
pausieren	*take a break*
der Übergang, Übergänge	*transistion*
aus den Augen verlieren etw.	*lose sight of*
das Projekt, –e	project
auf/stocken etw.	*add to sth.*
um/definieren etw.	*redefine sth.*
erweitern etw.	extend sth.
der Schluss	end
überblicken etw.	*have a clear view of sth.*
der Mittelpunkt	*central point, middle, heart*
deutlich fixiert	*clearly determined*
orientieren jdn.	orientate sb.
motivieren jdn.	motivate sb.
klar markiert	clearly marked
der Abschluss, Abschlüsse	*completion, termination*
möglich machen etw.	make sth. possible
die Erfolgseinschätzung, -en	*assessment of success*
der Rhythmus, Rhythmen	*rhythm*
die Beschleunigung	*acceleration*
die Verlangsamung	*slowing down*
sich aus/drücken	*express oneself*
die Arbeitskultur	*working culture*
der Flexibilisierungsdruck	*pressure to become more flexible*
notwendig machen etw.	make sth. necessary
flexibilisieren	*become more flexible*
das Zeitmanagement	*time management*
die Organisation	organization
verschlingen etw., verschlang,	*swallow up*
hat verschlungen	
paradoxerweise	*paradoxically*
je weniger ..., desto mehr ...	the less ..., the more ...

Einheit 37 Freiheit, die ich meine

die Freiheit	freedom

I Abreiß-Kalender, ein deutsch-deutsches Tagebuch

der Abreißkalender, -	*tear-off calendar*
verhaften jdn.	arrest sb.
der Flugplatz, –plätze	airport, aerodrome
Bulgarien	*Bulgaria*
die DDR	GDR
illegal	illegal(ly)
verlassen jdn./etw.	leave sb./sth.
Es heißt, sie habe ... verlassen	*It is said that she wanted to*
wollen.	*leave ... .*
die Richtung, en	(in the) direction (of)
Südfrankreich	*the South of France*
die Malerin, -nen	*(woman) painter*
malen jdn./etw.	*paint sb./sth.*
um dort zu malen	*to paint there*
etw. zieht jdn. an	*sth. draws/attracts sb.*
von ihrem ... Dorf aus	*from her ... village*
Mecklenburg	*region in north-eastern Germany*
der Antrag, Anträge	application
einen Antrag stellen	put in an application
ab/lehnen jdn./etw.	turn sb./sth. down
ständig	*constantly*
seit dreieinhalb Monaten	for three and a half months
die Einzelhaft	*solitary confinement*
die Haft	*confinement, imprisonment*
die Stasi (=Staatsicherheitsdienst)	*state security police of the GDR*
empfangen jdn./etw., empfängt,	*receive sb./sth.*
empfing, hat empfangen	
verurteilen jdn.	sentence sb.
Hoheneck	*women's prison in the GDR*
transportieren jdn./etw.	transport sb./sth.
die Republikflucht	*illegal emigration*
die Flucht	flight, escape
die Verschiebung von Kulturgut	*illicit sale of cultural assets*
die Kultur	culture, civilization
vor Fluchtantritt	*before starting her escape*
die Sorge, –n	worry
sich Sorgen um jdn./etw.	be worried about sb./sth.
machen	
das Staatsorgan, -e	*instrument of state*
offenbar	obvious(ly)
fertig machen jdn.	*break sb., finish sb.*
die Haftanstalt, -en	*prison, detention centre*
die Zelle, -n	*cell*
die/der Politische, -n	*political prisoner*
Kindesmord begehen, beging,	*murder a child*
hat begangen	

der Mord, -e	murder
ein Trakt für Lebenslängliche	*wing for prisoners sentenced to life imprisonment*
unterbringen jdn./etw., untergebracht sein	*accommodate sb./sth.*
an/kommen	arrive
Zu Hause angekommen, finden wir ...	Back home, we find ...
die Postkarte, -n	postcard
der Arm, -e	arm
sich in die Arme fallen	*fall into each other's arms*
entlassen jdn.	release sb.
als wären wir selbst entlassen worden	as if we had been released ourselves
sich ab/setzen nach (Frankreich)	*retreat to / make off for (France)*
ärmlich	*poor*
kämpfen mit jdm./etw.	struggle with sb./sth.
Hat ... mit ihrer Haftpsychose zu kämpfen.	Is ... struggling ... to overcome her detention psychosis.

4 O aus ...

die (Brief)marke, -n	stamp
Auch heute ...	Still today ...
miteinander reden	*talk to one another*

5 Freiheit, die ich meine

die Million, -en	million
sobald	as soon as
der Schritt, -e	step
das Terrain, -s	*terrain*
nachdem	after (= conjunction)
die Euphorie	*euphoria*
verfliegen	*wear off*
spüren etw.	*feel/sense sth.*
scharf	harsh
blasen, bläst, blies, hat geblasen	*blow*
schwanken	*sway*
das Glück	happiness
der Schmied, -e	*blacksmith*
die Floskel, -n	*cliché, hackneyed expression*
unbarmherzig	*merciless*
die Realität	*reality*
zurecht/kommen mit jdm./etw	*cope with sb./sth.*

6

die Enttäuschung, -en	disappointment
die Unsicherheit, -en	*uncertainty*
die Eigenverantwortung	*responsibility for oneself*
die Illusion, -en	*illusion*
Plusquamperfekt	*past perfect, pluperfect*

Temporale Konjunktionen (Übersicht)

die Gleichzeitigkeit	simultaneity
die zeitliche Abfolge	temporal sequencing
der Bahnhof, Bahnhöfe	station
Sobald sie da ist, fahren wir los.	As soon as she's here, we'll set off.

8

das Gefängnis, -e	*prison*

10

während G/D	during
bis (zu) D	until
während	while
seit(dem)	since
der Atlantik	*Atlantic*
Grönland	*Greenland*
Mach schnell, ...	*Come on, ...*

11 Jahrgang 49 – aufgewachsen in zwei deutschen Staaten

der Jahrgang, -gänge	person born in the year ...
die Gründung	*foundation*
das Interview, -s	interview
über den Sport (Menschen treffen)	(meet people) through sport
treffen auf jdn./etw., trifft, traf, ist getroffen	come into contact with sb./sth.
die Fechtmannschaft, -en	*fencing team*
die Mannschaft, -en	team
persönlich	personal(ly)
stammen aus	come from
Dresden	*Dresden*
die Bundesrepublik	Federal Republic
dienstlich	in an official capacity
erfahren etw.	find sth. out
historisch	historic
bedeutsam	*important, significant*
besonder-	special
die Prägung, -en	*conditioning*
behalten etw.	*keep sth.*
die Existenz, en	existence
irgendwelch-	any
die Vorstellung, -en	idea, notion
drüben	over there
der Westen	west
der Fall (der Mauer)	*fall (of the wall)*
die Mauer, -n	wall
wahr/nehmen jdn./etw.	*see, experience sb./sth.*
die Vereinigung	*unification*

Einheit 38 Die Hand

1 Fritz sagt

die Segelohren	*cauliflower ears*
die Locke, -n	*lock*
der Hals, Hälse	neck, throat

2

die Stirn	*forehead*
das Kinn	*chin*
die Wange, -n	*cheek*
die Brust	breast, chest

4

die Schulter, -n	*shoulder*
der Rücken, -	back
das Knie, -	knee
die Zehe, -n	*toe*

6

sympathisch	nice
ängstlich	anxious

7 Die Welt begreifen

... fasse ich überhaupt nicht gerne an.	I don't like touching ... at all.
der Kuchenteig	*cake mixture*
das Hundefell	*dog's coat*
der Samt	*velvet*
das Laub	*foliage*
der Putzlumpen	*cleaning rag*
die Spinne, -n	*spider*
das Spinnennetz, -e	*spider's web*

8

streicheln jdn./etw.	*stroke sb./sth.*
basteln etw.	*build sth., make sth.*
häkeln etw.	*crochet sth.*
spülen etw.	wash sth. up
das Streichholz, -hölzer	match
an/zünden etw.	light sth.

9

das Begrüßen	greeting
Hände schütteln	*shake hands*
das Gericht, -e	(law-)court
schwören etw.	*swear sth.*
einen Schwur leisten	take an oath
die Hände falten	fold your hands

11a

kontrollieren	control
betrachten jdn./etw.	*observe sb./sth.*

Ein Dichter sieht Hände

einen falschen Schwur leisten	*make a false oath*
der Charakter	*character*
der Träger, -	*bearer*
verraten jdn./etw., verrät, verriet, hat verraten	give sb./sth. away, betray sb./sth.
dennoch	nevertheless
der Alltagsschmutz	*day-to-day dirt*
beeinflusst werden von jdm./etw.	be influenced by sb./sth.
ausgezeichnet	excellent
die Maniküre	*manicure*
der Anfänger, -	beginner
herein/fallen auf jdn./etw.	*be taken in / fooled by sb./sth.*
die Beschäftigung, -en	*occupation*
unwillkürlich	*involuntar(il)y*
achten auf jdn./etw.	note / pay attention to sb./sth.
Man achte doch einmal darauf, ...	Note ...
sich benehmen	*behave*
im wahrsten Sinne des Wortes	*in the true sense of the word*
im Ganzen (betrachten)	*(observe) as a whole*
das Vergnügen	pleasure
stundenlang	for hours
das Tanzcafé, -s	*café with dancing*
möglichst (nah)	*as (near) as possible*
die Tanzfläche	*dance floor*
mit nichts anderem beschäftigt als	*occupied with nothing but*
nachher	afterwards

Ich küsse Ihre Hand, Madame

Madame	*madam*

13

galant	*gallant*

17 Die Hand in der Sprache

der Roman, -e	novel
handeln von jdm./etw.	be about sb./sth.
die Entführung, -en	*kidnapping*
sonderbarerweise	*strangely*
verlangen etw. von jdm.	demand sth. from sb.
der Entführer, -	*kidnapper*
das Handbuch, -bücher	*handbook*
das Computerprogramm, -e	computer program
in seinem Besitz haben	*have in his possession*
wertvoll	*valuable*
der Handel	deal
aus/händigen jdm. etw.	*hand over sth. to sb.*

verhandeln mit jdm.	*negotiate with sb.*
ein Aufschub von 48 Stunden	*48-hour reprieve/respite*
handeln	act
sich handeln um jdn./etw.	sb./sth. is at stake
die Handlung, -en	*plot*
handhaben etw.	*deal with sth.*
handeln mit etw.	*trade with sth.*
die Verhandlung, -en	*negotiation*

Einheit 39 Was draußen passiert

2

schwer krank	seriously ill
krebskrank	*ill with cancer*
das Zweibettzimmer, -	twin-bedded room
die Klinik, -en	*hospital*
die Station, -en	*ward*

3 Was draußen passiert

anderthalb Maschinenseiten	*one and a half typewritten pages*
der Autor, -en	author
(Ich habe den) Autor vergessen	(I have) forgotten the author.
(Ich habe sie) in der Zeitung gelesen.	(I read it) in the paper.
im selben Zimmer	*in the same room*
hinaus/sehen	look out
der Wunsch, Wünsche	wish
erhalten etw.	get/receive sth.
Um den anderen zu entschädigen erzählt er ihm …, was draußen zu sehen ist.	*To compensate the other one he tells him … what there is to be seen outside.*
eines Nachts	*one night*
einen Erstickungsanfall bekommen	*have a choking fit*
die (Kranken)schwester, -n	nurse
unterlassen etw.	*refrain from doing sth.*
ersticken, ist erstickt	*suffocate*
räumen etw.	*clear/empty sth.*
bisher	up till now
etw. geht in Erfüllung	*sth. is fulfilled*
gierig	*greedily*
erwartungsvoll	*full of expectation*
wenden (das Gesicht)	*turn (one's face)*

Verkürzte Sätze

verkürzt	shortened

6a

als Erstes	first of all
den einen oder anderen fragen	ask the one or the other

mit/bringen etw.	bring sth. (with them)
der Salat, -e	salad
die Nachspeise, -n	dessert
besorgen etw.	get/buy sth.
die Kassette, -n	cassette
die CD, -s	CD
damit	so that
spätestens am Wochenbeginn	at the weekend at the latest

Domian – Eins Live

der Rundfunk	radio
viele Tausende von Menschen	many thousands of people
der Moderator, -en	presenter
der Hörer, -	listener
berichten über jdn./etw.	give a report about sb./sth.
an/rufen bei jdm.	ring up sb.
leukämiekrank im Endstadium	*terminally ill with leukemia*
Er … hatte nur noch wenige Wochen zu leben.	*He … had only a few weeks left to live.*
einsam	lonely
weder … noch …	neither … nor
erreichen jdn.	reach sb.
folgend-	(the) following
das Uni-Klinikum	*university hospital*
die Patientensprache	*patients' language*
der Patient, -en	patient
Totenkopfstation	*skull ward*
überwältigt sein von etw.	*be overwhelmed by sth.*
die Brieflut	*flood of letters*
um die Natur zu bestaunen	*to wonder at nature*
das Untergeschoss, -e	*basement*
das Blatt, Blätter	leaf, leaves
Leben um zu leben	*Living in order to live*
die Schrift, -en	handwriting
die Kanüle, -n	*cannula, needle*
das Gedicht	poem
zum Abschied	*in farewell*
die Gabe, -n	*gift*
Und wenn du sie (die Zeit) nutzt, kannst du etwas draus machen.	*And if you make use of it (time), you can make sth. of it.*

9 Zeit haben

begegnen jdm., ist begegnet	meet/encounter sb.
der Händler,	*merchant*
höchst wirksam	*highly effective*
durststillend	*thirst-quenching*
die Pille, -n	pill
schlucken etw.	*swallow sth.*
nützlich sein zu etw.	be useful for sth.
die Zeitersparnis	*time saving*

erzielen etw.	achieve sth.
ein/sparen etw.	save sth.
frei sein etw. zu tun	be free to do sth.
übrig haben etw.	have sth. left
gemächlich	in a leisurely way
der Brunnen, -	well, fountain

Zweck und Ziel: damit, um … zu + Infinitiv

der Zweck, -e	purpose
das Ziel, -e	aim
um … zu	in order to

Möglichkeit ausdrücken

Was draußen zu sehen ist.	What is to be seen outside.
Was man draußen sehen kann/könnte.	What can/could be seen outside.
Es kann/könnte sein, dass …	It can/could be that …
Es ist (un)möglich, dass …	It is (im)possible that …
Wir haben möglicherweise keine Zeit.	We will possibly have no time.

15

Programme empfangen	receive channels
der Satellit, -en	satellite
das Internet	internet

Einheit 40   Des Schweizers Schweiz

2

sich etw. ein/bilden	imagine sth.
erkennen jdn./etw. an etw. (D)	recognize sb./sth. by sth.
das Gehaben	behaviour
der/die Schüchterne, -n	shy person
der/die Weltgewandte, -n	worldy-wise person
unterscheiden jdn./etw. von jdm./etw, zwischen jdm./etw.	distinguish sb./sth. from sb./sth., between sb./sth.
Es fällt mir schwer.	I find it difficult.
das Heimweh	homesickness
etw. ist jdm. bekannt	sth. is familiar to sb.
das Bekannte	what is known/familiar
angenehm	pleasant
durch/schauen jdn./etw.	see through sb./sth.
ein/ordnen jdn./etw.	put sb./sth. in its proper place
die Regel, -n	rule
das Außerordentliche	the extraordinary
überraschen jdn.	surprise sb.
die Heimat	home (country), native country
der Föhn	föhn (wind)
der Nebel	fog
das schlechte Gewissen	bad conscience
besteigen (einen Berg)	climb (a mountain)

sein lassen etw.	not do sth.
etw. ärgert jdn.	sth. annoys sb.
etw. macht jdm. Mühe	what causes sb. trouble
etw. beschäftigt jdn.	sth. occupies sb.

Des Schweizers Schweiz

Es lässt sich … leben.	You can live quite passably …
der Männerchor, -chöre	men's choir
die Dorfmusik	village music
der Familienabend, -e	evening in / with the family
die Partei, -en	party
leidenschaftlich	passionate
der Briefmarkensammler, -	stamp collector
mit Sicherheit	with (a degree of) certainty
die Organisation, -en	organization
um/rechnen (Geld)	convert (money)
der Jura	mountain range in Switzerland
Ärger haben mit jdm./etw.	have trouble with sb./sth.
zu tun haben mit jdm./etw.	have to do with sb./sth.
ausschließlich	exclusively

Obligatorische und fakultative Ergänzungen

obligatorische Ergänzung	compulsory complement(ation)/ complementing elements
fakultative Ergänzung	optional complement(ation)/ complementing element
scheinen	shine
Die Sonne scheint.	The sun shines.
Bern	Berne

7

der Ausländer, -	foreigner
die Demokratie, -n	democracy
die Prosperität	prosperity

8

Hinweise zur Zeit	references to time (adverbial)
Hinweise zum Grund	references to reason (adverbial)
Hinweise zur Art und Weise	references to manner (adverbial)
Hinweise zum Ort	references to place (adverbial)
wegen G/D	because of, on account of
Genf	Geneva

9

Ich gestatte mir …	I allow myself …
das Alpenpanorama	Alpine panorama
ignorieren jdn./etw.	ignore sb./sth.
der Beutel, -	bag
eingenäht in der Unterwäsche	sewn into their underwear

Architektur von Sätzen: Mittelfeld

das Mittelfeld	central part/section
der Tourist, -en	tourist

10

der Bruttolohn, -löhne	gross pay
liegen bei (5000 Franken)	be in the region of (5000 francs)
an der Spitze liegen	*be in the lead*
der Mythos, Mythen	*myth*
Man ist sich nicht sicher.	*People aren't sure.*
das Jahrhundert, -e	century
Schiller	*Schiller (1759 – 1805)*
das Drama, Dramen	*drama*
Rossini	*Rossini (1792 – 1868)*
bekannt machen jdn.	*make sb. well-known*
der Esprit	*esprit, wit*
die Poesie	*poetry*
die Zelebration, -en	*celebration*
die Basler Fasnacht	*Basle carnival*
der Aschermittwoch	*Ash Wednesday*
der Morgestraich	*morning coup (beginning of the Basle carnival)*
der Trommler, -	*drummer*
der Pikkolospieler, -	*piccolo player*
der Saubermann, -männer	*Mr Clean*
das Sauberweib, -er	*Mrs Clean*
das ewige Reinemachen	*constant cleaning*
der poetische Anarchist	*poetic anarchist*
sprayen etw. auf etw.	*spray sth. on sth.*
unbeobachtet	*unseen, unobserved*
die Polizei	police
flüchten, ist geflüchtet	flee, escape
die Heidelberger Stadtreinigung	*the Heidelberg city cleaners*
irrtümlich	*by mistake*
das Werk, -e	work

11 Wie meinen Sie das?

Wie meinen Sie das?	How do you mean that?
Was meinen Sie damit?	What do you mean by that?
Was meinen Sie (dazu)?	What do you think (about that)?
Ich meine Sie/dich!	I mean you!
Haben Sie mich gemeint?	Did you mean me?

Jetzt reden wir – Mitbestimmung, Volksabstimmung

die Mitbestimmung	*co-determination, participation*
die Volksabstimmung	*referendum*
die Staatsgewalt	*state authority*
aus/gehen von etw. (D)	*proceed / be derived from sth.*
das Grundgesetz (der Bundesrepublik Deutschland)	*the Basic Law (of the Federal Republic of Germany)*
die Wahl, -en	election
das Mitbestimmen	*co-determination*
staatlich	state
eidgenössisch	*confederate*

kantonal	*cantonal*
die Gemeinde, -n	*municipality, local government*
betreffen jdn./etw.	*affect sb./sth.*
die Entscheidung, -en	decision
die Gemeinde betreffenden Entscheidungen	*decisions affecting the municipality*
... ist längst eine Selbstverständlichkeit	*has been an accepted fact for a long time*

14 Die Schweiz – in Stichworten

das Stichwort, -e	*keyword, note*

1

souverän	*sovereign*
der Kanton, -e	*canton*
die Bundeshauptstadt, -städte	federal capital
km² (Quadratkilometer)	square kilometre
der Einwohner, -	inhabitant
die Landesfläche	*surface area of the country*
entfallen auf jdn./etw.	*be accounted for by*
ein/führen etw.	*introduce sth.*
das Frauenwahlrecht	female suffrage
auf Bundesebene	*at federal level*
realisieren etw.	*realize sth.*
die Währung, -en	*currency*
der Franken, -	*franc*
die Volksabstimmung	*referendum*
der Beitritt zum Europäischen Wirtschaftsraum	*entry into the European trade area*
europäisch	*European*

2

sich differenzieren in etw.	*be differentiated into sth.*
ethnisch	*ethnic*
der/die Angehörige, -n	member
rätoromanisch	*Rhaeto-Romanic*
die Sprach- und Kulturgemeinschaft	language and cultural community
bilden (eine Nation)	*form (a nation)*
vielfältig	*varied*
die Nation, -en	*nation*
die Amtssprache, -n	*official language*
das Amt, Ämter	bureau, department
anerkannt als	*recognized as*

3

der Tourismus	*tourism*
reiselustig	*fond of travel(ling)*
jener, jene, jenes	that
allgegenwärtig	*ubiquitous*
der Engländer, -	*Englishman*
halsbrecherisch	*perilous*

die Bergtour, -en	mountain tour
der Sonnenuntergang, -untergänge	sunset
bewundern jdn./etw.	admire sb./sth.
vorher	beforehand, before that
ein Reiseziel par exellence	a destination par excellence
die Schweiz war … ein Reiseziel … und sie ist es heute mehr denn je.	Switzerland was a destination … and is so today more than ever.
Fr. R. de Chateaubriand	French writer (1768–1848)
atmen	breathe
das Blut	blood
Paris	Paris

4

die Routinefrage stellen	ask the routine question
Wie geht's? – Man kann nicht klagen.	How are you? – Can't complain.
ursprünglich	original
sich nähern jdm./etw.	approach sb./sth.
die Verfassung	state, condition
am ehesten	best, most readily
umschreiben etw.	paraphrase sth.

5

human	humane
ein bestimmtes Maß an Patriotismus	a certain measure of patriotism
abverlangen jdm. etw.	demand sth. from sb.
die Nationalhymne, -n	national anthem
verlegen etw.	mislay sth.
jetzig	present
… ist ausdrücklich als Provisorium deklariert …	… has been expressly declared a temporary solution

Einheit 41 Nicht

1 Nicht

ausländisch	foreign
die Universitätsbibliothek, -en	university library
der Band, Bände	volume
das Wörtchen, -	little word
verfasst von Sprachwissenschaftlern	written by philologists
das Fachgebiet, -e	area of study
sich zum Ziel setzen etw.	set oneself the goal (of doing sth.)
der Geist, der stets verneint	the spirit that ever negates
der Geist, -er	spirit
allen voran zerbrechen sich die Syntaktiker den Kopf über	first and foremost the syntax experts rack their brains about
das verneinende Adverb	adverb of negation
dieses Wissen didaktisch, also lehrend vermitteln	pass on this knowledge didactically, i.e. in teaching
den Platz wechseln	change/swap places
Auswirkung(en) haben auf jdn./etw	have effects on sb./sth.
außergewöhnliche Mobilität	exceptional mobility
zunächst	first
grundlegend	basic, fundamental
der Unterschied, -e	difference
die globale Verneinung	global negation
das Element des Satzes	element of the sentence
sich beziehen auf jdn./etw.	refer to sb./sth.
der Unterschied zwischen der globalen Verneinung und der, welche sich auf … bezieht.	the difference between global negation and negation referring to …
nirgendwo	nowhere
…, heißt es weiter, …	… we learn further …
das Objekt, -e	object
der Wagen, -	car
ab/schließen	lock
fahren jdn./etw., fuhr, hat gefahren	drive sb./sth.
die Wahrheit sagen	tell the truth
sich das Leben nehmen	take one's life
Schach spielen	play chess
die Lösung, –en	solution
so genannt	so-called
feste Verbindung, -en	fixed combination of words
sich verhalten wie	behave like
die Verbpartikel, -n	verb particle
beobachten jdn./etw.	observe sb./sth.
der Marsmensch, -en	man/person from Mars
die Anordnung	arrangement, order
das Bekannte (Bezugteil)	what is known (reference part)
das Unbekannte (Informationsteil)	what is new/unknown (information part)
es ist/war die Rede von jdm./etw.	there is/has been mention of sb./sth.
demnach	consequently
laut Grundgesetz des deutschen Satzes	according to the basic law of the German sentence
so (früh) wie möglich	as (early) as possible
ab/fertigen jdn./etw.	deal with sb./sth, get sb./sth. out of the way
die Frage, was ich denn noch nie gesehen hätte	the question what I had never in fact seen
Dies zu den Standortbestimmungen der Verneinung.	So much on the definition of the position of negation.

4

mehrere — several

Möglichkeiten „Nein" zu sagen

koffeinfrei — *decaffeinated*
arbeitslos — *out of work*

9a

nirgends — *nowhere*

11a

der Rat, Ratschläge — (piece of) advice

11b

die Revolution, -en — *revolution*
der Spaziergang, -gänge — *walk*

11 Verneinung präzisieren

Ich habe das alles gar/überhaupt nicht verstanden. — I haven't understood any of that.
Wir auch nicht. — Neither have we.
Mein Gehalt ist noch nicht gekommen. — My salary hasn't come yet.
Ich glaube, die Antwort kommt nicht mehr. — I don't think the reply is coming any more.

12b

Ich habe keine Lust zu arbeiten. — I don't feel like working.

Einheit 42 Den farbigen Firmen gehört die Welt

2 Den farbigen Firmen gehört die Welt

Crosstalk — *magazine of the Swiss airline Crossair*

vor/stellen jdn./etw. jdm. — present sb./sth. to sb.
der Raum- und Farbpsychologe, -n — *space and colour psychologist*
sich verabreden mit jdm. — make an appointment with sb.
übersehen jdn./etw. — miss / not see sb./sth.
inmitten G — *in the middle of*
grau gekleidete Banker — *bankers dressed in grey*
die Business-Leute Pl. — *business people*
knallgelb — *bright yellow*
beraten jdn. — advise sb.
die farbliche Gestaltung — *colour design*
der Arbeitsraum, -räume — *working room*
entwerfen — *design*
der Teppich, -e — carpet
die Bodenplatte, -n — *base-plate*

der Davoser — *inhabitant of the Swiss town of Davos*
Gehör finden — *be listened to*
der Auftrag, Aufträge — commission
die Chemie — chemical industry, chemistry
im Moment — *at the moment*
Mercedes — *Mercedes*
das Management-Symposium, -Symposien — *management symposium*
der Vortrag, Vorträge — *lecture*
viele Türen öffnen — open many doors
linear — *linear*
dynamisch — *dynamic*
tolerant — tolerant
der Respekt — *respect*
beneiden jdn. — *envy sb.*
der Mut — courage
der Auslöser für die Kreativität — *trigger for creativity*
die Dynamik — *dynamism*
anthrazitfarben — *anthracite (coloured)*
sich ab/schließen — lock/shut oneself away
die Idee, -n — *idea*
die Kommunikation — *communication*
die Erfahrung, -en — experience
aus eigener Erfahrung — from personal experience
funktionieren — function, work
zudem — *furthermore*
in Fahrt geraten/kommen — build up steam, get going
das Gedankengebäude, - — *edifice of thoughts*
riesig — *huge*
das Forschungsgebäude, - — *research building*
das Gebäude, - — building
Sindelfingen — *town in southern Germany*
entwickeln etw. — develop sth.
geordnet — *arranged*
eckig — *square*
gruppieren jdn./etw. — *group sb./sth.*
der Führungsstab, -stäbe — *top managment*
der/die Angestellte, -n — employee
der Stehtisch, -e — *high table*
die Besprechung, -en — *discussion*
effizient — *efficient*
belebt — *lively*
der Neinsager — *no-man*
bereit (etw. zu tun) — ready/prepared (to do sth.)
das Ungewöhnliche — *the unusual*
Nur wer derart positiv denkt, ... — *Only he who thinks in such a positive way ...*
das Produkt, -e — product
hervor/holen etw. — *get sth. out*

die Vertriebszentrale, -n	*sales headquarters*
weltweit tätig	*active worldwide*
der Raum, Räume	room
suchen nach jdm./etw.	look for sb./sth.
die Stellwand, -wände	*partition*
der rechte Winkel	*right angle*
Grenzach	*town in Switzerland*
außen	outside
innen	inside
Man stelle sich vor, ...	Just imagine ...
überschwänglich	*exuberant*
aus/leben etw.	*realize, give full expression to sth.*
jeweils	each
führend	*leading*
die Geschäftsleute Pl.	*business people*
die Collage, -n	*collage*
der Flachdenker, -	*flat thinker*
der Chaot, -en	*chaotic person*
der Dreidimensionale, -n	*three dimensional*
man sieht ihnen die Freude ... an	*you can see their enjoyment/ pleasure*
die Freude an etw. (D)	pleasure in sth.
der spielerische Umgang mit etw. (D)	*playful handling of sth.*
fein säuberlich	*neatly*
die Schachtel, -n	box
verpacken etw.	*pack sth.*
der Urheber, -	*originator*
nach/schicken jdm. etw.	*send sth. on to sb.*
der Anruf, -e	(phone) call
der Tipp, -s	tip
befragen jdn. nach etw.	*ask sb. about sth.*
Nach einem Wunsch befragt, ...	*Asked about a wish, ...*
mittlerweile	*in the meantime*
sich einen Wunsch erfüllen	fulfil a wish
der Parlamentarier, -	*parliamentarian*
der Bundesrat, -räte	Member of the Executive Federal Council
sich exponieren	*expose oneself*

4

kommunizieren	communicate

Wortbildung: Präfixe

das Präfix, -e	prefix

Sätze/Satzteile verbinden: je ... desto / um so

je ... desto / um so	the ..., the ...
Je später der Abend, desto / um so schöner die Gäste.	*The later the evening, the finer the guests.*

8

sich kleiden	dress
sich waschen, wäscht sich, wusch sich, hat sich ge- waschen	wash

Das Verb: reflexive Verben (2)

(sich) hassen	hate each other

11a

sich kümmern um jdn./etw.	take care of sb./sth.

11b

Baden Baden	*resort town in southern Germany*
hoffen	hope
die Therapie	*therapy*

12 Wie wohnen Sie denn?

Wohnort

die Kleinstadt, -städte	*small town*
die Innenstadt, -städte	*town/city centre*
die Siedlung, -en	*housing development, estate*

Wohnungstyp

der Wohnungstyp, -en	*type of flat*
das Einfamilienhaus, -häuser	*detached house*
das Apartment, -s	*apartment, one-room flat*
das Reihenhaus, -häuser	*terraced house*
das Mietshaus, -häuser	*block of flats*
die Untermiete	*sub-tenancy, as a sub-tenant*
die Eigentumswohnung, -en	*owner-occupied flat*
die Altbauwohnung, -en	*flat in an old building*
die Neubauwohnung, -en	*flat in a modern building*
das Studentenheim, -e	*student hostel*
die Wohngemeinschaft, -en	*flat shared with others*

Räume

das WC, -s	WC
der Keller, -	cellar
die Terrasse, -n	*terrace, patio*

Einrichtung / Möbel

die Einrichtung	*furnishings, fittings*
die Sitzgruppe	*suite*
das Sofa, -s	sofa
der Esstisch, -e	dining table
der Schrank, Schränke	cupboard
das Bücherregal, -e	*bookshelf*
das Regal, -e	shelves, shelf-unit
die Stehlampe, -n	*standard lamp*
die Lampe, -n	lamp
aufs Land ziehen	move into the country

Einheit 43 Ein Weg zurück

I Ein Weg zurück

der Quadratmeter, -	square metre
ganz wohnlich eingerichtet	furnished quite cosily
das Holz	wood
das Holzregal, -e	wooden shelves
das Poster	poster
Wo hätte ich sie ... gefunden?	Where would I have found her ...?
das Wohnheim, -e	hostel
der/die Obdachlose, -n	homeless person
über längere Zeit	for an extended period
regelmäßig	regular(ly)
der Alkoholkonsum	alcohol consumption
die Halbe	half
der Schnaps, Schnäpse	schnapps
der Job, -	job
das hast du natürlich kaum bezahlt gekriegt	you could of course hardly afford that
..., wie es dazu kam.	... how it came about.
von der Herkunft	as far as your origins are concerned
eine höhere Tochter	daughter of a family of some social standing
Naja, wie man's nimmt.	Well, it depends how you view it.

2a

die Kindheit	childhood
erfolgreich	successful
der Architekt, -en	architect
die Hausfrau, –en	housewife
von außen gesehen	viewed from outside
es stimmt alles	everything was OK
die Ehe, -n	marriage
schwanger	pregnant
sich um/bringen	kill oneself
die Scheidung ein/reichen	file for divorce
ab/hauen	push off, beat it
überfordert	sth. is too much for sb.
mit 13 (Jahren)	at (the age of) 13
der Joint, -s	joint
Joints rauchen	smoke joints
schlimm	bad
das Heim	home
die Realschule	technical school
der Realschulabschluss	GCSE
sich leer fühlen	feel empty
sich verstecken	hide

3a

die Schwierigkeit, -en	difficulty
von Geschwistern finanziert	financed by brothers and sisters
auf eigenen Beinen stehen	stand on one's own two feet
zeitweise	from time to time, for some of the time
London	London
der Alkoholiker, -	alcoholic
von einem Tag auf den anderen leben	live from one day to the next
die Spontaneität	spontaneity
massives Trinken	very heavy drinking
im Freien schlafen	sleep outside in the open air
die Unterkunft, Unterkünfte	accommodation
(sie ist) sozial abgestiegen	(she has) lost / declined in social status
glücklicherweise	fortunately
Anonyme Alkoholiker	Alcoholics Anonymous

4a

empfinden etw.	feel sth.
trocken sein	be dry
in diesem Zeitraum	in this period
Silvester	New Year's Eve
der Champagner	champagne
heim/bringen etw.	bring sth. home
dummerweise	stupidly
..., nicht wahr?	here: eh?
durchsaufen	booze through
die Brücke	bridge
Das Leben ist aus.	Life is over.
sterben an etw. (D), stirbt, starb, ist gestorben	die of sth.
unheimlich (angenehm)	incredibly (pleasant)
Was ist denn los mit ...?	What's the matter with ...?
der Notarzt, -ärzte	emergency doctor
der Arzt, Ärzte	doctor
die Psyche	psyche
eigenartig	strange
fieberfrei	free of fever, without a temperature
die Aussicht	view
drin	in it
erwarten jdn./etw.	expect sb./sth.
klopfen	knock
an/gucken jdn./etw.	look at sb./sth.
die Kuh, Kühe	cow
Blöde Kuh!	Stupid cow!
sich vor/nehmen etw.	make up one's mind to do sth.
Schuldgefühle gegenüber den Kindern	feelings of guilt towards the children

ein/sehen etw.	understand sth.
etw. gut machen	make up for sth.

5a

entschlossen sein	be determined
die Entziehungskur	detoxication treatment
aus/ziehen	move out
die Umschulung machen	be retrained
die Freunde von einst	former friends
in ihre Wohnung kommt er nicht rein	she doesn't let him into her flat
die Partnerschaft, -en	partnership
materiell	material
sich leisten etw.	afford sth.
Ski/Schi fahren	go skiing
zeichnen etw.	draw sth.
seelisch	emotionally, psychologically
Ein Knacks ist da.	She's not the same.
weg/radieren etw.	rub out sth.
die Odyssee, -n	odyssey
körperlich	bodily
kaputt	broken

7 Architektur von Sätzen: Nachfeld

das Nachfeld	end-position

Einheit 44 Das wunderbare Volk

1 Der Belgier Jan Yoors ...

der Belgier, -	Belgian
angesehen	respected, reputable
der Hauptstamm, -stämme	main tribe
die Roma Pl.	Romanies, Gipsies
adoptieren jdn.	adopt sb.
von da an	from then on
der Nichtzigeuner, -	non-gipsy
die Gelegenheit, -en	opportunity
Einblick bekommen in etw.	gain insight into sth.
die Sitte, -n	custom, tradition
der Brauch, Bräuche	custom
die Philosophie des Unterwegsseins	philosophy of being in transit
etw. ist auf etw. bezogen	sth. is related to sth.
aus der seltenen Sicht des Insiders	from the rare view of an insider
verringern etw.	reduce sth.
auf/räumen mit etw. (D)	do away with sth.
das Vorurteil, -e	prejudice
liefern etw.	provide sth.
detailliert	detailed
eine ethnologische Fundgrube	ethnological treasure trove
faszinierende Lektüre	fascinating reading

2 Das wunderbare Volk

gemächlich umher/fahren	drive around in a leisurely way
ohne etwas ... zu sehen	without seeing anything ...
in ihrem gelösten Frieden	with their relaxed peace(fulness)
die Stimmung, -en	mood
erleben etw.	experience sth.
..., die ich je erlebt hatte.	... that I had ever experienced.
die anfängliche Aufregung über ... schwand	the initial excitement about ... dwindled/declined
seltsam	strange
das Abenteuer, -	adventure
der Geruch, Gerüche	smell
um mich her	around me
vertraut werden mit etw.	grow familiar with sth.
enden	end, finish
das Abendbrot	supper
der Zeitpunkt, -e	(point in) time
ebenfalls	also, equally
festgelegt sein	be fixed
die Tageseinteilung	division of the day
der Ruhetag, -e	rest day
(die Tage) flossen ohne Einschnitt ineinander	(the days) flowed one into the other without a break
aufeinander folgende Monate	months following each other
offensichtlich	obvious(ly)
diese Unterscheidung hatte auch nur insoweit Bedeutung, als ...	this distinction only had a meaning insofar as ...
die Bedeutung, -en	meaning
infolge G	as a result of
ungünstig (günstig)	unfavourable (favourable)
die Witterung	weather
beweglich	mobile
die historische Zeitrechnung von Christi Geburt an	the historical way of calculating time starting with the birth of Christ
bezeichnen etw. durch etw.	refer to sth. by sth.
das Ereignis, -se	event
..., als wir beinahe verhungert und erfroren wären	... when we nearly starved and froze to death
von Wölfen überfallen werden	be attacked by wolves
der Hengst, -e	stallion

5

der Feiertag, -e	public holiday

Sätze verbinden: ohne ... zu, ...

ohne dass	without ...ing
Statt mit seinen Eltern ... zu sprechen, ist Jan ... abgereist.	Instead of talking to his parents, Jan left ...

ab/reisen	leave, set off
statt dass	instead of ...ing
Sachen packen	pack sth.
der Schulkamerad, -en	*school friend*

7a

das Studium, Studien	studies

7b

das Gemüse	vegetable(s)
das Obst	fruit

8

zueinander kommen	come to each other
der Minister, -	minister
Probleme untereinander haben	have problems among themselves

9

seitdem sind wir ...	since then we've been ...

10 Schwarzer Zigeuner

der Tanz, Tänze	dance
der Lichterglanz	*bright lights*
betören jdn./etw.	*charm, bewitch sb./sth.*
vor/spielen jdm. etw.	*play sb. sth.*
der Schmerz, -en	pain
die Geige, -n	*violin*
weinen	cry
golden	*golden*
sich satt küssen	*kiss oneself full*
etw. ist vorbei	sth. is past
nichts als ... bleibt zurück	*nothing but ... is left*
das vergangene Glück	*past happiness*

12 Kemal

(Frühere Jugoslawische Republik) Makedonien	*(former Yugoslav Republic of) Macedonia*
Haus an Haus	*as neighbours of; next-door to*
die Landverteilung unter Tito	*distribution of land under Tito (former Yugoslav President, 1892–1980)*
der Boden	*land*
knapp für den Eigenbedarf reichen	*be just enough for one's own needs*
im Übrigen	*in addition*
der Tabakanbau	*growing tobacco*
der Verdienst, -e	*income, way of earning money*
die Regierungszeit	rule
die Regierung, -en	rule, government
zur goldenen Ära erklären	*declare a golden era*
sich Aufschluss erhoffen über die sozialen Verhältnisse	*hope to learn something about the social conditions*

die Gleichberechtigung	equality, equal rights
als ungerecht empfinden	*find unjust*
etw. bricht auseinander	*sth. breaks apart*
die Arbeitslosigkeit	unemployment
an/steigen	increase
folgen jdm.	*follow sb.*
der Saisonarbeiter, -	*seasonal worker*
ein Auskommen finden	*make a (decent) living*
die Arbeitskraft, -kräfte	*worker*
die vorgefassten Bilder	*the preconceived images*
Wiener Operetten	*Viennese operettas*
die Ausnahme, -n	exception
von Ausnahmen abgesehen	*apart from a few exceptions*
Wahrsagerei betreiben	*go in for fortune-telling*
altansässige Schweizer	*long-term Swiss residents*
auf der Durchreise sein	*be passing through*
im Verständnis (der Roma)	*in the view (of Romanies)*

14b In der Diskussion

die Ansicht, -en	view
Ich bin der Meinung/der Ansicht, ...	It's my view/opinion ...
Ich denke / Ich glaube / Ich meine ...	I think / I believe / I feel ...
Meiner Meinung nach ...	In my opinion ...
Ich möchte dazu Folgendes sagen: ...	I would like to say this: ...
Das sehe ich auch so.	That is how I see it, too.
Das ist auch meine Meinung.	That's my opinion, too.
Das mag schon sein, aber ...	That may be, but ...
Das stimmt schon, aber ...	That's true, but ...
Man muss aber auch sehen, dass ...	But you also have to see that ...
... einerseits ... andererseits ...	... on the one hand ... on the other hand ...
Also, das glaube ich nicht.	I don't believe that.
Das finde ich nicht.	I don't think so.
Ich bin da ganz anderer Meinung/Ansicht.	I have a quite different view/opinion.
Man kann das auch anders sehen.	That can be viewed differently.
Das stimmt nicht.	That's not true.
Ich begrüße heute ...	I would like to welcome today ...
Das Thema unserer heutigen Diskussion ist ...	The topic of today's discussion is ...
Wir sprechen heute über ...	We are talking today about ...
Was meinen Sie dazu?	What do you think/feel about that?
Was denken Sie darüber?	What do you think about that?

Wie ist Ihre Meinung?	What's your opinion?
Können Sie das näher erklären?	Could you explain that a little more?
Was meinen Sie damit?	What do you mean by that?
Was wollen Sie damit sagen?	What are you trying to say?
Wir haben also verschiedene Meinungen gehört.	So we've heard various/ different opinions.
zusammen/fassen etw.	sum sth. up
Ich fasse nun zusammen: ...	I'll sum things up now: ...
Ich bedanke mich für ...	Thank you for ...
Bis zu unserer nächsten Sendung ...	Till our next programme ...

Einheit 45 Der Mann, der den Zufall verkaufte

der Zufall, Zufälle	chance

1

die Agentur, -en	*agency*
die Herbeischaffung	*procuring*
ersehnt	*longed for*
der Gegenstand, Gegenstände	object

2 Der Mann, der den Zufall verkaufte

das Pseudonym, -e	*pseudonym*
etw. läuft (gut)	*sth. goes well*
beschaffen etw.	*procure/obtain sth.*
die Herbeiführung	*producing*
die Geschenkidee, -n	*idea for a present*
das Geschenk, -e	present
... wusste kein passendes Geschenk	*... had no idea for a suitable present*
die Kleinigkeit, -en	*small matter, bagatelle*
hin/gehen	go (forth)
der Gartenschlauch, -schläuche	*garden hose*
verwirrt sein	*be confused*
das Hochhaus, -häuser	*tower block*
die Geheimnistuerei	*mysterymongering, secretiveness*
scharf sein auf etw.	*be dead keen on sth.*
bestimmt	for sure, certainly, definitely
verwenden etw., verwendete, hat verwendet	use sth.
mal sehen	let's see
die Beratung, -en	advice, consultation
vor die Füße werfen jdm. etw.	*throw sth. down at sb.'s feet*
rausgeschmissenes Geld	*money thrown down the drain / out of the window*
ideal	*ideal*
das Blumengesteck, -e	*flower arrangement*
die Methode, -n	method

eine Idee herbei/führen	*produce an idea*
..., wenn wir welche brauchen.	*... when we need some.*
überflüssig machen	*make superfluous*
sich frei/setzen	*free/release itself*
beeindruckt sein	*be impressed*
die zusätzliche Audienz	*additional audience*
Guter Rat ist teuer.	*Good advice is expensive.*
sein so bedeutungsvoll herbeigeführtes Geschenk	*his present acquired so meaningfully*
dezent im Hintergrund	*discreetly in the background*
ehe	*before*
aus der Hand geben etw.	*give sth. away*
das Souvenir, -s	souvenir
etw. fällt jdm. ein	*sth. strikes sb.*
sich wünschen etw.	desire/want sth.
die Polaroid-Kamera, -s	*polaroid camera*

5

im Allgemeinen	in general

Aussprache: Konsonantenverbindung *ng*

die Konsonantenverbindung, -en	consonant combination

6d

die Meldung, -en	item (of news)

Aussprache: Konsonanten treffen aufeinander

aufeinander treffen	*converge*
der Kenner, -	*connoisseur*
arm sein an etw. (D)	be lacking in sth.
reich sein an etw. (D)	be rich in sth.
eingerahmt werden	*be framed/surrounded*
zu/lassen jdn./etw.	*allow sb./sth.*
um/zingeln jdn./etw.	*encircle/surround sb./sth.*

Einheit 46 Die Österreicher

1

der Opernball, -bälle	opera ball
Innsbruck	*city in Austria*

3 A

der Tiroler Hut	*traditional Tyrolean hat*
Selbstmord begehen	*commit suicide*
der Untergang des Habsburgerreiches	*decline/fall of the Habsburg Empire*
verkraften etw.	*get over sth.*

B

etw. nimmt ab	*sth. decreases*
das Urteil, -e	judgment
sich ein Urteil bilden über jdn./etw.	*form a judgment about sb./sth.*

C

gegen etw. ist kein Kraut gewachsen	there is no remedy for sth.
ausgehend von dieser Prämisse	starting from this premiss
die Art-Direktorin, -nen	art director
der Texter, -	text writer
das Konzept, -e	plan, outline
verblüffend	amazing(ly)
wirken	here: seem, appear
zugleich	simultaneously
unendlich	infinite
offen halten etw.	keep sth. open
festgefahrene Vorurteile	hardened prejudices
ins Feld ziehen gegen etw.	take the field/fight against sth.
lächerlich	laughable
haltlos	unfounded, untenable
anhand von D	by means of
die Kampagne, -n	campaign

4b

die Ideologie, -n	ideology
die Intoleranz	intolerance

6 Wie alt ist Österreich?

ein bissiger Kritiker	a biting/caustic critic
etw. hat etwas für sich	there is sth. to be said for sth.
feierlich	festive, solemn
der Staatsakt, -e	act of state
unter dem Motto	with the motto
feiern etw.	celebrate sth.
der zehnjährige Bestand	ten-year existence
ein tausendjähriges Reich	a thousand-year empire
ein eben erstandener Kleinstaat	a small state just come into being
ein würdiger Greis	a dignified old man
der Halbwüchsige, -n	adolescent
ein Baby unter den Staaten	a baby among the states
Prag	Prague
Triest	city in northern Italy
Zagreb	capital of Croatia
Krakau	city in Poland
das Inland	home (country)
zur Schule gehen	go to school
Flensburg	city in northern Germany
Königsberg	Russian city on the Baltic coast
Karlsruhe	city in southern Germany
glorreich	glorious
bestenfalls	at best
Gewissheit haben über jdn./etw.	be certain about sb./sth.
kaum jedoch	yet hardly

8 Taubenvergiften

vergiften jdn./etw.	poison sb./sth.
Schatz, das Wetter ist wunderschön!	Darling, the weather is glorious.
Da leid ich's nicht länger zu Haus.	I can't stick it at home any longer.
ins Grüne gehen	go into the country
der Bursch, -en	man
das Mäderl, -	girl
das Fresspaketerl, -	bag of grub
der Klee	clover
ich hab(e) eine Idee	I have an idea
die Lüfte sind lau	the air is mild
das Arsen	arsenic
geschwind	quick(ly)
sich bewähren	prove successful
streuen etw.	scatter sth.
das Grahambrot	sort of bread
kreuz über quer	all over the place
verjagen jdn./etw.	chase sb./sth. away
der Spatz, -en	sparrow
verpatzen etw.	mess sth. up
die tun ei(ne)m alles verpatzen	They mess everything up for you.
das Gift, -e	poison
im Nu	in a jiffy
das Tauberl, -	little dove
zu/schauen	watch
das Pläsir	pleasure
das Zyankali	pottasium cyanide
schwach	weak
die Herzen sind schwach	hearts are weak
(et)was zum Naschen	something to nibble

Einheit 47 Im Buchladen

der Buchladen, -läden	bookshop

2 Im Buchladen

das Fräulein, -	miss
Was hätten Sie sich denn da gedacht?	What were you thinking of?
das Paperback, -s	paperback
Das ist halt doch zu dünn.	That's a bit too thin.
Das macht doch nicht viel her!	That doesn't look like very much.
irgendein, irgendeine	some ... or other
der Inhalt, -e	contents
wenn er reinschaut	if he has a look inside
die Jubiläumsausgabe, -n	anniversary edition
sich aus/kennen	know what one's talking about

etwas Repräsentatives	*something impressive*
altdeutsch eingerichtet sein	*have furniture in the old German style*
herein/kommen	*enter*
die Diele, -n	*hall*
das wär's gewesen	*that's what I need*
eine Ausgabe von …	*an edition of …*
das wären sozusagen dreizehnhundert Seiten	*that would be so to speak thirteenhundred pages*
ein Buch, das durchaus zeigen würde …	*a book that would really show*
das Niveau	*standing*
verbreiten etw.	*spread, radiate sth.*
demonstrieren etw.	*demonstrate sth.*
die Haushaltung, -en	*household*
sich befinden	*find oneself*
Das klingt nicht schlecht.	*That doesn't sound bad.*
Immanuel Kant beschäftigt sich mit der hermeneutischen Fundamentalontologie als Analytik der Existenzialität des Denkens, des Wesens vom Sein, nur in etwas anderer Art als Heidegger … aber ich würde doch sagen, in einer etwas spezifizierten Art und Weise.	*Immanuel Kant is concerned with hermeneutic fundamentalist ontology as an analysis of the existentialist nature of thought, of the very substance of being, only in a somewhat different way than Heidegger … but I would still say in a rather specific manner.*
Da wird er schauen!	*That'll make him stand up and look.*
der Einband, Einbände	*cover*

6

interessiert sein an etw. (D)	be interested in sth.
spezialisiert sein auf etw.	*specialize in sth.*
das Gerät, -e	machine, appliance

7 Wenn du morgen …

die Note, -n	mark
das Diktat, -e	*dictation*
Bei einer Zwei …	*If you get a (grade) 2 …*
die Spätausgabe	*late-night edition*
das Werbefernsehen	*advertising on TV*
Solltest du aber eine Sechs schreiben, …	*But if you get a 6 (= fail), …*
zur Strafe	as punishment

Bedingung ausdrücken

die Bedingung, -en	condition
im Falle, dass …	if, in the event that
Schreibst du eine Eins, …	If you get a 1, ..
Mit einer guten Note …	With a good grade, …

8

Karl May	*German writer (1842–1912)*
Frankfurt	*Frankfurt*
die Buchmesse	*Book Fair*

9 Mein erstes Buch

die Zwangslektüre	*sth. I had to read, obligatory reading*
eine echte Qual	*real torture*
geschenkt bekommen etw.	*be given sth. as a present*
vertreten jdn./etw.	*represent sb./sth.*
das Modejournal, -e	*fashion magazine*
abonnieren etw.	*subscribe to sth.*
sentimental	*sentimental*
brav	*plain*
Ich hatte es zu lesen.	*I was/had to read it.*
beharren auf etw.	*insist on sth.*
die Schwäche in etw. (D)	*the weakness in sth.*
die Hoffnung bestand	*there were hopes*
in diesem Zusammenhang	in this connection
Lesen war … immerhin noch karrierefreundlich.	*Reading … was after all career-enhancing.*
die Absicht haben	have the intention
sich blamieren lassen von jdm.	*be made a fool of / be made to look ridiculous by sb.*
zum mindesten	at least
grauenhaft (langweilig)	*ghastly/dreadfully (boring)*
das Lesezeichen, -	*book mark*
an/zeigen etw.	*show/indicate sth.*
mein selbstgestecktes Ziel	*my self-set target*
durch/halten	*keep going*
erreichen etw.	reach/achieve sth.
stolz sein auf jdn./etw.	be proud of sb./sth.
im Geheimen	in secret
geheim	secret
der Fußballer, -	*footballer*
der Bäumekletterer, -	*tree-climber*
überlegen sein jdm.	*be superior to sb.*
eine Ahnung haben von etw.	*have an inkling of sth.*
einer, der richtige Bücher liest	*sb. who reads real books*
ohnehin	*anyway*

Notwendigkeit/Zwang ausdrücken

die Notwendigkeit	necessity
der Zwang, Zwänge	obligation
Ich hatte das Buch zu lesen.	I was / had to read the book.
Das Formular ist genau zu lesen.	The form is to be read carefully.
zur Zeit	at present

nötig/notwendig sein

nötig/notwendig	necessary
Ist es wirklich notwendig, dass ...?	Is it really necessary that ...?

Einheit 48   Die Schönheits-Tipps von Kaiserin Sissi

die Schönheit	beauty
die Kaiserin, –nen	empress

2a

das Rezept, -e	recipe
gut tun jdm./etw.	do sb./sth. good

2b Die Schönheits-Tipps von Kaiserin Sissi

verraten etw.	disclose sth.
die Rezeptur, -en	recipe
Ihre Hoheit	her Majesty
die Heirat, -en	marriage
werden zu etw.	become sth.
unerfahren (erfahren) in politischen Belangen	inexperienced (experienced) in political matters
manisch-depressiv	manic-depressive
Österreich-Ungarn	Austria-Hungary
sich jähren	be the anniversary of
ihrer Schönheit wegen	for her beauty
das Ergebnis, -se	result
nachdrücklich	emphatically
zum Nachmachen	to be copied/imitated
kaiserlich	imperial
gebunden	bound
absichtlich	intentional(ly)
die Schreibweise, -n	spelling
Das Buch ist prächtig aufgemacht und reich illustriert, mit Bildmaterial, Zeichnungen, Skizzen ... versehen	The book is magnificently designed and richly illustrated, provided/equipped with pictorial material, drawings, sketches ...
das Poesiealbum, -alben	poetry album
zum selber Anrühren für daheim gedacht	intended to be mixed up by yourself at home
en détail	in detail
zusammen/tragen etw.	collect
die Mixtur, -en	mixture
der Geheimtipp, -s	secret tip
der Glamourstar der Neuzeit	glamour star of modern times
nicht immer sauber recherchiert	not always carefully researched
stellenweise spekulativ	here and there speculative
unterhaltsam	entertaining
Sie geht einer ... Frage nach.	She examines a ... question.

fit	fit
das/die Hightech	hightech
der Hof, Höfe	court
Naturkosmetik hieß die Devise.	Natural cosmetics is the by-word.
Leicht ... ist es freilich nicht, ...	It is not, however, easy ... to ...
zur Warnung vorab	this as a warning in advance
eher ziemlich anstrengend	rather quite tiring
begehrenswert	desirable
Dann ging es los.	Then things got started.
baden	bath, bathe
die Massage, -n	massage
cremen	apply cream
kämmen	comb
frisieren	do sb.'s hair
joggen	jog, go jogging
turnen	do gymnastics
zeitig zu Bett gehen	go to bed in good time
ein Tässchen Tee	a small cup of tea
ein Schlückchen Milch	a swig of milk
die Rinderbrühe	beef broth
dann und wann	now and again
das Ei, -er	egg
billig	cheap
billig im Unterhalt	cheap to maintain
die Lebensmittel Pl.	food
schmieren etw. auf etw.	smear sth. on sth.
die Erdbeere, -n	strawberry
die Gurke, -n	cucumber
der Honig	honey
das Olivenöl	olive oil
die Mandelkleie	almond bran
das Eigelb, -e	egg yolk
die Quitte, -n	quince
die Apprétur, -en	finishing
mixen etw.	mix sth.
die Essenz, -en	essence
das Wässerchen, -	lotion
pflegende Öle	care oils
duftende Lotionen	scented lotions
die Maske, -n	mask
für jede Lebenslage	for every situation in life
fahl	pale
das Fältchen, -	wrinkle
für rosigen Teint	for a rosy complexion
der Favorit, -en	favourite
strahlend	gleaming
püriert	puréed
der Esslöffel, -	tablespoon
der Löffel, –	spoon
der Quark	curd cheese

der Teelöffel, -	teaspoon
verquirlen etw.	whisk sth.
Augenpartie aus/sparen	leave out the area round the eyes
auf/tragen etw.	apply/spread sth.
die Gurkenkompresse zur Erfrischung	cucumber compress providing refreshment
der Mix, -e	mix
straff	firm, tight
die Haferflocken Pl.	oat flakes
abgekühlt	cooled down
das Rosenwasser	rose water
verfeinert	refined
naturrein	without additives
der Konservierungsstoff, -e	preservative
das Original, -e	original
das Dorotheum	auction house in Vienna
versteigert werden	be auctioned
übertragen etw. auf etw.	transfer sth. to sth.
gesundheitsschädlich	harmful, bad for one's health
schwören auf etw.	swear by sth.
der Mineralstoff, -e	mineral
eliminieren etw.	eliminate sth.
die Zutaten Pl.	ingredients
das Schönheitsbrevier, -e	beauty anthology
der Ratgeber, -	guide
das Muss	must
der Fan, -s	fan

5b

die Wirkung, -en	effect

6

Rosenwasser

destilliert	distilled
das Rosenblatt, -blätter	rose petals
gießen etw.	pour sth.
mindestens	at least
der Filter, -	filter
aus/pressen etw.	press/squeeze out sth.
der/das Extrakt, -e	extract
das Flacon, -s	flask, bottle
füllen	fill
kühl	cool
auf/bewahren etw.	keep sth.
die Orangenblüte, -n	orange blossom

Zimteiscreme

die Zimteiscreme, -n	cinnamon ice-cream
die Zimtstange, -n	stick of cinnamon

die Sahne	cream
die Vanille	vanille
gemahlen	ground
heraus/nehmen	take out
erhitzen etw.	heat sth.
das Eigelb schlagen	beat the egg yolk
der Tropfen, -	drop
hinzu/fügen etw.	add sth.
dick werden	get stiff
die Masse	mixture
der Sirup	syrup
vermischen etw. mit etw.	mix sth. with sth.
der Kühlschrank, -schränke	fridge

es

unpersönliches es	impersonal es
es als Verweis	es as reference

Sissi – historisch genauer betrachtet

veröffentlichen etw.	publish sth.
das Bayernland	Bavaria
der Körperkult	cult of the body
der Schönheitstrip, -s	beauty trip
der Schönheitswahn	beauty mania
... kann man Ausführliches erfahren.	A lot can be found ...
widerspiegeln etw.	reflect sth.
verständlicherweise	understandably
zu ihren Lebzeiten	in her lifetime
die Öffentlichkeit	public
auf/tauchen, ist aufgetaucht	surface, appear
der Historiker, -	historian

13

ungeschoren	unmolested
sicherlich	certainly, for sure
die Sehnsucht	longing for
die Sehnsucht nach Freiheit	longing for freedom
Flügel zum Fortfliegen	wings to fly away
die Tradition, -en	tradition
anerkannt	recognized
der Begriff, -e	concept
hinein/passen	fit into
die Schubladenordnung	pigeon-hole order
stören jdn./etw.	disturb sb./sth.
nach unseren Maßstäben	by our standards
oberflächlich	superficial
die Schaufensterpuppe, -n	(shop-window) dummy
schildern jdn./etw.	portray sb./sth.
jd. liegt falsch	sb. is on the wrong track
heraus/geben etw.	publish

14b

ruhelos	restless
die Hungerkur, -en	starvation diet
erstechen jdn., ersticht, erstach, hat erstochen	stab to death
der Adlige, -n	noble
hassen jdn.	hate sb.

Einheit 49 Warum?

3 Warum?

1

... sind zusammen abgefahren	... left together
sich treiben lassen	drift
verpassen etw.	miss sth.
das Vertrauen	trust, confidence
das hat mich umgehauen	I was flabbergasted, that knocked me over
bauen auf jdn./etw.	rely on sb./sth.

2

mitten rein	in the midst of things
toben	rage
das Verbot, -e	prohibtion
sie war geil, diese Zeit	it was cool, this time
zu allem bereit	ready for anything
ahnen etw.	suspect, sense sth.
die Gefahr, -en	danger
(sich) drehen	turn
der Wind hat sich gedreht	the wind has shifted

3

der Kick	kick

4

in andere Welten tauchen	dive into other worlds
daneben stehen	stand there next to sb./sth.
ein/schränken jdn./etw.	restrict sb./sth.

5

die Macht, Mächte	power
(Du) hattest dich voll und ganz an eine fremde Macht ergeben.	(You) had surrendered completely to a foreign power.

6

sich quälen	torment/torture oneself
wie gewonnen - so zerronnen	easy come, easy go
auf den Strich gehen	walk the streets
der Dealer, -	dealer

Einheit 50 Ramstein

2

der Börsenkurs, -e	stock-market price
nach oben gehen	go up
der Korrespondent, -en	correspondent

3a

die Schlägerei, -en	brawl
amerikanisch	American
voller Gäste	full of customers

4b

das Schweinskotelett, -s	pork chop
die Plastikfolie, -n	plastic foil
die Tischdecke, -n	tablecloth
die Gaststube, -n	bar
die Wirtin, -nen	landlady
einarmiger Bandit	one-armed bandit
der Kartoffelsalat, -e	potato salad
die Tischplatte, -n	table-top
die Mappe, -n	folder

4c

Der einarmige Bandit blinkt sinnlos vor sich hin, ...	The one-armed bandit flashes senselessly away, ...
unverrückt thront das Senfglas	the mustard jar is enthroned unmoved
... lauern die Querhölzer	... the cross-beams lurk
die Gemütlichkeit	gemutlichkeit
sich (die Knie) wund schlagen	knock one's knees sore
kunstledern	artifical leather
das Messbuch, -bücher	missal
vergilbt	yellowing
das Menü, -s	(set) menu
das Kartoffelpüree	pureed potato
das Jägerschnitzel Hawaii	schnitzel with mushrooms and pineapple
das Würstchen, -	sausage
der Schoppenwein	caraffe wine
lieblich	sweet
herb	dry

5

Was darf's denn sein?	What is it to be?
ein kleines Schnäpschen	a little schnapps
zur Feier des Tages	to celebrate the occasion
Sind Sie es wirklich?	Is it really you?
Ist es denn die Möglichkeit?	It's incredible.
Mein Gott!	My God!
die Offiziersuniform, -en	officer's uniform

Wer hätte das gedacht! — Who would have thought it?
Willkommen in ...! — Welcome to ...!

6b

Das ist aber sehr aufmerksam. — That's very thoughtful of you.

7

deportiert werden — be deported
der militärische Stützpunkt — military base
der Kontinent, -e — continent
sich erinnern an jdn./etw. — remember sb./sth.
unwirtlich — inhospitable
überfüllt — crowded
gewalttätig — violent
der Gin — gin
löschen etw. — put out sth.
beim besten Willen — with the best will in the world
in Erinnerung haben jdn./etw. — remember sb./sth.
Keiner ... hatte auch nur die geringste Ahnung, ... — Nobody ... had the slightest idea ...

Einheit 51   Die Zaubersprache

die Zaubersprache — language of magic

I

sich ausgeschlossen fühlen — feel excluded
neugierig werden — become curious
der Klang, Klänge — sound
verwandelt scheinen — seem transformed
angespannt — with concentration
zu/hören jdm. — listen to sb.

2a Die Zaubersprache

unter sich — among themselves
Sie wurden überaus lebhaft ... dabei ... — They became extremely lively ... in the process ...
verbinden etw. mit etw., verband, hat verbunden — connect/link sth. with sth.
die Verwandlung, -en — transformation
bemerken — notice
mit der größten Anspannung — with the greatest mental effort
dies oder jenes — this or that
vergeblich — in vain
betteln — beg
davon/laufen — run off
zornig — angry
(sich) her/sagen etw. — say sth. to oneself
der Tonfall — intonation
üben — practise
Ich ließ die Sätze ... hintereinander los. — I left the sentences ... out one after another.

einzeln — single
sich ein/lernen etw. — learn sth. off pat
rasch — quick(ly)
..., dass mich sicher niemand verstanden hätte. — ... that nobody would probably have understood me.
sich hüten vor jdm./etw. — take care not to do sth.
erwidern etw. mit etw. (D) — respond to sth. with sth.
Wohl aber bewahrte ich einen tiefen Groll gegen die Mutter. — However, I did harbour a deep resentment against my mother.
etw. vergeht — sth. passes
bei/bringen jdm. etw. — teach sb. sth.

4

die Verabredung, -en — appointment, meeting, date
Verspätung haben — be late

5 Was wäre gewesen, wenn ...?

verärgern jdn. — annoy/anger sb.
das Wirtshaus, -häuser — pub, inn

6 Vermutung ausdrücken

die Vermutung, -en — supposition
Es muss sich um wunderbare Dinge handeln, ... — It must have had to do with wonderful things ....
Es handelt sich wahrscheinlich um wunderbare Dinge, ... — It's probably to do with wonderful things ...
Ich meine, dass es sich um wunderbare Dinge handelt, ... — I think it has to do with wonderful things ...
Es wird sich wohl um wunderbare Dinge handeln, ... — It probably has to do with wonderful things ...
vielleicht — perhaps, maybe
bestimmt — definitely, certainly
sicher — certainly
gewiss — certainly
wahrscheinlich — probably
möglicherweise — possibly
vermutlich — probably, presumably
wohl — probably, no doubt
vermuten — suspect, assume
überzeugt sein — be convinced
sicher sein — be sure

9

vor lauter Ärger — out of sheer annoyance
der Benzinpreis, -e — price of petrol
das Benzin — petrol

10 Geheim! Tagebuch-Nr. 69/218

hierorts — here
die Neigung zu jdm./etw. — liking for sb./sth.
der Ausgang, Ausgänge — exit

der Zoologische Garten	zoo
wie gehabt	as before
der Anzug, die Anzüge	dress, suit
die Mitnahme	taking along
der Regenschirm, -e	umbrella
... etw. empfiehlt sich	... sth. is recommended
vorraussichtlich	presumably
gez. (= gezeichnet)	signed
der Oberbuchhalter, -	senior book-keeper

11 Erfahrungen beim Fremdsprachenlernen

eine Sprache an und für sich zu lernen	learning a language for itself
die Ähnlichkeit, -en	similarity
das Hirn, -e (= das Gehirn, -e)	brain
der Magen, Mägen	stomach
das Pflaumenmus	plum jam
zwischendurch	inbetween times
verrücken etw.	shift sth.
in Wirklichkeit	in reality
es spielt keine Rolle	it makes no difference
stockdunkel	pitch-black
panisch	panic
das Scheitern	failure
... taugt gar nichts mehr	... is suddenly no use any more
unfähig (fähig)	incapable (capable)
einen Satz bilden	form a sentence
die Faulheit	laziness
die Langeweile	boredom
auf die Idee kommen	have the idea
sich beschäftigen mit jdm./etw.	occupy oneself with sb./sth.
vorn	in front
die Jazzplatte, -n	jazz record
die BBC-Nachrichten Pl.	BBC news
der Pornoroman, -e	pornographic novel
der Sonnenaufgang, -aufgänge	sunrise
hervor/brechen, bricht hervor, brach hervor, ist hervorgebrochen	break through

Einheit 52 Es ist leicht Millionär zu werden

der Millionär, -e	millionaire

2 Vom Schuldner zum Finanz-Fachmann

der Schuldner, -	debtor
der Finanzfachmann, -fachleute	financial expert
tief in den Miesen stecken	be deep in the red
die Einstellung zu etw.	attitude to sth.
das soziale Umfeld	social milieu

verantwortlich sein für jdn./etw.	be responsible for sb./sth.
finanziell	financial(ly)
daraufhin	thereupon
der Jurist, -en	lawyer
Schulden ab/stottern	pay off in installments
Kapital auf/bauen	build up capital

Es ist leicht, Millionär zu werden

sparen etw.	save sth.
der Gewinner, -	winner
raten jdm. etw., rät, riet, hat geraten	advise sb. to do sth., recommend sth. to sb.
an/legen (Geld)	invest (money)
die Kunst, Geld zu scheffeln	the art of raking in money
behaupten etw.	claim sth.
glauben an jdn./etw.	believe in sb./sth.
das Wunder, -	miracle
die Strategie, -n	strategy
Das hört sich gut an.	That sounds good.
sich ein Heft an/legen	start a notebook
loben jdn./etw.	praise sb./sth.
garantieren jdm. etw.	guarantee sb. sth.
20 Prozent mehr	20 per cent more
steigen	increase, climb, rise
parallel	parallel
das Selbstbewusstsein	self-confidence
mit/spielen	go along
das Sparkonto, -konten	savings account
das Konto, Konten	account
zur Seite legen etw.	put sth. aside
die Gehaltserhöhung, -en	salary increase
Geld in Aktienfonds an/legen	invest money in investment funds
im Durchschnitt	on average
die Rendite, -n	return
12 Prozent Rendite ab/werfen	produce 12% return
gering	small, slight
unantastbar	untouchable, inviolable
der Fehler, -	mistake
erfahrungsgemäß	from experience
... klappt das aber nicht.	... that doesn't work, however.
grundsätzlich	as a matter of principle
der Trick, -s	trick
(nicht) als Last sehen etw.	(not) see sth. as a burden
entlohnen jdn.	reward sb.
überzeugen jdn.	convince sb.
das Konto überziehen	get overdrawn
Das kann ich nur unterstreichen.	I can only agree with that.
für Konsumzwecke	for consumer purposes

die Konzentration	concentration
empfehlen etw., empfiehlt, empfahl, hat empfohlen	recommend sth.
ein Konto an/legen	open an account
am Monatsersten	on the first of the month
das Extra, -s	extra
sich gönnen etw.	treat oneself to sth.
das Vermögen, -	capital
Geld ab/zwacken für etw.	scrape money together for sth.
mit Hilfe	with the aid/help
etw. besagt etw.	sth. means sth.
die Rückzahlung, -en	repayment
splitten etw.	split sth.
das Vorgehen	way of proceeding
etw. liegt auf der Hand	sth. is obvious
das Abzahlen	paying off (debts)
auf ein Ziel hin/arbeiten	work towards a goal
die Motivation	motivation
zu Vermögen kommen	build up a fortune
bleiben lassen etw.	not do sth.
die Summe, –n	sum
führen zu etw.	lead to sth.

Ratschläge geben

Sie müssen / Du musst ...	You must ...
Man soll/sollte (nicht) ...	One should (not) ...
Ich rate Ihnen/dir ...	I advise you ...
Ich empfehle Ihnen/dir ...	I recommend you ...
Es ist sinnvoll, ...	It is sensible ...
Es ist besser, wenn ...	It's better if ...
Ich würde (nicht) ...	I would (not) ...
Machen Sie / Mach nicht den Fehler, ...	Don't make the mistake ...
Es ist falsch, ...	It's wrong ...
warnen jdn. vor etw. (D)	warn sb. of sth.
Ich warne Sie/dich davor, ...	I warn you (not) ...

6a

Ich habe den Eindruck ...	I have the impression ...
im Wörterbuch nach/schlagen	look (up) in a dictionary
Kann man sie überhaupt lernen?	Can it be learned at all?

6b

erraten etw.	guess sth.
die Umgebung	surroundings
deutschsprachig	German-speaking
der Radiosender, -	radio station
der Fernsehsender, -	television station
Sätze nach/sprechen	repeat sentences

Verse auswendig lernen	learn verses by heart
Gedichte auf/sagen	recite poems
die Struktur, -en	structure
die Redewendung, -en	expression, idiom

Einheit 53 Das Mädchen Sophie

Ich liege ganz ruhig ...

mit ausgestreckten Armen	with outstretched arms
der Zweig, -e	branch, twig
der Vorsommerhimmel	early summer sky
das Wolkengebilde, -	cloud formation
... schwimmen sachte durch mein Blickfeld	float gently through my field of vision
berühren jdn./etw	touch sb./sth.
der raue Stamm	the rough trunk
drücken etw. an etw.	press sth. against sth.
die Rinde, -n	bark (of a tree)
unsäglich dankbar	unspeakably grateful

Sophie Scholl

das Bundesland, –länder	federal state
Baden-Württemberg	Baden-Wurttemberg
wohnhaft in (Ulm)	resident in (Ulm)
Ulm	city in southern Germany
die Donau	Danube
das Hobby, –s	hobby
das Töpfern	pottery, potting

Jugend im Dritten Reich

die Klassenkameradin, -nen	classmate
an die Regierung kommen	come to power
treten in, tritt, trat, ist ge– treten	enter
das Vaterland	fatherland
die Kameradschaft	comradeship
die Volksgemeinschaft	nation
imponieren	impress
wir horchten begeistert auf	we listened with enthusiasm
das Moos, -e	moss
feucht	damp
im Sinn haben etw.	have sth. in mind

Die Geschwister Scholl ...

ein/treten in etw.	join sth.
der Wille	will
liberal	liberal

Hitlerjugend

die Hitlerjugend	Hitler Youth movement
der Nationalsozialist, -en	National Socialist
die Erziehung	education, upbringing

der Jugendliche, -n	youth, young person
der Anhänger, -	follower
das Mittel, –	means
die Parade, -n	parade
das Zeltlager, -	camp
der Heimabend, -e	folklore evening
die Tätigkeit, –en	activity
dauernd	constant(ly)
die Indoktrinierung	indoctrination
der Bund deutscher Mädchen (BDM)	National Socialist organization for girls
die Untergruppe, -n	sub-group

War es nicht großartig, ...

großartig	great, fantastic
näher kommen jdm.	come into closer contact with sb.
einen Antrieb geben jdm.	give sb. impetus
das Mitglied, -er	member
um/fassen etw.	embrace sth.
würdigen jdn./etw.	acknowledge, recognize, honour sth.

Eines Tages erzählte ...

entsetzt	horrified
teil/nehmen an etw. (D)	take part in sth.
die BDM-Führerin, -nen	BDM leader
vor/schlagen jdn./etw.	suggest sb./sth.
ablehnend reagieren	react negatively
jüdisch	Jewish
flüsternd sagen	say in a whisper

Gefühle

auf/reißen etw., riss auf, hat aufgerissen	open up sth.
die Sonne kommt heraus	the sun comes out
zärtlich	tenderly
... weil der Wind mich jetzt anspringt	... because the wind jumps at me
herrlich (hart)	magnificently (hard)
vor Freude lachen	laugh for joy
der Widerstand	resistance
die Kraft, Kräfte	power, strength

Mein lieber Fritz

das Päckchen, -	parcel
Brote richten	get sandwiches
sittsam	demurely, well-behaved
gegenüber/sitzen jdm.	sit opposite sb.
den Tee verschütten	spill the tea
Kindisch, gelt?	Childish, isn't it?
die Szilla	scilla
die Anemone, -n	anemone
der Huflattich	coltsfoot

die Kuckucksblume, -n	cuckoo flower
das Veilchen, -	violet
verwelken	wilt
in verschiedener Weise	in different ways
hochmütig	arrogant
gleichgültig	indifferent
der Leutnant, -s	lieutenant

Wenn Du eine Wut ...

(eine) Wut haben auf jdn./etw.	be angry with sb./sth.
hab sie ruhig	be so
... schrei sie dem Wind zu	... shout it to the wind
... drück sie nicht so in dich hinein	... don't squeeze it inside you

Krieg

überfallen jdn.	attack sb.

Mein lieber Fritz, ...

die Iller	name of a river
um mich herum	around me
verbannen jdn./etw.	banish sb./sth.
unweiblich (weiblich)	unfeminine

Fritz Hartnagel erzählt

Leningrad	Leningrad
Moskau	Moscow
die Bevölkerung	population
spenden etw.	donate sth.
die Reaktion, -en	reaction
vor Augen führen jdm. etw.	make sth. clear to sb., point sth. out to sb.
die Haltung	attitude
bleiben bei etw. (D)	stick to sth.
unnachgiebig (nachgiebig)	intransigent (yielding, indulgent)
mit den Worten begründen	explain the reasons with the words
russisch	Russian
das bleibt sich gleich	that makes no difference
den Krieg verlieren	lose the war
die Wollsachen	woolly things
bei/tragen zu etw. (D)	contribute to sth.
der Standpunkt, -e	viewpoint
schockierend	shocking
heftig diskutieren	have a fierce discussion

Die Weiße Rose

der Spielfilm, -e	feature film
dar/stellen jdn./etw.	portray sb./sth.
gleichnamig	of the same name
die Widerstandsbewegung, -en	resistance movement
der Drehbuchausschnitt, -e	excerpt from the script

das Für und Wider	arguments for and against
die Diktatur, -en	dictatorship

Was vorher geschah

die Biologie	biology
die Vorlesung, -en	lecture
das Flugblatt, -blätter	pamphlet
Angst bekommen um jdn.	become afraid for sb.

Wohnung Hans und Sophie

die Äußerung, -en	utterance, statement
die Durchsuchung, -en	search
her/laufen hinter jdm.	run after sb.
die Gestapo (= Geheime Staatspolizei)	Gestapo
(k)ein unbeschriebenes Blatt sein	(not) be an unknown quantity
Licht an.	Light on.
Durchblick.	View through.
auf Fahrt sein	be on the move
riskant	risky
doppelt vorsichtig	doubly careful
her/stellen etw.	produce sth.
sich an den Türpfosten lehnen	lean on the doorpost
Man muss sagen, was wirklich los ist.	People have to be told what is really going on.
heran/kommen	come up
der Jude, –n	Jew
ermorden jdn.	murder sb.
kaum dass die Wehrmacht ein-marschiert war	almost as soon as the army had invaded
sich gegenüber/stehen	stand facing one another
dem Adel an/gehören	be a member of the nobility
das Konzentrationslager, -	concentration camp
zweifelnd	sceptically
abgestumpft	apathetic
einverstanden sein	be in agreement
der Schlafanzug, -anzüge	pyjamas
die Predigt, -en	sermon
der Bischof, Bischöfe	bishop
verschicken etw.	send out sth.
auf/rütteln jdn.	rouse, jolt sb.
den ersten Schritt machen	make the first move
sich wehren	resist, defend oneself
an der Front	at the front
Jeden Moment kann's mich da erwischen.	My number can be up any time there.
Schluss, aus!	That's enough.
sich ab/wenden	turn away
erbost	angrily
die Tür zu/werfen	slam the door shut

Liebe Lisa, ...

sich vorspielen lassen	have sth. played to one
das Forellenquintett	piece of music by Handel
das Grammophon, -e	gramophone
die Forelle, -n	trout
das Andantino	andantino
Man riecht und spürt ... förm-lich die Lüfte und Düfte ...	You can really smell and sense ... the air and the scents ...
vernehmen etw.	hear, perceive sth.
der Jubel ... der ganzen Kreatur	the rejoicing ... of the whole of creation
perlendes Wasser	pearls of water
entzücken jdn.	delight sb.
Lass doch bald von dir hören.	Let me hear from you soon.

Am nächsten Tag ...

der Hausmeister, -	caretaker
der Hörsaal, -säle	lecture hall
aus/legen etw.	put/lay sth. out

Einheit 54 Baummieter

Baummieter

der Baummieter, -	tree tenant
Neuseeland	New Zealand
die Triennale von Mailand	art festival in Madrid
Ich bin sehr geehrt, ...	I am very honoured
das Projekt, –e	project
die Ausstellung, –en	exhibition
etwas Bleibendes	something permanent
um ein Beispiel zu geben	to give an example
monoton	monotonous
steril	sterile
bewohnt	inhabited
wenn der Sauerstoff rar wird	when oxygen gets short
revolutionieren	revolutionize
das Dach, Dächer	roof
bedecken etw.	cover sth.
sich aus dem Fenster lehnen	lean out of the window
sich freuen an jdm./etw.	be delighted about / take pleasure in sb./sth.

Liebe Hausbewohner!

einen Beitrag leisten zu etw. (D)	make a contribution to sth.
die Verbesserung, –en	improvement
der Bereich, -e	area
der Entwurf, Entwürfe	design
ein/ziehen, zog ein, ist eingezogen	move in
zirka	approximately
der loggiaartige Wohnbereich	balcony-style living area
fachgerecht	correctly

trennen etw. von etw. (D)	separate sth. from sth.
die Zentralsparkasse, –en	central savings bank
zu ebener Erde	at ground-floor level
heraus/wachsen	grow out
der Vorteil, -e	advantage
hauseigene Baummieter	tree tenants belonging to the house
unbestritten	undisputed
die Untergrundeinrichtung, -en	services below ground
da die Straße ... für Baum- pflanzungen ... ausfällt	as the street is unavailable for planting trees ...
die Dachbepflanzung, -en	planting the roof
etw. nimmt Penthousecharakter an	sth. takes on the character of a penthouse
unsichtbar	invisible
konstruktionell	constructional
senkrecht	vertical
die Hausfassade, -n	facade/front of the house/ building
die Bewaldung, -en	forestation
weithin sichtbar sein	be well visible
zugute kommen jdm./etw.	benefit sb./sth.
erzeugen etw.	produce sth.
verbessern etw.	improve sth.
beträchtlich	considerably
die Milderung	moderation
der Gegensatz, –sätze	contrast
das Kopfweh	headache
das Wohlbefinden	(feeling of) well-being
die Staubschluck- und Staub- filteranlage, -n	equipment for swallowing and filtering dust
die Anlage, –n	equipment
giftig	poisonous
der Staubsauger, -	vacuum cleaner
schlucken etw.	swallow sth.
neutralisiert und abgebaut werden	be neutralized and reduced
der Straßenlärm	street noise
bedeutend	considerably
gemildert werden	be moderated
die Echowirkung, -en	echo effect
die Häuserschlucht, -en	buildings forming a canyon
eingedämmt werden	be checked/stemmed
der Sichtschutz	provide some privacy
Geborgenheit erzeugen	produce a feeling of security
der Kubikmeter, -	cubic metre
aus/kommen mit jdm./etw.	survive on sth.
die schattenspendende Eigenschaft	shade effect
beschränkt	limited
gelangen an etw., ist gelangt	reach sth.
insbesondere	especially
wenn die Blätter abgefallen sind	when the leaves have fallen

die Belästigung, -en	bother, inconvenience
die Ameise, -n	ant
der Schmetterling, -e	butterfly

Friedrich Hundertwasser – eine Reportage

die Reportage, -n	feature

Gegen die gerade Linie

die NS-Zeit	Nazi period
die Montessori-Schule	private school based on the pedago- gical ideas of Maria Montessori
wie durch ein Wunder	miraculously
deportiert werden	be deported
abtransportiert werden	be transported off
das Studium ab/brechen	break off his studies
einen Künstlernamen an/nehmen	adopt a pen/stage name
der unverwechselbare Stil	unmistakable style
der Leiter, -	head
die Meisterschule für Malerei	master painters' school
die Akademie der bildenden Künste	academy of visual/graphic arts
das Bauwerk, -e	building

Baum-Sprache

Bäume ausreißen	feel up to anything
die Frucht, Früchte	fruit
biegen etw.	bend sth.

Drunt´ in der grünen Au

die Au, -en	meadow
der Birnbaum, -bäume	pear tree
der Ast, Äste	bough
das Nest, -er	nest
die Feder, -n	feather
das Dirndl, -	Bavarian dress

Der Pflaumenbaum

der Pflaumenbaum, –bäume	plum tree
der Hof, Höfe	(court)yard
das Gitter, -	bars, railings
um/treten etw.	trample sth. down

Ein Fichtenbaum ...

der Fichtenbaum, -bäume	fir tree
auf kahler Höhe	on a barren hilltop
Ihn schläfert.	He's dozing.
um/hüllen jdn./etw.	shroud sb./sth.
das Eis	ice
die Palme, -n	palm tree
fern	far away
das Morgenland	the orient
schweigend trauern	silently mourn
die Felsenwand, -wände	rockface

Grammar

A Das Verb

1 Zeit

a) Verwendung

Vergangenheit

Perfekt	Brigitte **hat** sich nicht nach Südfrankreich **abgesetzt**.
	Brigitte **ist** nach Italien **gegangen**.
Präteritum	Brigitte **wollte** die DDR verlassen.
	1990 **standen** plötzlich sechzehn Millionen Menschen, sobald sie nur einen Schritt vor die eigene Haustür **traten**, auf fremdem Terrain.
Plusquamperfekt *Describes what was already past in the past.*	Nachdem die erste Euphorie **verflogen war**, spürten sie einen scharfen Wind.
	Sie **hatten** es nicht **gelernt**, weil sie es früher nicht lernen mussten.

Gegenwart

Präsens	
a) now	a) Die Bundesländer der ehemaligen DDR **nennt** man die „neuen Bundesländer".
b) Something began in the past and is still continuing.	b) Brigitte **lebt** seit 1987 in einem Dorf in Süditalien.

Zukunft

Präsens (with time expression)	Ich **komme nächste Woche zurück**.
Futur	Ich **werde** dir jeden Tag **schreiben**.

b) Formen

Präsens

Personal-pronomen	regelmäßige Verben		unregelmäßige Verben			
	hören	**arbeiten**	**sehen**	**wissen**	**haben**	**sein**
ich	hör **e**	arbeit **e**	seh **e**	**weiß**	hab **e**	**bin**
du	hör **st**	arbeit **est**	sieh **st**	weiß **t**	ha **st**	**bist**
Sie	hör **en**	arbeit **en**	seh **en**	wiss **en**	hab **en**	**sind**
er/sie/es/man	hör **t**	arbeit **et**	sieh **t**	**weiß**	ha **t**	**ist**
wir	hör **en**	arbeit **en**	seh **en**	wiss **en**	hab **en**	**sind**
ihr	hör **t**	arbeit **et**	seh **t**	wiss **t**	hab **t**	**seid**
Sie	hör **en**	arbeit **en**	seh **en**	wiss **en**	hab **en**	**sind**
sie	hör **en**	arbeit **en**	seh **en**	wiss **en**	hab **en**	**sind**

If the verb stems ends in *-d, -t, -m, -n,* the *du*-form, the *er/sie/es/man*-form and the *ihr*-form get an *e*:
reden, du red**e**st; rechnen, du rechn**e**st; öffnen, du öffn**e**st; atmen, du atm**e**st.

If the verb stems ends in *-s, -ss, z,* the *du*-form just has *-t*:
lesen, du lies**t**; vergessen, du vergiss**t**; sitzen, du sitz**t**.

Some verbs are irregular. They change the vowel in the verb stem in the *du*-form and the *er/sie/es*-form.

a → **ä**: e. g. fahren, du f**ä**hrst, er f**ä**hrt; schlafen, du schl**ä**fst, sie schl**ä**ft;

e → **i/ie**: e. g. sprechen, du spr**i**chst, er spr**i**cht; lesen, du l**ie**st, er l**ie**st; and sometimes the consonant too:
n**eh**men, du n**imm**st, er n**imm**t.

Perfekt

The perfect consists of two parts: *haben* or *sein* + past participle.

Ich	habe	die Hausaufgaben noch nicht	gemacht.
Ich	bin	nämlich gestern ins Kino	gegangen.
	haben/sein		**Partizip II**

Satzklammer

Partizip II

regelmäßige Verben				unregelmäßige Verben			
zählen		**ge** zähl	**t**	kommen		**ge** komm	**en**
arbeiten		**ge** arbeit	**et**	schreiben		**ge** schrieb	**en**
diskutieren	–	diskutier	**t**	sprechen		**ge** spr**o**ch	**en**
einkaufen	ein	**ge** kauf	**t**	ausgehen	aus	**ge** gang	**en**
wiederholen	–	wiederhol	**t**	verstehen	–	verst**and**	**en**
		– / **ge**	**t**			– / **ge**	**en**

exceptions, e.g. denken: **ge dach t**

In verbs with a separable prefix *ge-* is placed between prefix and verb stem: aufmachen – auf**ge**macht.
Verbs ending in *-ieren* form their participle without *ge-*: buchstabieren – buchstabiert.
If the verb stem ends in *-t* or *-d*, the participle ending is *-et*: warten – gewart**et**.
Verbs with a non-separable prefix (e.g. *be-, ge-, er-, ver-*) form their partciple without *ge-*: vergehen – vergangen,
besuchen – besucht.

Perfekt mit *haben* oder *sein*

haben + **P II**   Was hast du gestern gemacht? – Ich habe gearbeitet.

Most verbs form the perfect with *haben*.

sein + **P II**   Er ist schon nach Hause gekommen. – Er ist früh aufgestanden.

Verbs expressing a change of place (e.g. *kommen, gehen*)

or state (e.g. *aufstehen*) form the perfect with *sein*.

Likewise *bleiben, sein, werden*:

Ich bin … geblieben. Du bist … gewesen. Er ist … geworden.

Präteritum

	regelmäßige Verben		unregelmäßige Verben			
	hören	**warten**	**schlafen**	**wissen**	**haben**	**sein**
ich	hör **t e**	wart **et e**	schl**ief**	wu**ss t e**	hatt **e**	war
du	hör **t est**	wart **et est**	schl**ief** st	wu**ss t est**	hatt **est**	war **st**
Sie	hör **t en**	wart **et en**	schl**ief** en	wu**ss t en**	hatt **en**	war **en**
er/sie/es/man	hör **t e**	wart **et e**	schl**ief**	wu**ss t e**	hatt **e**	war
wir	hör **t en**	wart **et en**	schl**ief** en	wu**ss t en**	hatt **en**	war **en**
ihr	hör **t et**	wart **et et**	schl**ief** t	wu**ss t et**	hatt **et**	war **t**
Sie	hör **t en**	wart **et en**	schl**ief** en	wu**ss t en**	hatt **en**	war **en**
sie	hör **t en**	wart **et en**	schl**ief** en	wu**ss t en**	hatt **en**	war **en**

regelmäßige Verben: verb stem + past signal *t* + endings

If the verb stem ends in *-d, -t, -m, -n,* all the forms have an *e* before the past signal *t*: e.g. reden, ich red **et** e; warten, ich wart **et** e; öffnen, ich öffn **et** e.

unregelmäßige Verben: change of vowel (schl**a**fen → schl**ief**) or change of vowel and consonant (g**eh**en → g**ing**) + endings.

With some other verbs, past signal *t* and ending as in regular verbs (denken → d**achte**, kennen → ich k**annte**, bringen → ich br**achte**).

The *du*-form and *ihr*-form in the past is rare, because the perfect is usually used in speech.

Plusquamperfekt

The past perfect consists of two parts: *hatte* or *war* + past participle.

Plusquamperfekt	**Präteritum oder Perfekt**
Ich **war** gerade nach Hause **gekommen**,	da hat sie angerufen.
Nachdem/Als wir alles **erledigt hatten**,	gingen wir nach Hause.

Futur

The future consists of two parts: *werden* + infinitive.

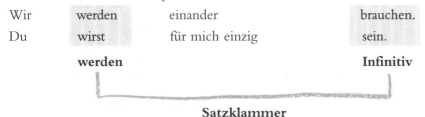

Wir	werden	einander		brauchen.
Du	wirst	für mich einzig		sein.
	werden			**Infinitiv**

Satzklammer

The future does not just express a future event, but also a prophesy or a promise.

If you only want to express the temporal aspect of the future, it is sufficient to use the present, especially in connection with time expressions, e.g.: *bald, morgen, am Montag, nächste Woche, dann,* … : Nächste Woche fliege ich in die Karibik.

2 Modalverben

a) Verwendung

Ich kann das (nicht) auf Deutsch sagen.	**ability (inability)**
Ich kann (nicht) hier bleiben. Du kannst den Brief (nicht) lesen.	**(im)possibility/permission**
Sie dürfen nach Hause gehen.	**permission**
Du darfst den Brief nicht lesen.	**forbidding/no permission**
Kann ich Sie etwas fragen? Darf ich etwas sagen? Darf ich bleiben?	**polite question**
Ich muss (nicht) Deutsch lernen.	**(no) necessity**
Ich will (nicht) hier bleiben.	**wish/decision/plan**
Ich möchte jetzt nach Hause gehen. Ich möchte eine Fahrkarte nach Hamburg.	**wish/request**
Birgit macht heute ein Fest. Wir sollen alle kommen.	**indirect wish** (Birgit wants us all to come.)
Sollen wir gehen oder sollen wir noch ein bisschen bleiben?	Is it your wish that we should leave or would you like us to stay a bit longer?
Ich soll mehr Sport machen und nicht so viel am Computer sitzen.	I've been told to do more sport and not sit at the computer so much.
Er mag Ilona (nicht). Magst du (keine) Schokolade? (Isst du [nicht] gern ...?)	**(no) liking/preference**
Spielen wir Billard? Nein, ich mag nicht.	**have no desire**

b) Wortstellung

Ich	muss	viel	arbeiten.
Ich	muss	heute viel	arbeiten.
Ich	muss	heute nicht so viel	arbeiten.

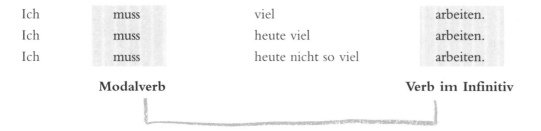

Modalverb	**Verb im Infinitiv**

Satzklammer

c) Formen

Präsens

Präsens	können	dürfen	müssen	wollen	sollen	mögen	möcht-*
ich	kann	darf	muss	will	soll	mag	möchte
du	kannst	darfst	musst	willst	sollst	magst	möchtest
Sie	können	dürfen	müssen	wollen	sollen	mögen	möchten
er/sie/es/man	kann	darf	muss	will	soll	mag	möchte
wir	können	dürfen	müssen	wollen	sollen	mögen	möchten
ihr	könnt	dürft	müsst	wollt	sollt	mögt	möchtet
Sie	können	dürfen	müssen	wollen	sollen	mögen	möchten
sie	können	dürfen	müssen	wollen	sollen	mögen	möchten

* *möcht-* (subjunctive II of *mögen*)

Präteritum

	können	wollen
ich	konn **t e**	woll **t e**
du	konn **t est**	woll **t est**
Sie	konn **t en**	woll **t en**
er/sie/es/man	konn **t e**	woll **t e**
wir	konn **t en**	woll **t en**
ihr	konn **t et**	woll **t et**
Sie	konn **t en**	woll **t en**
sie	konn **t en**	woll **t en**
	likewise: dürfen, ich dürfte müssen, ich musste mögen, ich mochte	likewise: sollen, ich sollte

Perfekt

Ich **habe** den Brief nicht finden **können**.
Sie **hat** den ganzen Tag lernen **müssen**.
Modal verbs are generally used in the past:
Ich **konnte** den Brief nicht **finden**.

möcht- has no past form, *wollen* is used instead.

3 Infinitiv

a) Infinitiv mit *zu*

nach Verben

e. g.: anfangen/beginnen, aufhören, beschließen, bitten, gefallen (Es gefällt mir, ...), sich freuen, raten, sich schämen, vergessen, versuchen, versprechen, sich wünschen

Du hast doch versprochen(,) den Wagen **zu waschen** und die Kinder **zu baden**.

Ich habe vergessen(,) dich **an***zu***rufen**.

With separable verbs, *zu* is placed between the prefix and the infinitive.

nach Adjektiven mit *sein/finden*

e. g.: Es ist/Ich finde es schön/gut/wichtig/interessant, ...

Es ist schön, dich **zu treffen**.

Ich finde es wichtig, viele Sprachen **zu verstehen**.

nach Nomen mit Verb

e. g.: Zeit haben/finden; Angst haben; es macht mir/dir/... Freude; es hat keinen/wenig Sinn; es macht (mir/dir/...) Spaß; es ist ein tolles Gefühl

Es macht ihm Freude, mich immer **zu korrigieren**.

Ich habe jetzt keine Zeit(,) auf deine vielen Fragen **zu antworten**.

b) Infinitiv ohne *zu*

nach Modalverben (können, müssen, dürfen, sollen, wollen, mögen)

Kannst du denn schon **schwimmen**?

Ich **möchte** mal wieder **ausschlafen**.

nach den Verben *hören, sehen, bleiben, gehen, fahren, kommen, lassen, helfen*

Wohin **gehen** wir heute **essen**?

Ich war gestern Abend so kaputt, ich **blieb** einfach vor dem Fernseher **sitzen**.

4 Verben mit Reflexivpronomen

Ich ziehe **mich** gern bunt an.   Ich ziehe **mir** die bunte Jacke an.

Wasch **dich**.   Wasch **dir** die Hände.

The reflexive pronoun *sich* is in the dative if the verb has an accusative object.

(→ D2: Das Reflexivpronomen)

Einige wichtige Verben mit Reflexivpronomen

sich anstrengen	es handelt sich (um)	sich treffen
sich anziehen	sich hinlegen	sich etw. überlegen
sich bedanken (bei, für)	sich interessieren (für)	sich umziehen
sich beeilen	sich etw. kaufen	sich unterhalten
sich beschäftigen (mit)	sich kümmern (um)	sich verabreden (mit)
sich entscheiden (bei, für)	sich langweilen	sich verabschieden (von)
sich entschuldigen (für)	sich etw. leisten	sich verlassen (auf)
sich erholen	es lohnt sich	sich verlieben (in)
sich erinnern (an)	sich melden (bei)	sich etw. vorstellen
sich freuen (über/auf)	sich etw. merken	sich waschen
sich fühlen	sich setzen	sich etw. wünschen
sich gewöhnen (an)	sich Sorgen machen (um)	

Reflexivpronomen: Stellung im Satz

Peter	zieht	sich			gern bunt an.
Heute	zieht	sich	Peter	(sich) ★	schwarz an.
Warum	zieht		er	sich ★★	wohl schwarz an?

★ The reflexive pronoun can be before or after the subject when this is a noun.

★★ If the subject is a personal pronoun, the reflexive pronoun is placed after it.

5 Verben mit Präposition

Ich **freue** mich **auf** die Ferien.

Ich **freue** mich **über** meinen Erfolg.

Warum **lacht** ihr immer **über** mich?

von Sachen sprechen	von Personen sprechen
■ **Woran** denkst du? ▲ An den Urlaub. ■ **Wovon** träumst du? ▲ Von einer schönen Reise. Morgen kommen meine Eltern. **Daran** habe ich gar nicht mehr gedacht. Ich träume oft davon, dass ich nicht mehr arbeiten muss. *wo(r)* + **Präposition** *da(r)* + **Präposition** (→ G1: Verben mit Präpositionen)	■ **An wen** denkst du? ▲ An meine Freundin. ■ **Über wen** lachst du? ▲ Über mich selbst. Ich denke oft an meinen Freund. Fast täglich denke ich **an ihn.** **Präposition + Personalpronomen**

Wovon? Worüber? …

Ich träume **davon,**   bald eine eigene Wohnung **zu haben**.

Ich ärgere mich ständig **darüber,**   **dass** meine Schwester so viel Unordnung macht.

Wir haben uns **darüber** gestritten,   **ob** der Satz so richtig ist oder nicht.

6 Imperativ

Stehst du endlich auf? **Steh** bitte **auf!**   Warum gehen wir noch nicht? **Gehen wir** jetzt!

Wann steht ihr auf? **Steht** doch endlich **auf!**   Kommen Sie auch? **Kommen Sie** schnell!

The imperative has four forms: the *du*-form, the *ihr*-form, the *wir*-form and the *Sie*-form. These forms are generally created from the question form.

du-form: the personal ending *-st* and the personal pronoun are dropped:

Kommst du? → **Komm!**

ihr-form: the personal pronoun is dropped: **Kommt** ihr? → **Kommt!**

wir-form / *Sie*-form: = question form

Besondere Imperativ-Formen

In the *du*-form:

Fahr nicht so schnell!   In verbs with vowel change a → ä (fahren, du fährst).

Lies den Brief! **Iss** nicht so viel!   If the verb stem ends in *-s* or *-z* (lesen, essen, putzen):
Putz deine Schuhe!   just the *-t* of the personal ending is dropped.

Hab doch mal Zeit für mich!

In the *du-/wir-/Sie*-form:

Sei doch mein Freund!

Seien wir/Seien Sie optimistisch!

7 Konjunktiv II

a) Verwendung

Mittendrin möchte ich noch mal sein.	**wish**
■ Was machen wir heute Abend?	(present)
▲ Ich möchte (gern)/würde gern früh schlafen gehen.	

Ich möchte eine Tasse Kaffee, bitte!	**request**
Ich hätte gern eine Tasse Kaffee.	(present)

Wenn ich doch einmal so viel Zeit hätte wie die!	**unreal wish**
(reality: Ich habe keine Zeit.)	(present, past)
Also possible without *wenn*:	
Hätte ich doch einmal so viel Zeit wie die!	
Ich würde gern mit der jungen Frau tauschen.	
(reality: Wir können nicht tauschen.)	
Ich hätte gern mit der jungen Frau getauscht.	
(reality: Wir konnten nicht tauschen.)	

Wenn ich noch einmal so jung wäre,	**unreal condition**
(dann) würde ich/wäre ich/hätte ich ...	**unreal consequence**
(reality: Ich bin nicht mehr so jung.)	(present, past)
Wenn ich mehr Zeit gehabt hätte, (dann) wäre ich bestimmt mitgekommen.	
(reality: Ich hatte keine Zeit. Ich bin nicht mitgekommen.)	

b) Formen

Gegenwart

würd- + Infinitiv

This form is used with most regular and irregular verbs.

	würde	gern mit der jungen Frau	tauschen.
Die alte Frau	würde	gern mit der jungen Frau	tauschen.
Die junge Frau	würde	gern früh schlafen	gehen.
	würd–		**Infinitiv**

Satzklammer

Konjunktiv II-Formen

regelmäßige Verben: Subjunctive II forms are identical with the past.

machen: ich machte, du machtest, ...

unregelmäßige Verben: Subjunctive II forms are similar to the past.

haben → hatte → hätte   geben → gab → gäbe

Subjunctive II signal *e* in the *ich, du, er/sie/es/man, ihr* forms (schreiben: ich schreibe, du schriebest, er/sie/es/man schriebe, ihr schriebet) and often *vowel change a* → *ä, o* → *ö, u* → *ü* (kommen: ich käme, du kämest, er/sie/es/man käme, ihr kämet)

This subjunctive II form is mainly used with *haben, sein, werden* and modal verbs:

	sein	haben	werden	können	wollen	mögen
ich	wär e	hätt e	würd e	könnt e	wollt e	möcht e
du	wär (e) st	hätt est	würd est	könnt est	wollt est	möcht est
Sie	wär en	hätt en	würd en	könnt en	wollt en	möcht en
er/sie/es/man	wär e	hätt e	würd e	könnt e	wollt e	möcht e
wir	wär en	hätt en	würd en	könnt en	wollt en	möcht en
ihr	wär (e) t	hätt et	würd et	könnt et	wollt et	möcht et
Sie	wär en	hätt en	würd en	könnt en	wollt en	möcht en
sie	wär en	hätt en	würd en	könnt en	wollt en	möcht en
				likewise:	likewise:	
				dürfen, müssen	sollen	

likewise: *kommen, lassen, gehen, geben, wissen* and *bleiben*:
ich käme, ich ließe, ich ginge, ich gäbe, ich wüsste, ich bliebe

Vergangenheit

The subjunctive II past consists of two parts:

hätt-/wär- + past participle:

Wenn ich doch gestern mehr Zeit **gehabt hätte**! / **Hätte** ich doch gestern mehr Zeit **gehabt**!

(reality: Ich hatte keine Zeit.)

Wenn ich mehr Zeit **gehabt hätte**, (dann) **wäre** ich bestimmt **mitgekommen**.

(reality: Ich hatte keine Zeit. Ich konnte nicht mitkommen.)

8 Redewiedergabe: direkte und indirekte Rede

When you report what someone else has said, you normally use the indicative:

Direkte Rede:	Er sagte: „Man **hat** Angst zu lachen."
Indirekte Rede:	Er sagte, man **hat** Angst zu lachen.
	Er sagte, dass man Angst **hat** zu lachen.

In the written language, especially in the media, people use:

Konjunktiv I:	Er sagte, man **habe** Angst zu lachen.
Konjunktiv II:	Er sagte, die meisten Menschen **hätten** zu wenig Humor und sie **würden** zu wenig **lachen**.

Formen

Subjunctive II is used if subjunctive I and the indicative are identical:

Indikativ	Konjunktiv I		Konjunktiv II
sie haben	= sie haben	→	sie hätten
sie lachen	= sie lachen	→	sie würden lachen

Indirect speech occurs mainly in the third person singular and plural of the indicative and subjunctive.

Gegenwart (Konjunktiv I/II★)

Singular (Konjunktiv I)		Plural (Konjunktiv I/II★)		
er/sie/es/man	sei	sie	seien	
	habe		~~haben~~	hätten★
	werde		~~werden~~	würden★
	könne		~~können~~	könnten★
	lache		~~lachen~~	würden lachen★
	fahre		~~fahren~~	würden fahren★

★= Konjunktiv II-Formen

Vergangenheit (Konjunktiv I/II*)

Indirect speech in the past is formed with *habe/sei* + past participle for the singular and *hätten/seien* + past participle for the plural.

„Ein tibetanischer Mönch **hat** mir eine Übung **erklärt**, mit der man lernen kann, sich selbst nicht ernst zu nehmen."	Er sagte, ein tibetanischer Mönch **habe** ihm eine Übung **erklärt**, mit der man lernen könne, sich selbst nicht ernst zu nehmen.
„Wir **haben** dabei viel **gelacht**."	Er sagte, sie **hätten**★ dabei viel **gelacht**.

9 Passiv

a) Verwendung

Aktiv

Ein Journalist hat die Affäre aufgeklärt.
Sein Buch hat die Wahrheit ans Licht gebracht.
The agent (the person, thing or event initiating the action) and the event are important.

Passiv

Die Affäre wurde aufgeklärt. Die Wahrheit wurde ans Licht gebracht.
The action is of primary interest. The agent is not of primary interest (is unimportant, known, or cannot or should not be named).

Häufig wurden große Künstler **von** den Herrschenden ausgebeutet und schlecht bezahlt.

Mozart wurde **durch** seine Spielleidenschaft ruiniert.

In a passive sentence, the agent (person, thing or event initiating the action) can be mentioned if of interest or important for comprehension:

von + Dativ: mostly with people

durch + Accusative.: mostly with things/events

Alternative zum Passiv: *man*

Dass wird mit zwei *s* geschrieben.

Dass schreibt **man** mit zwei *s*.

Man is an alternative to the passive, especially in speech.

b) Formen

Präsens	**Präteritum**	**Perfekt**
werden + Partizip II	*wurde* + Partizip II	*ist worden* + Partizip II
Das Problem wird erklärt.	Das Problem wurde erklärt.	Das Problem ist erklärt worden.

10 Partizip I und II

	mit Endung	**ohne Endung**
Partizip I	die **lachenden** Menschen	Sie kamen **lachend** aus dem Zimmer.
	(= Menschen, die lachen)	
	Das war eine **beleidigende** Frage.	Die Frage war **beleidigend**.
Partizip II	ein **beleidigter** Deutscher	Er fühlte sich **beleidigt**.
	eine **entspannte** Atmosphäre	Sie sah sehr **entspannt** aus.

der **sprechende** Papagei = der Papagei, der spricht

die **gesprochene** Sprache = die Sprache, die gesprochen wird/wurde

Present and past participles can be placed before a noun, like an adjective, and then have endings like an adjective. If used with a verb, they have no ending.

The present participle has an active meaning. It is formed from the infinitive of the verb + -*d*.

The past participle usually has a passive meaning (formation → A1, Partizip II).

B Das Nomen

1 Nomen und Artikelwörter

Ein Elefant steht auf der Straße. **Ein Mann** kommt. **Der Elefant** fragt **den Mann**: Wie geht es Ihnen? **Der Mann** denkt: **Dieser Elefant** ist wirklich lustig.

Der bestimmte und unbestimmte Artikel und *kein* – mit Nomen, als Pronomen

		Singular			Plural
		maskulin	**neutral**	**feminin**	**m, n, f**
N	mit Nomen	der ein Brief kein	das ein Wort kein	die eine Zeitung keine	die Briefe – Zeitungen keine Bücher
	als Pronomen	der, einer, keiner	das, eins, keins	die, eine, keine	die, welche, keine
A	mit Nomen	den einen Brief keinen	das ein Buch kein	die eine Zeitung keine	die – Briefe keine
	als Pronomen	den, einen, keinen	das, eins, keins	die, eine, keine	die, welche, keine
D	mit Nomen	dem einem Freund keinem	dem einem Buch keinem	der einer Freundin keiner	den – Freunden keinen
	als Pronomen	dem, einem, keinem	dem, einem, keinem	der, einer, keiner	denen, welchen, keinen
G	mit Nomen	des eines Freundes keines	des eines Buches keines	der einer Freundin keiner	der - Freunde keiner

likewise: dieser, dieses, diese; jeder, jedes, jede; mancher, manches, manche; welcher, welches, welche

Der Possessivartikel

	Singular			Plural
	maskulin	**neutral**	**feminin**	**m, n, f**
ich	mein	mein	meine	meine
du	dein	dein	deine	deine
Sie	Ihr	Ihr	Ihre	Ihre
er/es/man	sein	sein	seine	seine
sie	ihr	ihr	ihre	ihre
wir	unser	unser	unsere	unsere
ihr	euer	euer	eure	eure
Sie	Ihr	Ihr	Ihre	Ihre
sie	ihr	ihr	ihre	ihre

Der Possessivartikel – mit Nomen und als Pronomen

	Singular			Plural
	maskulin	**neutral**	**feminin**	**m, n, f**
N	mein Freund mein**er** –	mein Auto mein**s** –	meine Freundin mein**e** –	meine Freunde mein**e** –
A	mein**en** Freund mein**en** –	mein Auto mein**s** –	meine Freundin mein**e** –	meine Freunde mein**e** –
D	mit mein**em** Freund mit mein**em** –	mit mein**em** Auto mit mein**em** –	mit mein**er** Freundin mit mein**er** –	mit mein**en** Freunde**n** mit mein**en** –
G	der Bruder mein**es** Freund**es**	die Farbe mein**es** Autos	das Auto mein**er** Freundin	das Haus mein**er** Freunde

likewise: dein, sein, ihr, unser, euer, ihr, Ihr

2 n-Deklination

	Nominativ	Akkusativ	Dativ	Genitiv
Singular	der Mensch der Junge	den Mensch**en** den Jung**en**	dem Mensch**en** dem Jung**en**	des Mensch**en** des Jung**en**

likewise: der Herr (den Herr**n**, dem Herr**n**); der Name (den Nam**en**, dem Nam**en**)

masculine nouns with the ending -*e*: der Kollege, der Grieche/Franzose ..., der Friede, der Gedanke

words derived from Latin ending in: *–and, –ant, –ent, –ist, –oge*: der Student, der Präsident, der Pädagoge, ... **–en**

one neuter noun in the dative: das Herz **–en**

A few nouns like der Name, der Gedanke and das Herz have -**(e)ns** in the genitive singular:

die Bedeutung des Name**ns**

3 Maskulin, feminin oder neutral?

maskulin	neutral	feminin
always: –ig, –ling usually: –el, –en, –er	always: –chen, –lein usually: –nis, –tum	always: –in, –ei, –heit, –keit, –schaft, –ung usually: –e
bei Fremdwörtern: always: –ant, –eur, –ist, –ismus, –loge usually: –ent, –or	always: –ett, –(i)um, –ment usually: –o	always: –age, –ität, –anz, –enz, –ie, –ik, –is usually: –ion, –ur

4 Pluralformen

Endung

–	masculine and neuter ending in *-er, -el, -en* (umlaut possible):
	der Vater – die Väter; das Zimmer – die Zimmer; der Onkel – die Onkel;
	das Schreiben – die Schreiben
	neuter ending in *-chen* und *-lein*:
	das Mädchen – die Mädchen; das Büchlein – die Büchlein
-(e)n	feminine ending in *-e, -ei, -heit, -keit, -schaft, -ung*:
	die Frage – die Fragen; die Bäckerei – die Bäckereien; die Freundschaft – die
	Freundschaften; die Zeitung – die Zeitungen
	nouns belonging to the n–declension: der Herr – die Herren; der Kollege – die Kollegen
-nen	feminine ending in *-in*: die Lehrerin – die Lehrerinnen
-s	internationalisms, usually neuter: das Foto – die Fotos; das Hotel – die Hotels

C Das Adjektiv

Ein **kleiner** Elefant steht auf der Straße. Ein **junger** Mann kommt. Der **kleine** Elefant fragt den **jungen** Mann: Wie geht es Ihnen? Der **junge** Mann denkt: Dieser **kleine** Elefant ist wirklich lustig.

1 Adjektiv nach bestimmtem und unbestimmtem Artikel

	Singular			Plural
	maskulin	**neutral**	**feminin**	**m, n, f**
N	der rot**e** Balkon ein rot**er** Balkon	das rot**e** Haus ein rot**es** Haus	die klein**e** Frau eine klein**e** Frau	die klein**en** Balkons klein**e** Balkons
A	den rot**en** Balkon einen rot**en** Balkon	das rot**e** Haus ein rot**es** Haus	die klein**e** Frau eine klein**e** Frau	die klein**en** Balkons klein**e** Balkons
D	dem rot**en** Balkon einem rot**en** Balkon	dem rot**en** Haus einem rot**en** Haus	der klein**en** Frau einer klein**en** Frau	den klein**en** Balkons klein**en** Balkons
G	des rot**en** Balkons eines rot**en** Balkons	des rot**en** Hauses eines rot**en** Hauses	der klein**en** Frau einer klein**en** Frau	der klein**en** Balkons klein**er** Balkons

likewise after: dieser, jeder, welcher; kein; mein, dein, ...

2 Adjektiv ohne Artikel

	Singular			Plural
	maskulin	**neutral**	**feminin**	**m, n, f**
N	rosig**er** Teint	frisch**es** Obst	modern**e** Chemie	pflegend**e** Öle
A	für rosig**en** Teint	frisch**es** Obst	ohne modern**e** Chemie	duftend**e** Lotionen
D	mit frisch**em** Quark	mit rein**em** Olivenöl	mit gekocht**er** Milch	mit püriert**en** Erdbeeren
G	das Ergebnis intensiv**en** Sports	das Ergebnis täglich**en** Trainings	das Ergebnis hart**er** Arbeit	das Ergebnis pflegend**er** Öle

3 Der Vergleich

Grundform	**Komparativ**	**Superlativ**
Dieses Schaf ist **schwarz wie** Kaffee.	Das eine Schaf hat **größere** Augen.	Das ist **mein schönstes** Schaf. Draußen schlafen ist
Das eine Schaf ist (genau)**so groß wie** das andere.	Er hat einen **schöneren** Beruf **als** ich.	**am schönsten**.
Sie ist schön **wie** eine Blume.	Draußen schlafen ist **schöner als** jedes Bett.	
Comparisons are made with *wie, so … wie* or *genauso … wie*	comparative = basic form + -er (+ als): klein**er**, schön**er**, hässlich**er**	superlative = article + basic form + –st + ending or *am* + basic form + –sten
	with umlaut: gro**ß** – gr**öß**er, **a**lt – **ä**lter, j**u**ng – j**ü**nger	

Unregelmäßige Formen

The vowel takes an umlaut:

a → ä	**a**lt	**ä**lt**er**	der **ä**lt**este**	am **ä**lt**esten**
o → ö	gr**o**ß	gr**öß**er	der gr**öß**te	am gr**öß**ten
u → ü	d**u**mm	d**ü**mm**er**	der d**ü**mm**ste**	am d**ü**mm**sten**

Adjectives ending in −t, -d, -s, -ß, -sch, -z have the ending -est in the superlative (exception: *groß*):

laut	laut**er**	der laut**este**	am laut**esten**
kurz	kürz**er**	der kürz**este**	am kürz**esten**
hübsch	hübsch**er**	der hübsch**este**	am hübsch**esten**

adjectives ending in -el, -er:

dunkel	dunk**ler**	der dunk**elste**	am dunk**elsten**
teuer	teu**rer**	der teu**erste**	am teu**ersten**

special forms:

hoch	h**öher**	der h**öchste**	am h**öchsten**
nah	n**äher**	der n**ächste**	am n**ächsten**
gut	**besser**	der **beste**	am **besten**
viel	**mehr**	die **meisten**	am **meisten**
gern	**lieber**	der **liebste**	am **liebsten**

D Das Pronomen

1 Das Personalpronomen

Es kommt von **mir**, es geht zu **dir**, ein Stück Papier.
Ich hab' **dich** lieb, vergiss **mich** nicht!

Singular			Plural		
Nominativ	**Akkusativ**	**Dativ**	**Nominativ**	**Akkusativ**	**Dativ**
ich	mich	mir	wir	uns	uns
du	dich	dir	ihr	euch	euch
Sie	Sie	Ihnen	Sie	Sie	Ihnen
er	ihn	ihm	sie	sie	ihnen
sie	sie	ihr			
es	es	ihm			

2 Das Reflexivpronomen

Akkusativ	Dativ
mich	mir
dich	dir
sich	**sich**
uns	uns
euch	euch
sich	**sich**

3 Das Relativpronomen

	Singular			Plural
	maskulin	**neutral**	**feminin**	**m, n, f**
N	der	das	die	die
A	den	das	die	die
D	dem	dem	der	denen
G	dessen	dessen	deren	deren

4 Fragewörter

■ Guck mal, ein Morgenmuffel!

▲ **Welchen** von den beiden meinst du?

■ Na den, der so schlecht gelaunt aussieht.

▲ **Was für ein** Typ bist du eigentlich?

	person	thing
N	Wer?	Was?
A	Wen?	Was?
D	Wem?	Womit? Wovon? ...
G	Wessen ...?	

person or thing: Was für ein ...? Welch- ...?				
	Singular			Plural
	maskulin	**neutral**	**feminin**	**m, n, f**
N	Was für ein ...? Welcher ...?	Was für ein ...? Welches ...?	Was für eine ...? Welche ...?	Was für ...? Welche...?
A	Was für einen ...? Welchen ...?	Was für ein ...? Welches ...?	Was für eine ...? Welche ...?	Was für ...? Welche ...?
D	Was für einem ...? Welchem ...?	Was für einem ...? Welchem ...?	Was für einer ...? Welcher ...?	Was für ...? Welchen ...?

time	reason	purpose	manner	quantity	place
Wann? Wie lange?	Warum?	Wozu?	Wie?	Wie viel? Wie viele?	Wo? Wohin? Woher?

E Präpositionen

an (D)	▨ Wann kommst du? ▲ Am Abend/Mittwoch/9. März.
an (A/D)	Peter hängt den Schirm an den Stuhl. Jetzt hängt er am Stuhl.
(an)statt (G)	Sie war enttäuscht, denn statt ihres Vaters ist ihr Onkel gekommen.
auf (A/D)	▨ Stell bitte die Blumen auf den Tisch. ▲ Auf dem Tisch ist kein Platz mehr!
aus (D)	Sie kommt aus Österreich. Sie nimmt den Brief aus der Tasche und liest ihn.
außer (D)	Außer ihr hat niemand von dem Unfall gewusst.
bei (D)	Wir haben einen Tag bei unseren Freunden in Rom verbracht.
	Der Vater hat gesagt, bei schlechten Noten darf ich nicht fernsehen.
bis	▨ Bis wann bleiben Sie hier? ▲ Bis acht Uhr/Montag/Weihnachten.
bis zu (D)	Bis zum Ende des Schuljahres sind es nur noch zwei Wochen.
durch (A)	Wir sind durch einen langen Tunnel gefahren.
	Mozart wurde durch seine Musik berühmt.
für (A)	Für wen hast du das Geschenk? Für deinen Freund?
gegen (A)	Was hast du denn gegen seinen Vorschlag? Ich finde ihn gut.
hinter (A/D)	Wer ist der Mann, der hinter deinem Freund steht?
	Stellen Sie sich bitte hinter mich, ich war zuerst da.
in (A/D)	▨ Ich gehe heute in die Bibliothek. ▲ Ich war schon gestern in der Bibliothek.
	Waren Sie schon mal in Österreich/Wien/der Schweiz?
in (D)	▨ Wann beginnt die Diskussion? ▲ In einer Stunde.
innerhalb (G)	▨ Du ziehst schon wieder um? ▲ Ja, aber nur innerhalb des Hauses.
mit (D)	Weißt du, mit wem sie zur Party gegangen ist? Kann man alles mit Geld erreichen?
nach (D)	▨ Wann stehen Sie auf? ▲ Kurz nach 7 Uhr.
	Nach dem Essen trinke ich immer eine Tasse Kaffee.
	Wir fahren im Sommer nach Deutschland/Berlin.
neben (A/D)	▨ Darf ich mich neben Sie setzen? ▲ Tut mir Leid, neben mir sitzt schon Eva.
ohne (A)	Ohne seine Hilfe hätte ich die Arbeit nicht geschafft.
seit (D)	▨ Wie lange wohnen Sie schon hier? ▲ Seit einem Monat/dem 1. April.
über (A/D)	Warum hängst du das Foto über das Klavier? Es sollte über dem Bett hängen.
um	▨ Wann geht ihr nach Hause? ▲ Um halb sieben.
unter (A/D)	▨ Wo sind meine Schuhe? ● Ich habe sie unter das Bett gestellt.
	▲ Nein, unter dem Bett sind sie nicht.
von (D)	Ich habe einen langen Brief von meinen Eltern bekommen.
	Von wem wurde das Buch geschrieben?
von … bis (D)	▨ Wann bist du morgen hier? ▲ Von 8 Uhr bis 10 Uhr.
vor (D)	Wo ist Eva? Sie war doch noch vor 10 Minuten hier.
vor (A/D)	▨ Stell doch den Schreibtisch vor das Fenster.
	▲ Bitte nicht, vor dem Fenster sieht er nicht gut aus.
während (G/D)	Wir haben viel Interessantes während unseres Ausflugs/unserem Ausflug gesehen.
wegen (D/G)	Wegen dieses Problems/diesem Problem konnten wir die Arbeit nicht schaffen.
zu (D)	Ich bin am Wochenende zu meinen Bekannten nach Frankfurt gefahren.
	Ich habe keine Zeit mehr zum Tennisspielen.
zwischen (D)	▨ Wann ruft sie an? ▲ Zwischen 7 und 11 Uhr.
zwischen (A/D)	▨ Wohin kommt der Fernseher? ▲ Zwischen den Schrank und das Bett.
	▨ Das geht nicht, zwischen dem Schrank und dem Bett ist zu wenig Platz.

F Der Satz

1 Aussage, Wortfrage, Satzfrage

	1	**2**	
statement	Ich	komme	aus Berlin.
wh-question	Wie	heißen	Sie?
yes/no-question	Sprechen	Sie	Englisch?

statement, wh-question: The verb is in position 2.

yes/no-question: The verb is in position 1.

Satzklammer

trennbare Verben	Norbert Gruner	steht	jeden Morgen um 6 Uhr	auf.
Modalverben	Wir	können	den Text nicht	verstehen.
Konjunktiv II *würd-*	Ich	würde	gern tagelang	faulenzen.
Futur	Ich	werde	dich bestimmt	anrufen.
lassen	Ich	lasse	mir die Haare	schneiden.
Perfekt	Ich	habe	den Text schon	gelesen.
Passiv	Wir	wurden	nicht zur Party	eingeladen.
werden + Adjektiv	Er	wird	sicher bald	berühmt.
werden + Nomen	Sie	wird	wahrscheinlich	Übersetzerin.
		konju-giertes Verb		**Präfix/Infinitiv/ Partizip II/ Adjektiv/Nomen**

Satzklammer

2 Sätze verbinden

a) Hauptsatz und Hauptsatz

aber, denn, doch, oder, sondern, und

Satz 1	**Konjunktion**	**Satz 2**
Ich habe den Text gelesen,	aber	ich habe ihn nicht verstanden.

aber	but	Ich habe viele Wünsche, **aber** (ich habe) nicht genug Geld.
denn	for, since, as	Er betrachtet immer die Hände der Menschen, **denn** er glaubt, dass sie ihren Charakter verraten.
doch	yet	Verliebte träumen vom Mond, **doch** ich, ich wohn' auf dem Mond.
oder	or	Schreibt man das Wort mit ss, **oder** (schreibt man es) mit ß?
sondern	but	C.W. Metcalf ist kein Kabarettist, **sondern** (er ist) Firmenberater.
und	and	Ich stehe jeden Morgen um 7 Uhr auf, **und** (ich) mache 15 Minuten Gymnastik.

Sentence elements that are the same in the 1st and 2nd main clause can be omitted in the second.

- with *oder, sondern*

- with *und*: But when the subject is after the verb, it has to stay:

> Ich trinke viel Kaffee zum Frühstück, und meistens **esse ich** dazu drei Brötchen.

- with *aber*: Subject and verb have to be the same to be omitted.

außerdem, deshalb, deswegen, sonst, trotzdem

These conjunctions can be in initial position (Position 1) or in the middle of the sentence.

außerdem	further-more	Hände können streicheln, **außerdem** können sie wehtun. Hände können streicheln, sie können **außerdem** wehtun.
deshalb/ deswegen	that's why, therefore, for that reason	Die älteste Greenpeace-Aktivistin Deutschlands bekommt für ihre Arbeit kein oder kaum Geld. Ihre Arbeit heißt **deshalb** ehrenamtliches Engagement. **Deshalb** heißt Ihre Arbeit ehrenamtliches Engagement.
sonst	otherwise	Wir müssen jetzt gehen, **sonst** wird es zu spät. Wir müssen jetzt gehen, es wird **sonst** zu spät.
trotzdem	neverthe-less, despite that	Die Einsätze des THW sind meistens echte Knochenarbeit, **trotzdem** macht die Arbeit Michael Wüst auch heute noch total Spaß. Die Einsätze des THW sind meistens echte Knochenarbeit. Die Arbeit macht Michael Wüst **trotzdem** auch heute noch total Spaß.

entweder ... oder; nicht nur ..., sondern auch; sowohl ... als auch; weder ... noch; zwar ... aber

entweder ... oder	either ... or	**Entweder** kommst du jetzt gleich mit, **oder** ich gehe alleine.
nicht nur ..., sondern auch	not only ..., but also	Man sollte **nicht nur** etwas für seinen Körper tun, **sondern auch** für seine Seele.
sowohl ... als auch	both ... and	Er spricht **sowohl** Hochdeutsch **als auch** Dialekt.
weder ... noch	neither ... nor	**Weder** du **noch** ich wissen das ganz genau. Sie spricht gut deutsch, aber sie ist **weder** in Deutschland gewesen **noch** hat sie einen Kurs besucht.
zwar ..., aber	it's true that ..., but	Ich spreche **zwar** deutsch, **aber** in Wahrheit ist meine Muttersprache ein Dialekt.

b) Hauptsatz und Nebensatz

	Vorfeld	Verb	
NS+HS	**Wenn** ich zur Welt *komme*,	bin	ich schwarz.
HS+NS	Ich	bin	schwarz, **wenn** ich zur Welt *komme*.

Nebensatz nach Konjunktionen

als	when	**Als** ich 18 *war*, bin ich nach Berlin zum Studium gegangen.
bevor	before	Rufst du mich noch an, **bevor** du in den Urlaub *fährst*?
bis	until, till	Warte bitte hier, **bis** ich *zurückkomme*.
da	as, since	**Da** du mich schon so oft angelogen *hast*, glaube ich dir nichts mehr.
damit	so that	Sie sagt zu allem ja, **damit** sie ihre Ruhe *hat*.
dass	that	Ich glaube nicht, **dass** du Recht *hast*.
falls	in case	Wir nehmen einen Schirm mit, **falls** es doch noch *regnet*.
nachdem	after	**Nachdem** wir nun alles erledigt *haben*, können wir einen Kaffee trinken. **Nachdem** du weggegangen *warst*, musste ich noch lange über unser Gespräch nachdenken.
ob	whether	Ich weiß noch nicht, **ob** ich am Wochenende frei *habe*.
obwohl	although	Ich jogge jeden Tag, **obwohl** ich manchmal keine Lust dazu *habe*.
ohne ... zu	without ...ing	Sie ging weg, **ohne** ein Wort **zu** *sagen*.
ohne dass	without ...ing	Sie hat eine Reise gebucht, **ohne dass** er etwas davon *wusste*.
seit(dem)	since	**Seit**(dem) ich eine neue Brille *habe*, habe ich keine Kopfschmerzen mehr.
solange	as long as	Der Mensch hofft, **solange** er *lebt*.
statt zu	instead of ...ing	Hilf mir doch, **statt** den ganzen Tag **zu** *faulenzen*!
statt dass	instead of ...ing	Ich muss ihm immer alles hundertmal erklären, **statt dass** er einmal genau *zuhört*.
um ... zu	in order to	Ich brauche ein Wörterbuch, **um** die Aufgabe **zu** *lösen*.
während	while	**Während** wir im Urlaub *waren*, wurde zu Hause unser Auto gestohlen. Sie geht gerne aus, **während** er lieber gemütlich zu Hause *bleibt*.
weil	because	**Weil** du mich schon so oft angelogen *hast*, glaube ich dir nichts mehr.
wenn	when, if	**Wenn** Herr Kunkel eine Stadt *besichtigt*, macht er immer sehr viele Dias. **Wenn** ich zu Hause nicht Dialekt *spreche*, (dann) versteht meine Großmutter kein Wort. **Wenn** ich drei Wünsche frei *hätte*, dann würde ich mir ... wünschen.

Relativsatz

der, die, mit dem

Das ist der kleine Prinz, **der** von einem Planeten zum anderen **reist**.

Das ist der Fuchs, **den** der kleine Prinz auf der Erde **trifft**.

Der Fuchs kennt Menschen, **die** Gewehre **haben** und **schießen**.

Das ist der Fuchs, **mit dem** der kleine Prinz **spielen will**.

Auf dem Planeten, **auf dem** der kleine Prinz **lebt**, gibt es eine Blume, die ihn gezähmt hat.

Der kleine Prinz, **dessen** Blume ihn gezähmt **hat**, hat seinen Planeten verlassen.

A relative clause is used to describe a person or thing. The relative pronoun is placed at the beginning of the relative clause, the verb at the end.

Number (singular, plural) and gender (m, f, n) of the person/thing to be described determine the number and gender of the relative pronoun:

der Fuchs, **der**; **die** Menschen, **die**

The verb in the relative clause determines the case (nom., acc., dat., gen.) of the relative pronoun. If the verb has a preposition, this is placed in front of the relative pronoun:

(spielen mit) Der Fuchs, **mit dem** der kleine Prinz **spielen** will.

(→ D3: Das Relativpronomen)

was; alles, was

Was ich allein nicht schaffe, (das) schaffe ich im Team.

Ich schaffe (das) im Team,   **was** ich allein nicht schaffe.

Ich schaffe **viel** im Team,

Ich schaffe **alles** im Team,   **was** ich allein nicht schaffe.

Ich schaffe **etwas** im Team,

Was introduces a relative clause and refers back to *viel, das, alles, etwas, nichts. Was* is not declined.

wer, wo

Wer im THW arbeitet, (der) gibt seinem Leben einen Sinn.

Wen wir aus dem Wrack schneiden, (den) kennen wir nicht.

Wem die Arbeit Spaß macht, (der) hat auch Erfolg.

In Freising, **wo** Michael Wüst lebt, gibt es ein Technisches Hilfswerk.

Wer and *wo* also introduce relative clauses. *Wer* is declined (*wen, wem*). *Wo* is invariable and refers to a place.

Relative clauses with *was, wer (wen, wem)* and *wo* often precede the main clause.

As they can be used to make generalizing statements, they are often found in proverbs:

Wer A sagt, muss auch B sagen. Was ich nicht weiß, macht mich nicht heiß.

Indirekte Frage

	Direkte Frage	**Indirekte Frage**
wh-question	**Wie geht** es dir denn heute?	Warum fragst du mich ständig, **wie** es mir **geht**?
yes/no-question	**Hast** du gut **geschlafen**?	Ich möchte morgens nicht gefragt werden, **ob** ich gut **geschlafen habe**.

An indirect question is possible after verbs or verbal expressions like *(sich) fragen, sagen, erzählen, wissen, verstehen, sehen, hören, es ist nicht klar, es ist nicht sicher.*

Infinitivsatz mit *zu*

Du hast doch versprochen(,) den Wagen **zu waschen** und die Kinder **zu baden**.

Ich habe vergessen(,) dich **anzurufen**.

Ich finde es wichtig, viele Sprachen **zu verstehen**.

Es macht ihm Freude, mich immer **zu korrigieren**.

The comma at the beginning of the infinitive clause is optional. If the main clause contains *es*, the comma is compulsory.

Infinitiv mit *zu* statt Nebensatz mit *dass*

Es ist schön/Ich finde es schön, **dass ich dich treffe.**

Es ist schön/Ich finde es schön, **dich zu treffen.**

An infinitive clause with *zu* is often used instead of a sub-clause with *dass* when the subject in the main clause and the sub-clause is identical.

Du hast mir versprochen(,) meine Blumen zu gießen.

(**Du** hast mir versprochen, dass **du** meine Blumen gießt.)

Aber: **Du** hast mir versprochen, dass **dein Bruder** meine Blumen gießt.

3 Ergänzungen

Obligatorische Ergänzungen

Mozart war **kein armer Schlucker**.	Nominativergänzung
Markieren Sie **den Akzent**.	Akkusativergänzung
Ich gratuliere **dir** ganz herzlich.	Dativergänzung
Sie haben alle **an meinen Geburtstag** gedacht!	Ergänzung mit Präposition
Fliegen wir zusammen **nach Berlin**?	Ortsergänzung (wohin?)
Marion wohnt **in der Parkstraße 4 im 4. Stock**.	Ortsergänzung (wo?)
Steffi kommt **aus der Schule**.	Ortsergänzung (woher?)

Wo steht die Akkusativergänzung? Wo die Dativergänzung?

general rule: dative before accusative:
Viele Menschen schreiben ihren Freunden keine Briefe mehr, aber ich.
Dative after accusative:
- Personal pronouns are placed in front of nouns:
  Warum hast du ihr die Briefe nie geschickt?
- The accusative object refers to something known or previously mentioned:
  Hast du alle diese Briefe deiner Freundin geschrieben?
- Usually dative follows accusative; both objects are unstressed personal pronouns:
  Ich liebe Inge sehr, aber ich kann es ihr nicht schreiben.

The dative or accusative object can be placed at the beginning of the sentence; it then has special stress:
Ihr kann ich diese Briefe nicht schicken. Diese Briefe kann ich ihr nicht schicken.

Fakultative Ergänzungen

Fliegen wir **im Juni** zusammen nach Berlin? **Seit drei Jahren** wohne ich in Hamburg.	**reference to time:** Wann? Wie lange? Seit wann? Bis wann?
Es regnet oft **in unserer Gegend**. Kommst du heute Abend mit **ins Kino**?	**reference to place:** Wo? Wohin? Woher?
Ich gratuliere dir **herzlich** zum Geburtstag. **Mit deiner Hilfe** habe ich es geschafft.	**reference to manner:** Wie?
Hat er sie **aus Liebe** oder **wegen ihres Geldes** geheiratet?	**reference to reason:** Warum?

4 Architektur von Sätzen

a) Vorfeld

Vorfeld	Verb		What is in initial position?
Die älteste Hausbewohnerin	ist	90 Jahre alt.	subject
Den betonierten Parkplatz über der Tiefgarage	dürfen	die Kinder zum Radfahren benutzen.	compulsory complement
Welche von den jüngeren Paaren verheiratet sind,	fragt	man nicht.	sub-clause
Weil für die meisten Hausbewohner die Arbeitswoche um sechs Uhr früh beginnt,	lassen	sie den Samstag faul zu Ende gehen.	
Um 18 Uhr	beginnt	für Klaus Hellwig der Samstagabend.	optional complement
Da	trifft	er sich mit seinem Nachbarn zur Sportschau.	
Wie auch bei den anderen Familien	hat	jeder seinen Stammplatz vor dem Fernseher.	comparison

The following can be placed in initial position: the subject, a compulsory complement, an optional complement (reference to time, place, manner, reason), a sub-clause or a comparison.

This is done to achieve:

- more variation: if the subject is always in position 1, the text gets monotonous.
- emphasis of sentence elements, e.g.: **Im Lift** grüßt man sich.
- link to the preceding sentence, e.g.: **Um 18 Uhr**, **da** trifft er sich mit ...
- avoidance of too many supplements after the verb.

b) Mittelfeld

Vorfeld	Verb	Subjekt	obligatorische Ergänzungen Nominativ Akkusativ (Bekanntes), Dativ	fakultative Ergänzungen	obligatorische Ergänzungen Nominativ Akkusativ/Dativ (neue Information) Ergänzung mit Präposition Ortsergänzung	Verb
Ich	bin		Schweizer.			
Ich	kann			in der Schweiz	alle Situationen	einordnen.
Dort	kenne	ich	die Regeln	seit vielen Jahren.		
Die Alpen	machen		mir	immer wieder	ein schlechtes Gewissen.	
Außerdem	leide	ich		oft	unter dem Föhn.	
Trotzdem	lebe	ich		gern	in der Schweiz.	

There is a basic rule governing the order of optional complements:

time – reason – manner – place

Viele Touristen gingen **gestern Abend wegen des schönen Wetters gemeinsam im Park** spazieren.

If there are several optional complements, one of them is usually placed in initial position:

Wegen des schönen Wetters gingen **viele Touristen gestern Abend gemeinsam im Park** spazieren.

This also applies:

short before long: Ich habe **viele Jahre dort** gelebt. → Ich habe **dort viele Jahre** gelebt.

global before precise: Ich komme **morgen Abend um 18.00 Uhr** zu dir.

c) Nachfeld

The end-position in the sentence can be occupied by the following items:

- a reference to place / time / manner / reason:
  Doris hat sich richtig versteckt **in ihrem Zimmer.**
- a comparison:
  Ihr Bruder ist ein Jahr jünger **als Doris.**
- a list:
  Sie hat irgendwelche Jobs gemacht: **Putzen ... oder im Kaufhaus.**
- a postscript:
  Was ist denn los **mit dir?**
  Die Ehe ihrer Eltern war kaputt, **eigentlich von Anfang an.**
- an infinitive clause/sub-clause:
  Doris hat die Chance genutzt **ihr Leben zu ändern.**
  Doris lernt ihren Freund kennen, **der auch Alkoholiker ist.**
- a prepositional object:
  Doris möchte nichts mehr zu tun haben **mit den Freunden von einst.**

These items are placed in end-position if the speaker wants to emphasize them, or if the two parts of the verb would be too far apart – especially in speech.

d) Wortstellung von *nicht*

The whole sentence is negated – **one element of the sentence** is negated

Die Tasche gehört mir	nicht.	
Die Tasche gehört	**nicht**	**mir**, sondern meiner Freundin.
Ich möchte diesen Film	nicht	sehen.
Ich möchte	**nicht**	**diesen Film** sehen, sondern den im Cinemax.
Wir waren heute	nicht	im Deutschunterricht.
Wir waren	**nicht**	**heute** im Deutschunterricht, das war gestern.
Bist du	nicht	mit dem Rad gefahren?
Ich bin mit dem Rad	**nicht**	**gefahren**, ich habe es nur geputzt.
Warum hast du mich gestern	nicht	angerufen?
Warum hast du mich	**nicht**	**schon gestern** angerufen?
Er kann sich morgens	nicht	konzentrieren.
Er kann sich morgens	**nicht**	**gut** konzentrieren.

If the whole sentence is negated, *nicht* is:
– after the accusative or dative object
– in front of a prepositional object
– after references to time.

If one element of the sentence is negated, *nicht* is placed directly in front of it.

G Verblisten

1 Verben mit Präpositionen

achten auf jdn./etw.
an/rufen bei jdm.
arbeiten an etw. (D)
ärgern sich über jdn./etw.
bedanken sich bei jdm./für etw.
bei/tragen zu etw. (D)
berichten über jdn./etw.
beschäftigen sich mit jdm./etw.
bestehen aus etw.
bitten jdn. um etw.
denken an jdn./etw.
diskutieren über jdn./etw.
entscheiden sich für jdn./etw.
erinnern sich an jdn./etw.
erkennen jdn./etw. an etw. (D)
erzählen jdm. etw./von
   etw. (D)
fragen nach jdm./etw.
freuen sich auf jdn./etw.
freuen sich über jdn./etw.
führen jdn. zu jdm./etw.
es geht um jdn./etw.
gehören zu jdm./etw.

gewöhnen sich an jdn./etw.
glauben an jdn./etw.
gucken auf jdn./etw.
es hat mit jdm./etw. zu tun
halten sich für jdn./etw.
halten von jdm./etw.
handeln von jdm./etw.
es handelt sich um jdn./etw.
helfen jdm. mit etw. (D)
hören von jdm./etw.
interessieren sich für jdn./etw.
kümmern sich um jdn./etw.
lachen über jdn./etw.
leben von etw. (D)
leiden unter jdm./etw.
etw. liegt an jdm./etw.
melden sich bei jdm.
merken etw. von etw. (D)
nach/denken über jdn./etw.
nutzen etw. für etw.
nützlich sein zu etw. (D)
reden von jdm./etw. / über
   jdn./etw.
reich sein an etw. (D)
schreiben an jdn.
sich Sorgen machen um jdn./etw.

sprechen mit jdm., über
   jdn./etw., von jdm./etw.
stammen aus (D)
sterben an etw. (D)
stolz sein auf jdn./etw.
suchen nach jdm./etw.
teil/nehmen an etw. (D)
träumen von jdm./etw.
traurig sein über jdn./etw.
treffen sich mit jdm.
unterhalten sich mit jdm., über
   jdn./etw.
unterscheiden jdn./etw. von
   jdm./etw.
verabreden sich mit jdm.
verabschieden sich von
   jdm./etw.
verantwortlich sein für
   jdn./etw.
verbinden etw. mit etw.
verlangen etw. von jdm.
verlassen sich auf jdn.
verlieben sich in jdn./etw.
warnen jdn. vor etw. (D)
warten auf jdn./etw.
zufrieden sein mit jdm./etw.

2 Präteritum und Perfekt der wichtigsten unregelmäßigen Verben

The list does not contain all separable verbs.

anrufen: *rufen*   *rief*   hat *gerufen*
also: *rief* an   hat an*gerufen*

anfangen	fing an	hat angefangen
aufstehen	stand auf	ist aufgestanden
beginnen	begann	hat begonnen
begreifen	begriff	hat begriffen
bekommen	bekam	hat bekommen
beraten	beriet	hat beraten
beschließen	beschloss	hat beschlossen
beschreiben	beschrieb	hat beschrieben
besitzen	besaß	hat besessen
bestehen	bestand	hat bestanden
bieten	bot	hat geboten

bitten	bat	hat gebeten
bleiben	blieb	ist geblieben
brennen	brannte	hat gebrannt
bringen	brachte	hat gebracht
denken	dachte	hat gedacht
dürfen	durfte	hat gedurft/hat … dürfen★
einladen	lud ein	hat eingeladen
einschlafen	schlief ein	ist eingeschlafen
entlassen	entließ	hat entlassen
entscheiden	entschied	hat entschieden
entstehen	entstand	ist entstanden
erfahren	erfuhr	hat erfahren
erfinden	erfand	hat erfunden
erhalten	erhielt	hat erhalten
erkennen	erkannte	hat erkannt
essen	aß	hat gegessen
fahren	fuhr	ist gefahren
fallen	fiel	ist gefallen
finden	fand	hat gefunden
fliegen	flog	ist geflogen
fließen	floss	ist geflossen
fressen	fraß	hat gefressen
frieren	fror	hat gefroren
geben	gab	hat gegeben
gefallen	gefiel	hat gefallen
gehen	ging	ist gegangen
geschehen	geschah	ist geschehen
gewinnen	gewann	hat gewonnen
haben	hatte	hat gehabt
halten	hielt	hat gehalten
hängen	hing	hat gehangen
heißen	hieß	hat geheißen
helfen	half	hat geholfen
kennen	kannte	hat gekannt
kommen	kam	ist gekommen
können	konnte	hat gekonnt/hat … können★
lassen	ließ	hat gelassen
laufen	lief	ist gelaufen
leiden	litt	hat gelitten
lesen	las	hat gelesen
liegen	lag	hat gelegen
lügen	log	hat gelogen
mögen	mochte	hat gemocht
müssen	musste	hat gemusst/hat … müssen★
nehmen	nahm	hat genommen
nennen	nannte	hat genannt
raten	riet	hat geraten
riechen	roch	hat gerochen
rufen	rief	hat gerufen
scheinen	schien	hat geschienen

schieben	schob	hat geschoben
schlafen	schlief	hat geschlafen
schlagen	schlug	hat geschlagen
schließen	schloss	hat geschlossen
schneiden	schnitt	hat geschnitten
schreiben	schrieb	hat geschrieben
schreien	schrie	hat geschrien
schwimmen	schwamm	ist geschwommen
sehen	sah	hat gesehen
sein	war	ist gewesen
singen	sang	hat gesungen
sitzen	saß	hat gesessen
sollen	soll	hat gesollt/hat ... sollen★
sprechen	sprach	hat gesprochen
springen	sprang	ist gesprungen
stehen	stand	hat gestanden
steigen	stieg	ist gestiegen
sterben	starb	ist gestorben
streiten	stritt	hat gestritten
tragen	trug	hat getragen
treffen	traf	hat getroffen
treten	trat	ist/hat getreten
trinken	trank	hat getrunken
tun	tat	hat getan
überweisen	überwies	hat überwiesen
umziehen (sich)	zog sich um	hat sich umgezogen
umziehen	zog um	ist umgezogen
unterhalten (sich)	unterhielt	hat unterhalten
unternehmen	unternahm	hat unternommen
unterscheiden	unterschied	hat unterschieden
verbinden	verband	hat verbunden
verbringen	verbrachte	hat verbracht
vergessen	vergaß	hat vergessen
vergleichen	verglich	hat verglichen
verlassen	verließ	hat verlassen
verlieren	verlor	hat verloren
versprechen	versprach	hat versprochen
verstehen	verstand	hat verstanden
vertreten	vertrat	hat vertreten
wachsen	wuchs	ist gewachsen
waschen	wusch	hat gewaschen
werden	wurde	ist geworden
werfen	warf	hat geworfen
wissen	wusste	hat gewusst
wollen	wollte	hat gewollt/hat ... wollen★
ziehen	zog	hat gezogen

★ Er hat es nicht gedurft/gekonnt/gemusst/gesollt/gewollt.
Er hat nicht sprechen dürfen/können/müssen/sollen/wollen.

Adjektiv	adjective	Ordnungszahl	ordinal number
Akkusativ	accusative	Orthographie	spelling
Akkusativergänzung	accusative object/supplement	Ortsergänzung	adverbial of place
Aktiv	active	Partizip I	participle I, present participle
Artikel	article	Partizip II	participle II, past participle
Ausrufezeichen	exclamation mark	Passiv	passive
Aussage	statement	Perfekt	perfect
Aussprache	pronunciation	Personalpronomen	personal pronoun
bestimmter Artikel	definite article	Plural	plural
betont	stressed	Plusquamperfekt	past perfect
Dativ	dative	Possessivartikel	possessive article
Dativergänzung	dative object/supplement	Präfix	prefix
direkte Frage	direct question	Präposition	preposition
direkte Rede	direct speech	Präsens	present
Doppelpunkt	colon	Präteritum	past
Ergänzung	supplement, complement, object, complementing element, adverbial	Pronomen	pronoun
		Punkt	full stop
		Redeeinleitung	introduction to indirect speech, reporting verb
Ergänzung mit Präposition	prepositional object/supplement		
fakultative Ergänzung	optional complement(ation)/ complementing element	Redewiedergabe	reported speech
		reflexive Verben	reflexive verbs
Frage	question	Reflexivpronomen	reflexive pronoun
Fragewort	question word	regelmäßige Verben	regular verbs
Fragezeichen	question mark	Relativpronomen	relative pronoun
Futur	future	Relativsatz	relative clause
Gegenwart	present	rhythmisches Sprechen	rhythmic speaking
Genitiv	genitive	Satz	sentence
Gleichzeitigkeit	simultaneity	Satzakzent	sentence stress
Grundform	base/basic form	Satzfrage	yes/no-question
Hauptsatz	main clause	Satzklammer	verbal bracket
Imperativ	imperative	Satzmelodie	sentence melody/intonation
indirekte Frage	indirect question	Satzteil	part of the sentence
indirekte Rede	indirect speech	Satzverbindung	sentence link
Infinitiv	infinitive	Semikolon	semi-colon
Infinitiv mit zu	infinitive with *zu*	Singular	singular
Infinitiv ohne zu	infinitive without *zu*	stimmhaft	voiced
Intonation	intonation	stimmlos	voiceless
Kardinalzahlen	cardinal numbers	Subjekt	subject
Knacklaut	glottal stop	Suffix	suffix
Komma	comma	Superlativ	superlative
Komparativ	comparative	temporale Konjunktionen	temporal conjunctions
Kompositum	compound (noun)	trennbare Verben	separable verbs
Konjunktion	conjunction	Umlaut	umlaut
Konjunktiv I	subjunctive I	unbestimmter Artikel	indefinite article
Konjunktiv II	subjunctive II	unbetont	unstressed
Konsonant	consonant	unregelmäßige Verben	irregular verbs
Konsonantenverbindung	consonant combination/cluster	Verb	verb
Mittelfeld	central part	Vergangenheit	past
Modalverb	modal verb	Vergleich	comparison
Nachfeld	end-position	Verneinung	negation, negative
n-Deklination	n-declination	Vokal	vowel
Nebensatz	sub-clause, subordinate clause	Vorfeld	initial position
Negation	negation	Wortakzent	word stress
Nomen	noun	Wortart	part of speech
Nomengruppe	noun phrase	Wortbildung	word formation
Nominativ	nominative	Wortfrage	wh-question, question with interrogative pronoun
Nominativergänzung	nominative supplement		
Nullartikel -	zero article	Zahl	number
obligatorische Ergänzung	compulsory complement(ation)/ complementing element	Zukunft	future

I Das Gespräch

2a **A**2, **B**1

9 1C, 2B, 3A

10 Hey, you.
Excuse me.
Excuse me.
Hey, you.
Excuse me.
What's your name?
What's your name?
What's your name?
What's your name?
My name is …
My name is …

12 Entschuldigung. ↘ Wie heißt du? ↘
Ich heiße Inga. ↘ Und du? ↗
Entschuldige. ↗
Ja, bitte? ↗
Wie heißt du? ↘
Martin. ↘ Und du? ↗

2 Dualismus

2 → Glossar

4a, b Tag (noun): Himmel, Hölle, Meer, Strand, Ebbe, Flut, Nacht, Liebe, Tod, Krieg, Frieden, Gott, Teufel, Hass, Vergebung, Kompromiss, Mensch – heißen (verb): stehen, liegen, dienen, beherrschen – der (article) – und (conjunction) – unten (adverb): oben, links, rechts

7b die Sonne, der Himmel, der Mond, die Wolken, die Sterne, die Erde

8 steht, ist, scheint, nehmen, macht, ist, scheint, schimmern, blinken, ist

9 liegen, dienen, Krieg, Frieden, Meer, stehen, Tag, Name, oben, Tod, gut, Flut
links, bitte, Ebbe, rechts, Mensch, Nacht, Hass, Strand, Gott, unten

10 links, rechts, schlecht, Nacht, Strand
Himmel, Hölle, Ebbe, Gott, Hass, bitte, beherrschen
oben, Flut, Tag, Tod, Monat, Telefon, Name, Straße, gut, du
liegen, stehen, dienen, Liebe, Krieg, Frieden, wie, Sie, vergehen, Jahr

11 1 tschechisch 2 1592 3 Theologe, Pädagoge, Bischof 4 Orbis sensualium pictus, Didactica magna 5 (Jan Amos) Komenský

14b Die Sonne ist oben. Die Erde ist in der Mitte. Der Mond ist rechts.
Die Sterne sind unten. Die Wolken sind in der Mitte.

3 Zu Hause sein

3 → Glossar

5 → 6

6 1st syllable: Taxi, Telefon, Zentrum, Fotoapparat, international
2nd/3rd syllable: Museum, Politiker, Maschine, Psychologe
last syllable: Musik, Musikant, Telefon, Information, Literatur, Problem, Hotel, Diskussion, Ingenieur, Konzert, Politik, Apparat, Biographie, Melodie, Optimist, international

7 In love and thanks, Funeral service, Church (of), Burial, forest cemetry – Contents, Introduction

8 Deutschland; die Schweiz; Österreich; Frankreich, französisch; die Türkei, türkisch; Italien, italienisch, Italienerin; Großbritannien, Schweden, schwedisch

10 1 heißt; Ich heiße Semra. 2 kommst; Ich komme aus der Türkei. 3 sprichst; Ich spreche Deutsch und Türkisch. 4 wohnst/lebst; Ich wohne/lebe in Wien.

11 1 Wie 2 Wo 3 Woher 4 lebt 5 heiße 6 wohnst 7 Ich 8 du 9 Sie

12 ich bin, Sie sind; ich heiße, du heißt, Sie heißen; ich komme, du kommst, Sie kommen; ich spreche, du sprichst, Sie sprechen

14a examples: statement: Semra lebt in Wien. question with interrogative pronoun: Wie heißen Sie? yes/no-question: Sind Sie Französe?

14b statement, question with interrogative pronoun: second position; yes/no-question: first position

15 1a Wie heißt du? b Wie heißen Sie? 2a Wo wohnst du? b Wo wohnen Sie? 3a Welche Sprache(n) sprichst du? b Welche Sprache(n) sprechen Sie? 4a Woher kommst du? b Woher kommen Sie?

16 1 Sind Sie aus Schweden? 2 Wohnen Sie in Stockholm? 3 Bist du Italienerin? 4 Sprechen Sie auch Englisch? 5 Lebst du in Hamburg? 6 Sprichst du Deutsch?

17 Wie heißen Sie? ↘ Ich heiße Andreas. ↘ Sind Sie Deutscher? ↗ Nein, ich bin Schweizer. ↘ Wo wohnen Sie? ↘ In Basel. ↘ Und wie heißen Sie? ↗

4 Farben hören – Töne schmecken

2a laut ≠ leise; tief ≠ hoch; hart ≠ weich; gut ≠ schlecht; kalt ≠ warm, heiß ≠ salzig ≠ süß

4 **A** Formen/Farben – schmecken; **B** (Vokale) hören – Farben; **D** (Töne) hören – Formen / Farben

5 1D, 2B, 3A, 4C

8 Synästhetiker sehen mehr als andere. Sie haben einen 6. Sinn. Z. B. hören sie Töne nicht nur, sie sehen sie auch, sie assoziieren sie mit Farben und Formen.

9 Mario … Er hört …, er riecht sie auch. …. …, riecht er/der Italiener…
Sie kommt … Wenn sie/die Tschechin …

10 → Grammatik, A1 Präsens

11 1 sprechen 2 sehen 3 essen, denken

12 1 haben, sehen 2 schmeckt 3 isst, sieht 4 assoziiert 5 hat 6 hört, sieht 7 rieche 8 Hörst/Hören 9 Assoziierst/Assoziieren 10 esse, denke 11 Bist/Sind 12 Hast/Haben

13 lang: a: 1, 4 – e: 2, 3, 4 – i: 4 – o: 1, 2 – u: 2, 3
kurz: a: 2, 3 – e: 1, 3 – i: 1, 2, 3 – o: 3, 4 – u: 1, 3

14 1 Die Blume riecht gut. 2 Oh, das schmeckt bitter. 3 Er hört Musik und sieht Formen. 4 Jeder Tag hat eine spezielle Farbe. 5 Name, Vorname, Telefonnummer, Straße – warum fragen Sie?

17a **der:** Apparat, Gott, Film, Himmel, Ingenieur, Kopf, Krieg, Mensch, Tag, Tod
das: Gespräch, Kino, Konzert, Meer, Radio, Restaurant

die: Blume, Erde, Farbe, Form, Konferenz, Liebe, Luft, Maschine, Musik, Nacht, Natur, Qualität, Sprache

5 Zeit

1 1A, 2F, 3B, 4C, 5G, 6E, 7D

2 noun + noun: die Arbeit + die Zeit = die Arbeitszeit; der Unterricht + die Zeit = die Unterrichtszeit; der Urlaub + die Zeit = die Urlaubszeit; das Jahr + die Zeit = die Jahreszeit; die Uhr + die Zeit = die Uhrzeit; die Jugend + die Zeit = die Jugendzeit; die Schule + die Zeit = die Schulzeit; die Welt + der Rekord + die Zeit = die Weltrekordzeit

3a Freizeit, Urlaubszeit, Uhrzeit, Tageszeit, Jahreszeit, Weltrekordzeit

3b The root word determines the article. The stress is on the modifier.

4 die Fremdsprache, die Weltsprache, die Muttersprache, die Computersprache
das Heimatland, Deutschland, das Vaterland, das Ausland

7a fünfzehn, fünfzig, sieben, siebzehn, siebzig, zwanzig, sechsundzwanzig, dreißig, dreiunddreißig, sechzig, sechsundsechzig, hundert, einhundert, zweihundert

7c 1 6, 16, 2, 7 – 2 19, 70, 13 – 3 23, 15, 57 – 4 80, 41, 83

8 1 zwei, vier 2 zehn, elf, zwölf 3 sieben, neun 4 drei, fünf

9 49 65, 39 62, 5 32 23, 28 37 55, 32 41 66, 0 76 33 – 8 17 29

10 2:30 = halb drei / zwei Uhr dreißig; 4:45 = Viertel vor fünf; 6:10 = achtzehn Uhr zehn; 7:40 = zwanzig vor acht / sieben Uhr vierzig / neunzehn Uhr vierzig

11 (8) 8:30; (6) 3:30; (1) 11:00; (10) 14:15; (4) 9:45
(2) 2:40; (9) 7:55; (5) 10:15; (7) 4:15; (3) 5:10

13 1 Um wie viel Uhr / Wann beginnt der Unterricht? 2 Wie spät / Wie viel Uhr ist es? 3 Von wann bis wann ist der Workshop? 4 Wie lange bleibt ihr / bleiben Sie? 5 Wann / Um wie viel Uhr kommst du / kommen Sie? 6 Wie lange dauert eine Unterrichtsstunde? 7 Wann / Um wie viel Uhr? 8 Wie spät / Wie viel Uhr ist es?

14b pack all one's bits and pieces, be in the seventh heaven, the seven-year itch

6 Irrtümer

1b 2c, 3e, 4i, 5g, 6k, 7j, 8b, 9l, 10a, 11f, 12d

3 **indefinite article:** ein Monster, ein schlechter Schüler
definite article: die Zähne
zero article (no article): Religion, Chinesen, Einstein, England, Fast Food, Alkohol, Diät, Kanada, Europa, Mozart, Schokolade, Kolonien, Opium, Haut, Italien, Deutschland

4 2 Er heißt Comenius. 3 Das ist die Sonne. 4 Das ist eine Tasse Tee. 5 Das ist ein Mensch. 6 Das ist Italien. 7 Das ist der Mond. 8 Das sind Blumen. 9 Das ist Kaffee. 10 Das ist der/ein Schulbus. 11 Das ist ein Verb. 12 Das ist ein Nomen.

5 (1) Ein (2) Ein (3) Der (4) eine (5) der (6) die (7) der (8) die (9) – (10) – (11) – (12) der

6 Listen to the dialogue.
How do you spell/write the word?
Spell the word.
Read the text.
Mark the stress.
Fill in/Supply/Complete the verb forms.
Repeat the sentence.
Make a list.
Write a dialogue.

8 The verb *sein* has a nominative supplement. The verbs *hören, schreiben, verstehen, haben* have an accusative supplement.

9 Examples: Andreas liest den Text. Wir lernen eine Fremdsprache. Ich lese den Dialog. Du schreibst einen Satz. Er ist Italiener. Ich trinke Kaffee. Verstehst du die Grammatik? Sie wiederholt den Satz.

12b Wie schreibt man das? – Schnell, bitte! – der Schüler – sie stehen – die Stunde – schlecht – die Straße – Sprechen Sie bitte langsam! – Ich verstehe das nicht. – Entschuldigung!

13 **1** s, sch **2** Sch, sch, Sch **3** st, S, s **4** s **5** s **6** s

14 **voiceless:** 2, 5, 7, 9, 11, 12, ; **voiced:** 1, 3, 4, 6, 8, 10, 13, 14

7 Ich hab's geschafft!

1 2

2 Meine Sekretärin! f; Mein Büro! n; Mein Schreibtisch! m; Mein Ledersessel! m; Mein Telefon! n; Mein Chef. m

3 → Grammatik, B1 Der Possessivartikel

4a,b Unser Sonderangebot: n, Sg, N; Unsere Preise: m, Pl, N; Ihre Chance: f, Sg, N; Ihren Urlaub: m, Sg, A; ihr weltberühmtes Lächeln: n, Sg, N; dein 18. Geburtstag: m, Sg, N; deine Franziska: f, Sg, N; Meine / seine Sekretärin: f, Sg, N

5a mein/sein/ihr/unser Buch; deine/meine/seine/ihre/unsere Zeitung; dein/mein/sein/ihr/unser Fotoapparat/Auto/Heft/Kugelschreiber; deine/meine/seine/ihre/unsere Tasche

5b deine/meine/seine/ihre/unsere Bücher/Zeitungen/Handschuhe

6 deine Brille, deinen Schlüssel, deinen Ausweis, deinen Schirm, deinen Geldbeutel, deine Handschuhe

8 Guten Tag!

1b **A**4, **B**6, **C**2, **D**5, **E**3, **F**1

4 Sie (line 6) → Die Leute von der Nachtschicht; Seine (line 9) → Der Lehrer; seine (line 10) → Der Lehrer; seine (line 11) → Der Dichter; seinem (line 12) → Der Dichter

5a stehen, macht, dürfen, geh'n, müssen, seh'n, steigt, denkt, hat ... zu, bügelt, deckt ... zu, spricht, gibt, mag

6b aufstehen – steht ... auf; frühstücken – frühstückt; lesen – liest; fahren – fährt; anfangen – fängt ... an; vorbereiten – bereitet ... vor; ausgehen – geht ... aus; treffen – trifft

7 **1** den Laden **2** deckt die Schreibmaschine zu **3** steht gern früh auf **4** fängt um Viertel vor acht an **5** bereitet den Unterricht vor **6** geht er manchmal aus

8 machen, aufmachen, zumachen, stehen, aufstehen, gehen, ausgehen, vorbereiten, vergessen, verstehen, zudecken, erklären, anfangen, besuchen, ergänzen

9a **2** drei Kunden. **3** Der Direktor ... einen Dauerlauf, **4** vier kurze Runden. **5** Der Lehrer **7** Seine Frau ... den Koffer **8** seine Hosen.

9b **4** er macht **6** er **8** sie

9c → Grammatik, B2 Sätze verbinden

10 **1** Der Lehrer denkt an Karl den Großen, (er denkt) nicht an seine Frau. / Der Lehrer denkt an Karl den Großen, aber (er denkt) nicht an seine Frau.
2 Ich komme um 14:00 Uhr und (ich) bleibe eine Stunde.
3 Jean ist Schweizer, er spricht Französisch und Deutsch aber/und (er spricht) auch Englisch und Italienisch.
4 Wir machen einen Dauerlauf, aber (wir machen) nur zwei Runden.

14 früh, Um halb acht, um Viertel vor acht, Mittags, dann, Abends, manchmal, dann, Zwischen 11 und 12 Uhr

17a Montag 1, Dienstag 2, Mittwoch 3, Donnerstag 4, Freitag 5, Samstag 6, Sonntag 7

9 Maloche

2 Maloche

3 **Lehrer:** Das heißt Arbeit: Mein Vater geht arbeiten. Das kann man tun, ist aber nicht schön. In gutem Deutsch heißt das: arbeiten!
Sohn: Maloche ist nicht schön. Das muss Arbeit heißen. Das ist kein gutes Deutsch

6 Da ist man nun den ganzen Tag hart auf der Arbeit und dann muss man noch aufs Essen warten!

7 3

8 nicht: Maloche ist nicht schön. – kein: Das ist kein gutes Deutsch.

9 **1** Mozart war kein armer Schlucker. **2** Das ist kein gutes Buch. **3** Sie ist keine Lehrerin. **4** Inge schreibt keinen Brief. **5** Paul hat keine Uhr. **6** Doris bügelt keine Hosen.

10 keinen Satz; kein Monster; keine Liste; keine Sätze/Monster/Listen

11 **2** keine **3** nicht **4** nicht **5** keinen **6** nicht **7** keinen **8** kein **9** nicht **10** keine **11** kein

12a,b Und morgens geht mein Vater auf die Maloche.
Maloche? Warum sagst du Maloche? Das heißt nicht Maloche. Das heißt Arbeit!
Maloche ist nicht schön. Das muss Arbeit heißen.
Mein Vater sagt immer Maloche.
Das ist kein gutes Deutsch. In gutem Deutsch heißt das Arbeit.
Mein Vater sagt aber immer Maloche.

13 **1** kann **2** muss **3** kann

14 er/sie/es/man muss, kann; sie müssen, können

15 **1** kann **2** muss **3** kann **4** muss **5** muss **6** können

17b left-hand side, from top to bottom: 2, 3, 9, 1, 4; right-hand side, from top to bottom: 5, 6, 7, 8

10 Heute hier, morgen dort

2a → Glossar

2b **time:** heute, morgen, niemals, nun, gestern, manchmal; **place:** hier, da, dort

5 → Glossar

6 **present:** muss, träume, denk´, vergeht, ist ... klar, bleibt; **past:** hab´ ... gewählt, gezählt, gefragt

8 ... selbst so gewählt. ... die Jahre gezählt.

9 arbeiten 3, diskutieren 2, einkaufen 1, erklären 4, ausgehen 1, verstehen 4

10 **2** haben – gesprochen **3** haben – getrunken **4** haben – gewartet **5** haben – geschrieben **6** haben – gehört **7** haben – begonnen **8** haben – verstanden **9** sein – aufgestanden **10** sein – gewesen **11** machen – haben **12** essen – haben **13** anfangen – haben **14** treffen – haben **15** sagen – haben **16** lesen – haben **17** sehen – haben **18** ausgehen – sein

11 1C, 2B, 3A

12 I can't. – I'm not allowed to. – I don't want to any more.

15a **B** (nicht) können **C** dürfen **D** nicht dürfen **E** können, dürfen **F** müssen **G** (nicht) wollen **I** mögen

15c **A** A, **B** D, **C** G

15d Ich mag nicht mehr.

16 → Grammatik, A2 Modalverben: Präsens

17 **1** muss **2** Kann/Darf **3** mag/kann; will/muss; willst **4** Mögen **5** kann **6** Können/Dürfen **7** kann

11 Kunkels Dias

1 → Glossar

4 **1** I, IV – **2** II, IV – **3** III – **4** II, III, IV – **5** I

5 **geographical terms:** Mallorca, Menorca, Capri, Rom, Athen, Nizza, Ibiza
relatives: Onkel, Tanten, Verwandten, Gattin, Schwägerin
first names: Mathias, Mathilde, Hilde
food: Pizza
photography: Dias, Agfacolor

6 Herr Kunkel / Er macht dunkel.
Herr Kunkel / Er war auf Capri / in Athen.
Herr Kunkel / Er bittet um Ruhe.
Herr Kunkel / Er hat Beweise in Agfacolor / dreitausend Dias.

7b, c Mal speisen sie Pizza →
in Nizza, Ibiza, / →
mal sind sie zu Wasser, →
mal sind sie zu Land, / →
und alle Bekannten →
und alle Verwandten, / →
die rufen ganz neidisch: / →
Hochinteressant! ↘

9 husband – wife – couple
son – daughter – children
boy – girl
brother – sister – brothers and sisters
father – mother – parents
father-in-law – mother-in-law – parents-in-law
grandfather – grandmother – grandparents
grandson – granddaughter – grandchildren
nephew – niece
(male) cousin – (female) cousin
married – single – divorced

11 **past:** war; **present:** hat, sollen, ist, macht, bittet, legt … los, sieht, speisen, sind, rufen

12 er/sie/es/man war, wir waren, Sie waren, sie waren; er/sie/es/man hatte

13 (1) waren (2) hatten (3) habe …gemacht. (4) sind … gekommen. (5) sind … geblieben (6) haben … gesehen (7) haben … gerufen (8) war

14 ➜ Grammatik, A2 Modalverben: Präsens

15 **2** Sie soll um 7 Uhr aufstehen. **3** Er soll nicht so viel trinken. **4** Du sollst nicht so viel arbeiten. **5** Ihr sollt schwimmen gehen. **6** Er soll „Arbeit" sagen. **7** Ihr sollt zu Hause bleiben und lernen. **8** Sie sollen einen Sprachkurs machen. **9** Dann sollst du fragen.

12 Ein Farbiger

1b der/die Farbige: coloured person, der/die Weiße: white (person), der/die Schwarze: black (person), farbig: coloured, bunt: (brightly/different) coloured

4a ich = ein Farbiger/ein Schwarzer, du = ein Weißer

4b ein Farbiger

6 Examples: Ich bin schwarz, wenn ich zur Welt komme. Aber du! Du bist rosa, wenn du zur Welt kommst.

7a **1** kannst du mich immer fragen. **2** machen wir einen Ausflug. **3** kommen alle Verwandten. **4** ist das kein gutes Deutsch. **5** mache ich einen Mittagsschlaf.

11 der/ein Arbeiter, der/ein Sprecher, der/ein Spieler, der/ein Anfänger, der/ein Österreicher, der/ein Spanier

13 Der Brief

1 **1** kein Mensch – kein Tier **2** ein Stück Papier **3** Es kommt – es spricht – Es bringt … den Bericht: …

4 Nominativ: ich, es; Akkusativ: mich; Dativ: dir

5a Es N, mir D, es N, dir D, Es N, es N, Es N, es N, Es N, mir D, dir D, Ich N, dich A, mich A

5b After *von* and *zu*: the dative. After *lieb haben, vergessen*: the accusative.

6 ihm: a male person; ihr: a female person; dir: the person being spoken to; mir: the person talking.

7 **1** sie, ihn, ihr, ihm **2** mir, ihn **3** dir/Ihnen, mir **4** mir, es **5** dir/Ihnen, es

8 Ich frage dich, du fragst mich, ich antworte dir, du antwortest mir. Du hilfst mir, ich helfe dir, sie hilft ihm, er hilft ihr. Wer hilft uns?

10 2, 3–5, 6–11, 12–16

12 ein Buch, einem Verlag; das Thema, dem Verlag; das Buch, einem Verlag; dem, einer Freundin

13 Singular: dem/einem Verlag, einer Freundin

14a,b diese Briefe deiner Freundin 5; ihr die Briefe 2; Diese Briefe … ihr 4; Inge … es ihr 3 ; Meiner Freundin … einen Brief 4

15a **1** ihn … den Brief … ihm **2** meinem Bruder … mein ganzes Geld … dein ganzes Geld … ihm **3** meinem Kollegen … Ihr Problem **4** mir … welche … deinem Bruder … alle Fotos … mir … sie

15b **1** Ich schreibe meinem Freund Hannes einen Brief. **2** Ich habe mein ganzes Geld meinem Bruder gegeben. Was? Dein ganzes Geld hast du ihm gegeben? **3** Können Sie Ihr Problem meinem Kollegen erklären? **4** Kannst du mir welche geben? Ich habe alle Fotos deinem Bruder geschickt. Gut, dann soll er sie mir bringen.

16 private salutations: Lieber Klaus, Liebe Margret, Lieber Herr …, Liebe Frau …, private complimentary closes: Alles Gute, Liebe Grüße, Viele Grüße, Herzliche Grüße, Mit herzlichen Grüßen, Herzlichst Ihr/Ihre/dein/deine
official salutations: Sehr geehrter Herr …, Sehr geehrte Frau …, Sehr geehrte Damen und Herren
official complimentary closes: Mit freundlichen Grüßen, Mit freundlichem Gruß

18a Steh auf! Zieh dich an!

18b ihr-Form: the personal pronoun is omitted. wir-Form/Sie-Form: = question form

19a **2** Bleiben Sie hier! ↘
3 Machen Sie schnell? ↗
4 Machen Sie schnell! ↘
5 Gehen wir! ↘
6 Gehen wir? ↗

19b **1** Kommen Sie zu mir!
2 Sprechen wir Deutsch!
3 Arbeiten wir jetzt!
4 Sprechen Sie mit mir?
5 Essen Sie noch etwas?
6 Träumen Sie gut!

20 **1** Sei, Seid, Seien Sie **2** Ruf … an, Ruft … an, Rufen Sie … an **3** Sprich, Sprecht, Sprechen Sie **4** Schreib, Schreibt

14 Weibsbilder

4a ➜ Glossar

5 **1** Vokabeln lernen **2** Tennis spielen, fernsehen, Musik hören, ins Schwimmbad (gehen) **3** Sie will nicht Vokabeln pauken.

6 **2** gehen **3** gehen **4** machen

7a annoyance: Du weißt doch, dass ich heute ins Kino will!! – Du willst ins Kino, du willst Tennis spielen, dich mit deinen Freundinnen treffen, fernsehen, Musik hören, ins Schwimmbad – nur nicht Vokabeln pauken!
reproach: Ja, ich weiß, du willst immer alles, aber zuerst kommt die Pflicht. – Du musst noch Vokabeln lernen!
arrogance: Wieso will ich immer alles? – Da siehst du's: Ich will doch nicht immer alles! Du immer mit deinen Übertreibungen!!

9a **2** Du weißt doch, dass ich gern fotografiere. **3** Du siehst doch, dass ich arbeite. **4** Du hast doch gehört, dass er nicht will. **5** Du weißt doch sehr gut, dass ich Diät mache.

10 Sie hat keine Zeit. Sie hat doch keine Zeit. Das Buch gefällt mir. Das Buch gefällt mir doch.

11 **1** Ich habe es doch nicht gemacht. **2** Wir waren doch nicht in Berlin. **3** Es regnet heute doch nicht. **4** Maria hat heute doch nicht Geburtstag. **5** Sie kommt doch nicht. **6** Ich trinke doch keinen Kaffee.

12 ich weiß, du weißt, Sie wissen, sie wissen

13 **1** Sie wissen, dass ich krank bin. **2** Du weißt, dass sie sehr intelligent ist. **3** Du weißt, dass wir kein Geld haben. **4** Ich weiß, dass ich nichts weiß.

14a **2** fernsehen will. **3** weißt doch, dass ich nicht dick werden will. **4** Du weißt doch, dass sie nicht zu Hause ist. **5** Du weißt doch, dass ich mich zuerst anziehen will. **6** wissen doch, dass ich viel Arbeit habe. **7** Sie wissen doch, dass er in Italien ist. **8** Sie wissen doch, dass ich keine Dias mag.

15 **2** Sie hat gesagt, sie will ins Schwimmbad gehen. **3** Ich sehe, Sie haben viel Arbeit. **4** Er findet, sie hat wenig Zeit für ihn. **5** Ich habe gewusst, sie wollen einen Ausflug machen. **6** Ich habe gedacht, ich kann sie besuchen.

17b 2C, 3B, 4D, 5D, 6B, 7D, 8B, 9A, 10C

18 Schule 4, Lernen zu Hause 5, Freunde 6, Hund 3, Mutter 2, Wohnung 1

20a Ich wohne in einer Wohnung … Es ist eigentlich so eine …

20b es passt – sie ist groß genug
das ist ganz o.k. – das finde ich gut
das ist ganz praktisch – das ist schön / das gefällt mir / das finde ich gut

20c For example: Ich lebe ziemlich nah am Zentrum, das ist ganz praktisch, weil ich mit meinem Hund immer mit dem Radl in den Englischen Garten oder sonst wohin fahren kann. Das ist ganz praktisch, dass ich eigentlich kein Auto mehr brauche.
Ich lebe ziemlich nah am Zentrum, das ist ganz praktisch: Mit meinem Hund kann ich immer mit dem Radl in den Englischen Garten oder sonst wohin fahren und das ist ganz praktisch. Eigentlich brauche ich kein Auto mehr.

22 **2** Ich habe eigentlich Urlaub. **3** Ich habe eigentlich keine Zeit. **4** Ja, eigentlich schon. / Eigentlich ja.

15 Stehkneipe

2 **1** 15, **2** 9, **3** 17, **4** 12,13

3 ➜ Glossar

4 Na, seit ungefähr, sagen wir, fünf Minuten vor sechs. / so ungefähr bis Feierabend. / Weil ich Durst habe. / Aus keinem anderen Grund? / Fuffzig / Verheiratet? / Nie. / Warum? / Die Nase voll.

5a Wie lange sitzen Sie schon hier? Warum sitzen Sie hier? Wie alt sind Sie? Verheiratet?

5b Ich sitze hier seit ungefähr fünf Minuten vor sechs. Ich sitze hier, weil ich Durst habe. Ich bin fünfzig (Jahre alt). Ich war nie verheiratet.

7a **1** Wie lange sitzen Sie schon hier? (neutral question) **2** Wie lange werden Sie noch hier sitzen? (The speaker is interested in the duration.) **3** Warum sitzen Sie hier? (The speaker is particularly interested in the reason.) **4** Wie alt sind Sie? (neutral question)

8a **1** Wie lange sitzen Sie schon hier? (Speaker is surprised at the place.) **2** Wie lange werden Sie noch hier sitzen? (Speaker may have been sitting here some time and asks another person a question out of interest.) **3** Warum sitzen Sie hier? (➔ **1**) **4** Wie alt sind Sie? (Speaker has been asked how old he is and asks back. / Speaker has already asked one person and asks a second person the same question.)

9 Weil ich Durst habe.

10 **1c** Er trinkt Bier, weil er Durst hat. **2b** Er sitzt in der Kneipe, weil er seinen freien Tag hat. **3d** Er trinkt nicht zu Hause, weil ihm das Bier nur in Gesellschaft schmeckt. **4a** Er war nie verheiratet, weil er die Nase voll hat.

11a **1** examples: Weil sie krank ist. **2** Weil er viel arbeiten muss. **3** Weil er noch etwas vorbereiten muss. **4** Weil er noch fernsehen will.

13b das Jah(r), Buchstabe(r), die Uh(r)zeit, die Literatu(r), das Bie(r), nu(r), mi(r), meh(r)

15 **1** e, f, g, h, j – **2** g, j – **3** a, c, f, h, i – **4** a, c, i – **5** d

16 **1** e – **2** d – **3** a, b, c, e, f, g – **4** a, b, c, e, g – **5** a, b, g – **6** a, b – **7** a, b, e

16 Herz verloren

2 **A** Mein Herz gehört meinem Freund **B** Na ja, vielleicht einmal. In jungen Jahren **D** Ich würde mein Herz nie mehr verschenken.

4a **A** **1** Mein Herz gehört meinem Freund. **2** Ich bin mit Mahmut jetzt ein Jahr zusammen. …
B **1** Sein Herz verschenken? Völliger Blödsinn! **2** Na ja, vielleicht einmal. In jungen Jahren, …
C **1** Ich hab mein Herz noch nie verloren. **2** Er hat mir in der Fleischerei immer mit den schweren Kisten geholfen. …
D **1** Ich würde mein Herz nie mehr verschenken, ich würde es nur noch verborgen! **2** Er ist weg, weil er noch ein Kind wollte, …

5 **Infinitiv:** heiraten, verschenken, (würde) verschenken[1], (würde) verborgen[1]
Präsens: gehört, bin, gefällt, will, geht, freut sich, ist
Präteritum: hatte, sah … aus[2], war, wollte[2]
Perfekt: haben … verloren, hab' … verloren, hat … geholfen, hat … gesagt, gegangen ist, hat … wehgetan, bin … geworden
[1] subjunctive form ➔ S. 130 (würd- + infinitive)
[2] ➔ S. 122, past of irregular and modal verbs
hatte … vorgestellt: past perfect form ➔ S. 234

6 **1** hat … geschrieben, bekommen **2** hat … geholfen **3** hat … gefallen **4** hat … gesagt, ist … gegangen **5** hat … wehgetan **5** hat … verloren **6** sind … gefahren

7a 1h, 2a, 3f, 4i, 5b, 6c, 7d, 8g, 9e

8 **2** mir **3** mir **4** ihm **5** mir

9 **1** ihrer Tochter **2** ihm **3** dem Lehrer, seiner Frau **4** uns **5** den Bekannten und Verwandten **6** Ihnen **7** ihr/ihnen

10 **2** meinem, ihn **3** ihrem, ihn **4** seiner, ihm **5** seine, ihr, ihr **6** meiner, mir **7** seine, ihnen **8** den, uns

11a **2** Du … dich **3** Wir … uns **4** ihr euch **5** Sie sich **6** Sie … sich

11b dich, sich, uns, euch, sich, sich

12a (1) treffe … mich (2) uns … kennen gelernt (3) uns … unterhalten (4) uns … verstanden (5) sehen … uns (6) mich rasieren, mich umziehen (7) freue mich (8) mich beeilen

12b Unterhalten wir uns; Wir mögen uns; ich frage mich, ob …; mich beeilen

17 Hallo! Hallo!

2a süße, kleine, nette, junge, liebe, hübsche, schön, klug, lieb, süße, kleine, nette, nicht kokette, junge, liebe, hübsche, kleine

2b **Appearance:** klein, hübsch, schön, süß; **Age:** jung; **Character:** nett, lieb, nicht kokett; **Intelligence:** klug

3 **in the text:** süße, hübsche, wär, hätte, schön
further examples:
ä: Gespräch, Qualität, Naionalität, Präsens, Sätze, erklären, Präteritum, spät, täglich, Bäckerei, Zähne, Sekretärin, Lächeln, schläft, führt, wählen, zählen, hässlich, Rätsel, regelmäßig, Schwägerin, Mädchen, ähnlich, erzählen, ungefähr, Präteritum
ö: schön, Auf Wiederhören, Wörter, französisch, Österreich, hören, Töne, zwölf, öffnen, Brötchen, blöd, mögen, können, ich möchte, gehören
ü: Grüße, natürlich, Tschüs, Übung, Türkei, fühlen, übermorgen, grün, für, Zürich, Schüler, dünn, Büro, berühmt, Bücher, Schlüssel, zurück, Stück, früh, frühstücken, dürfen, müssen, gemütlich, fünf, pünktlich, überrascht, Küche, küssen

7a Wir hören das Lied. Er hat drei Söhne und zwei Töchter. Um zwölf Uhr. So viele Wörter. Können Sie mich hören? Mögen Sie Frau Böhm? Ich komme aus Österreich.

8 **2** eine hübsche **3** Schön und klug **4** froh **5** eine junge und liebe

10 **Singular:** maskulin A klugen; neutral N klugs; neutral A klugs; feminin N kluge; feminin A kluge; **Plural:** N kluge; A kluge

11 Ich suche einen Mann, einen süßen, kleinen und netten, jungen, lieben und hübschen Mann.
Ich wär so froh, ganz toll und froh, das weiß ich ganz genau, wenn ich ihn bald hätte.
Mit Augen klar und rein und ganz dunkelblau.
Schön muss er sein, aber auch klug, lieb muss er sein, das ist genug.
Hallo! Hallo! Hallo! Hallo! Ich suche einen Mann, einen süßen, kleinen, netten, aber nicht so sehr koketten, einen jungen, lieben, hübschen, kleinen Mann.

14 wäre, hätte

15 du hättest, Sie hätten, er/sie/es/man hätte, wir hätten, ihr hättet, Sie hätten, sie hätten

16 **2** … wärst, hätten dich alle gern. **3** … hätte. **4** … wäre ich in der Kneipe. **4** … hätte, hätte ich auch Geld. **5** … wäre … hätte, hätte sie jetzt wenig Zeit. **6** … wäre, wäre … froh.

18 Es war einmal ein Mann

4 **1** Mann, Schwamm **2** Schwamm, Gass **3** Gass, Wald **4** Wald, Berlin **5** Berlin, Tirol **6** Tirol, heim **7** daheim, Bett **8** Bett, Maus, Geschichte

5 1F, 2D, 3H, 4G, 5A, 6C, 7E, 8B

7 **1** war ihm zu nass **2** war ihm zu kalt **3** war ihm zu grün **4** war ihm zu voll **5** war ihm zu klein **6** war es ihm zu nett

8 **1** zu **2** sehr **3** sehr **4** zu **5** zu **6** sehr **7** zu **8** sehr **9** zu

9 nach Tirol, auf die Gass(e), in den Wald, ins Bett

10 **1** nach Mallorca/Paris/Schweden/Hamburg; in die Schweiz; in die Türkei **2** aus Mallorca/Paris/Schweden/Hamburg; aus der Schweiz, aus der Türkei **3** nach Mallorca/Paris/Schweden/Hamburg; in die Schweiz; in die Türkei; **4** aus der Schule, aus dem Park **5** in die Schule, auf die Straße, ins Kino, in die Disko, in den Park **6** von einem Freund, von meiner Schwester **7** ins Kino, in die Disko, in den Park

11 Sie legten/warteten/gingen/liefen; ihr lieft, Sie liefen, sie liefen; du sprachst, er/sie/es/man sprach, wir sprachen, ihr spracht, Sie sprachen, sie sprachen

12 er/sie/es/man: wartete/schmeckte/legte/machte/arbeitete/besuchte; sie (Pl): warteten/schmeckten/legten/machten/arbeiteten/besuchten
er/sie/es/man: las/schrieb/rief/saß/aß/trank/schlief; sie (Pl): lasen/schrieben/riefen/saßen/aßen/tranken/schliefen

13 (1) arbeitete, (2) ging, (3) saß, (4) trank, (5) las, (6) trank, (7) schmeckte

14 war, hieß, wohnte, hatte, war, ging, auf die, lief in den, hatte, ging, nach, hatte, war, rief … an, sagte, nach, flog, nach, war, gab, flog, nach, ging, ins

15a ➔ Glossar

15b hatte – haben, war – sein, baute – bauen, fiel – fallen, lief – laufen, kaufte – kaufen, ging – gehen, nahm – nehmen

19 Simon Maier

5 **A** Sie langweilen sich nie da draußen? **B** Stehen Sie den ganzen Tag? Hören Sie … Radio, lesen Sie Bücher? Haben Sie eine Freundin? **C** Leben Sie vom Fleisch der Schafe oder von der Wolle? **D** Wie nennen Sie Ihre Schafe? Wie wird man denn Schäfer? Wo schlafen Sie? Woran denken Sie, wenn Sie …? Warum machst du das? Was geben Ihnen die Schafe? Was ist Ihr Traum vom Leben?

6a Wer? Was? Wen? Wie? Wo? Wohin? Woher? Wann? Um wie viel Uhr? Von wann bis wann? Seit wann? Wie lange? Warum? …

8 **1** ↗, **2** ↗, **3** ↘ ↗, **4** ↘ ↗, **5** ↘ ↗, **7** ↗ ↘, **8** ↗ ↘

9 **2** grün wie das Gras **3** weiß wie der Schnee **5** hoch wie ein Haus **6** schön wie ein Bild

10 größere, größer – groß, dünner – dünn, schöner – schön, wichtiger – wichtig

11a ➔ Glossar

11b den höchsten, im tiefsten, die weiteste, die höchsten, die tiefsten, die weitesten

12 alt, älter; süßer, am süßesten; dumm, am dümmsten; viel, mehr; genauer, am genauesten; gern, am liebsten; höher, am höchsten; länger, am längsten; teurer, am teuersten; bitter, bitterer; früher, am frühesten; nahe, näher; härter, am härtesten; klug, klüger; laut, am lautesten; größer, am größten

13 1 guten, besseren 2 spannend, spannenderen 3 größte, größer 4 viele, meisten 5 nah, nächsten

20 Ich & mein Bruder

4 war, kam – war, spielte – war, erzählte, las … vor – war, wollte, machen – war, wollte, solle … lernen – war, wollte, solle … spielen … sprechen – war, schenkte – war, stritten, war – war, merkte, geworden war – war, ging, wiederzukommen

5 Sie spielten/gingen/kamen; er/sie/es/man spielte/ging/kam; wir spielten/gingen/kamen; ihr spieltet/gingt/kamt; Sie/sie spielten/gingen/kamen

6 regelmäßige Verben: ich erzählte (erzählen), ich schenkte (schenken), ich merkte (merken); unregelmäßige Verben: er kam (kommen), ich las … vor (vorlesen), wir stritten (streiten), ich ging (gehen); Modalverben: ich wollte (wollen)

7 ich fuhr, wir aßen, er schrieb, sie nahm, du gabst, wir fanden, sie liefen, ich wurde, er wusste, ich brachte

8 fangen, rufen, gehen, sehen, lesen, kommen

9 1 sitzen, lesen 2 sprechen 3 beginnen 4 streiten 5 sehen 6 nehmen, fahren 7 verlieren 8 denken 9 schreiben 10 gefallen

10 1 spielte, war 2 erzählte, konnte 3 sollte 4 musste, wollte 5 durfte, konnte 6 sollte, fand 7 stritt, wollte 8 war, merkte 9 ging, musste

11 1 Wir warteten 10 Minuten, standen auf und gingen fort. 2 Ich stand auf, sah keine Sonne und ging wieder ins Bett. 3 Er sah sie, lief zu ihr und erzählte ihr alles. 4 Ich nahm die Zeitung, las ein paar Seiten und bekam Angst. 5 Sie machte den Brief auf, las ihn und lachte. 6 Er gab mir die Hand, lächelte freundlich und sagte kein Wort.

13b Als | ich | acht war. Er | ist | erwachsen. Ich schrieb | ihm Briefe. Wir sahen | uns | oft. Wie | alt sind Sie? Be | eil dich! am Wochen | ende, das | eine, das | andere

16 Sohn/Bruder mit Vater, Mutter, Schwestern

17a 1 nichts, (sau)gut 2 spielt, Band 3 kein

17b 1 sehen 2 reich, kauft 3 noch nicht

21 Und

5 1c, 2d, 3b, 4e, 5a

6 Die alte Frau hat Zeit in Hülle und Fülle, kann so früh schlafen gehen, wie sie will, kann ausschlafen, vertreibt sich bloß die Zeit, möchte Betrieb, Geschäftigkeit, Leben.

7 Wenn ich doch einmal so viel Zeit hätte wie die! Wenn ich noch einmal so jung wäre … Mit der jungen Frau würde ich gerne tauschen. Ich hätte gern wieder einmal einen Tag vor mir, … Mittendrin möchte ich noch mal sein.

11a → Grammatik, A7 Konjunktiv II: Formen

12 3 wenn du zu meinem Geburstag kommen würdest/kämest. 4 wenn ich dir einen Elefanten schenken würde. 5 wenn wir jetzt Urlaub hätten. 6 wenn ich nicht so viel zu tun hätte. 7 wenn er jetzt bei uns wäre. 8 wenn sie dich fragen würden?

14 Examples:
Wäre ich doch ein Vogel!
Wenn ich doch nicht so viel arbeiten müsste!
Wenn doch meine Taschen nicht so schwer wären!
Wenn sie doch kommen würde!
Wenn ich doch nicht aufstehen müsste!

15b Würdest du … tun, Würdest du … zurückgehen

16 Könntest/Kannst du mir mal (bitte) einen Gefallen tun? Tust du mir bitte mal einen Gefallen? Tu mir bitte mal einen Gefallen! Könntest/Kannst du bitte mal ein Stück zurückgehen? Gehst du bitte mal ein Stück zurück? Geh bitte mal ein Stück zurück! Ein Stück zurück bitte!

17 1 ++, 2 –, 3 +, 4 +, 5 –, 6 +, 7 ++, 8 O, 9 +, 10 O, 11 +

19 Examples 1 Würden Sie / Könnten Sie / Können Sie bitte etwas lauter sprechen? 2 Bringst du mir bitte die Zeitung? / Kannst du … bringen? 3 Würdest du / Würden sie das bitte wiederholen / das bitte noch einmal sagen? 4 Könnte/Dürfte ich bitte deinen Schirm haben? 5 Würdest du / Würden Sie / Kannst du / Können Sie etwas langsamer sprechen? 6 Könntet/Könnt ihr bitte leise sein? 7 Dürfte ich / Darf ich Sie etwas fragen? 8 Würden Sie / Könnten Sie / Können Sie bitte das Wort buchstabieren? 9 Würden Sie / Könnten Sie / Können Sie mir bitte bald Antwort geben? 10 Würdest du / Würden Sie / Könntest du / Könnten Sie / Kannst du / Können Sie mir das aufschreiben?

22 Der kleine Prinz

2 Ich suche die Menschen. Ich suche Freunde. Sie haben Gewehre und schießen. Sie ziehen Hühner auf. Das ist ihr einziges Interesse.

3 line 19: Es bedeutet sich „vertraut machen".

4a Wortfrage: Wer bist du? Was bedeutet ‚zähmen'? Was suchst du? Was heißt ‚zähmen'?
Satzfrage: Gibt es auch Jäger auf diesem Planeten?
Aussagesatz mit Frageintonation: Du suchst Hühner?

4b **abbreviated question:** Vertraut machen? Auf einem anderen Planeten? Und Hühner?
full question: Bedeutet das ‚vertraut machen'? Das bedeutet ‚vertraut machen'? Ist das auf einem anderen Planeten? Gibt es auch Hühner auf diesem Planeten?

5a Ich kann nicht mit dir spielen.
Das ist möglich. Man trifft auf der Erde alle möglichen Dinge.
Das ist nicht auf der Erde.
Auf einem anderen Planeten?
Gibt es auch Jäger auf diesem Planeten?
Was bedeutet „zähmen"?
Was heißt „zähmen"?

6 Ich bin für dich nur ein Fuchs, der hunderttausend Füchsen gleicht.
Auf dem Planeten, auf dem der kleine Prinz wohnt, gibt es keine Jäger, aber auch keine Hühner.
Aber es gibt eine Blume, die den kleinen Prinzen gezähmt hat.

7 Dativ Plural: Relativpronomen **denen**, bestimmter Artikel **den**

8 der … gleicht, auf dem … wohnt, die … gezähmt hat

9 A relative pronoun is placed at the beginning … . The verb is placed at the end.

10 1 Wie heißt das Buch, das ihn weltberühmt machte? / von dem alle sprechen? / das sie für ihren Freund gekauft hat? 2 Wer ist die Frau, die er jeden Tag anruft? / der er jede Woche einen langen Brief schreibt? / mit der er oft ausgeht? / für die er alles macht? 3 Wer sind die Leute, die sie eingeladen hat? / die er fotografiert? / mit denen er spricht? / denen wir gratulieren sollen?

12a werden wir … brauchen, du wirst … sein, ich werde … sein

12b werden + Infinitiv

13 Examples: 2 Sie ruft Sie in einer Stunde an. 3 Ich besuche dich heute Abend. 4 Wir machen nächsten Monat Urlaub. 5 Ich schreibe den Bericht nächste Woche. 6 Ich helfe dir morgen Nachmittag, die Übung zu machen. 7 Er ist pünktlich um 5 Uhr da.

14 1 Ich werde dich nie vergessen. 2 Ich werde bald zurückkommen. 3 Ich werde immer für dich da sein. 4 Ich werde dir viele Briefe schreiben. 5 Ich werde immer an dich denken. 6 Ich werde dich jeden Tag anrufen.

23 Nachdenken

1 → Glossar

6 gern, Bett, denke, Mensch, Erde, Weg, Kaffee, Tee

8 Movement/direction (Wohin?): unter die Dusche gehen A, in die Küche gehen A
State/position (Wo?): im Bett frühstücken D, im Bett sein D, im Zimmer sein D, im Haus sein D, am Weg sein D, in der Stadt sein D, im Land sein D, auf der Erde sein D

9 Movement/direction (Wohin?): unter den Stuhl springen A, an den Stuhl hängen A, hinter den Stuhl werfen A, vor den Stuhl stellen A, sich auf den Stuhl setzen A
State/position (Wo?): am Stuhl hängen D, hinter dem Stuhl stehen D, vor dem Stuhl stehen D, auf dem Stuhl einschlafen D, unter dem Stuhl sitzen D

10 Wo? dative, Wohin? accusative

11a Movement/direction (Wohin?): gehen, fliegen, laufen, reisen, fahren, kommen, fallen, legen, stellen, setzen
State/position (Wo?): arbeiten, liegen, sein, sitzen, bleiben, stehen, wohnen, schlafen

12a Wo? 2, 3, 4, 7, 8
Wohin? 5, 9, 10

12b Wo? saß, lag, hing, hat gestanden
Wohin? setzte (sich), legte, hängte, hat gestellt

24 Der Weitgereiste

4 Lausanne, Basel – **1** die Schweiz **2** Deutsch, Französisch, Italienisch, Rätoromanisch **3** Schweizer

Iserlohn, Kiel, Osnabrück, Kehl, Hamm, Mittenwald, Oberammergau – **1** Deutschland **2** Deutsch **3** Deutsche

Amsterdam, Rotterdam – **1** die Niederlande/Holland **2** Niederländisch/Holländisch **3** Niederländer/Holländer

Paris – **1** Frankreich **2** Französisch **3** Franzosen

Singapur – **1** Republik Singapur **2** Englisch und Chinesisch **3** Singapurer

5 **1** Es gefiel ihm da nicht übel. **2** stets auf Neues erpicht **3** Das war ihm wider die Natur. **4** Dort verlor sich seine Spur.

6 (1) fuhr, (2) ging, (3) ging, (4) fuhr, (5) ging, (6) geht

7a **2** Wie gefiel es ihm dort? Wie hat es ihm dort gefallen? – Nicht übel./Sehr gut.
3 Wohin zog er um? Wohin ist er umgezogen? – Nach Kiel.
4 Wohin zog er dann? Wohin ist er dann gezogen? – Nach Amsterdam.
5 Wo blieb er ein ganzes Jahr? Wo ist er ein ganzes Jahr geblieben? – In Paris.
6 Wie fuhr er nach Singapur? Wie ist er nach Singapur gefahren? – Per/Mit dem Schiff.
7 Wo verlor sich seine Spur? Wo hat sich seine Spur verloren? – In Singapur.
8 Wo fand man ihn wieder? Wo hat man ihn wiedergefunden? – In Samarkand.
9 Wo starb er? Wo ist er gestorben? – In Lausanne.
10 Warum lächelte er? Warum hat er gelächelt? – Weil er weise war.

8 → Glossar
9b → Glossar
9d → Glossar

25 Der schöne 27. September

2 → Glossar
3b Mensch, Freund, ...
4 3
6 **1** Name, Namen **2** Herrn, Herrn **3** Herzen
7 → Grammatik, B1 Nomen und Artikelwörter
8 keiner, keins, keine
9 **1** einen, einer **2** eins **3** eine/welche **4** eins **5** welche **6** keinen **7** Den **8** jede, diese **9** manche
10a niemand(em)
10b **1** nichts **2** niemand(em) **3** Niemand **4** etwas **5** jemand(en), niemand(en)
11a 1., 10., 7., 3., 13., 31., 18., 11., 30., 14.
12a Januar 1, Februar 2, März 3, April 4, Mai 5, Juni 6, Juli 7, August 8, September 9, Oktober 10, November 11, Dezember 12
13 **Frühling:** April, Mai; **Sommer:** Juni, Juli, August; **Herbst:** September, Oktober, November; **Winter:** Dezember, Januar, Februar
15 → Grammatik, B1 Der Possessivartikel
16 **1** meine **2** Eurer **3** Ihrs **4** Ihrer **5** ihren **6** deins

17a **1** Ist das dein neues Auto? – Nein, das ist seins.
2 Kennst du den Mann dort? – Nein, den kenne ich nicht.
3 Hast du ihr den Brief gegeben? – Nein, ich hab ihn ihm gegeben.
4 Wir wollten doch ins Kino gehen. – Nein, du wolltest ins Kino, nicht ich.

26 Die roten Balkons

2a – Ein junger Mann
– Er spricht von seiner Freundin.
– Er hatte einen schönen Abend mit seiner Freundin. Er brachte sie nach Hause. Sie wollte den Rest des Wegs allein gehen und hat ihm erklärt, wo sie wohnt. Der junge Mann sollte sie am nächsten Tag wieder abholen.
– Der junge Mann weiß nicht, wie ihr Familienname ist und wo sie wohnt. Er kann sie in der Betonstadt nicht finden.

3 Wir hielten unsere Hände. Ich bringe dich noch nach Hause, wo immer das mag sein. Wir fuhren wie im Himmel. Als ich nach tausend Küssen ihr noch zweitausend gab. Ich glaube, mein Herz zerreißt.

4 **1** Häusermeer **2** Betongiganten **3** am Stadtrand **4** wie sie hinten heißt **5** Mein Herz zerreißt.

7 → Grammatik, C1 Adjektive nach bestimmtem und unbestimmtem Artikel

8 Examples: der lange Kuss, aus einer fremden Stadt, der berühmte Politiker, ein langweiliger Unterricht, der bequeme Sessel, eine spannende Geschichte, ein peinlicher Augenblick, für einen guten Freund, ein gefährlicher Beruf, ein dummer Mensch, für den neuen Chef

9a For example: von den roten Balkons zu den grünen Balkons, ... die hübsche Frau ..., ... mit den roten Balkons. ... junge Leute ..., ...zu der kleinen Bar ..., ... die süße Brause ..., ...eine gute Idee. ...eine kurze Anzeige ..., ... die roten Balkons ..., ...die gelben, die blauen, die grünen und dann die roten Balkons ...

9b Der verliebte Mann suchte ... Er **ging** ... Er **fand** ... Er **kam** ... Er **fragte** ... Er **ging** ...Dort **kannte** man ... Er **hatte** ... Er **gab** ... auf ... Ein Brief **kam**. Sie **schrieb**: ... **Wo warst** du ...

9c For example: Erst ging er von den roten ..., aber er fand das .... Dann kam er wieder zu ... Schließlich ging er zu der kleinen Bar ..., aber dort kannte man ... Endlich hatte er ... Dann kam ein Brief.

10 Schwester, eine kleine, gut aussehende Frau mit roten Haaren, deine Schwester, die Rosi, meine Schwester, sie, die Frau vor mir, ein ganz kleiner Wurm, der kleine Zwerg, Krankenschwester
Erzähler, ich, BISS-Verkäufer
Vater, Offizier, unser Vater
Brüder, meine beiden Brüder
Großeltern, unsere Großeltern
die neue Mutter, unsere neue Mutter, sie, Krankenschwester, die Stiefmutter

11 das Wiedersehen, wieder + sehen, reunion; die Weihnachtsfeier, die Weihnacht(en) + die Feier, Christmas party; der Bombenangriff, die Bombe(n) + der Angriff, bombing raid; die Großeltern, groß + die Eltern, grandparents; der Wohnwagen, wohn(en) + der Wagen, caravan

12a obdachlos homeless, atemlos breathless, grundlos groundless, wortlos silently, schlaflos sleepless, herzlos heartless, wertlos worthless, hilflos helpless, endlos endless, schmerzlos painless

12b **2** atemlos **3** herzlos **4** Wortlos **5** wertlos **6** sprachlos **7** schlaflose **8** schmerzlose **9** obdachlos **10** hilflos **11** endlos

14 Mit wem? An wen? ... with people; Wovon? Woran? ... with things

15 **2** Nach wem hat der Kunde/er gefragt? **3** Auf wen müssen Sie /musst du noch warten? **4** Worauf freuen Sie sich / freut ihr euch schon sehr? **5** Mit wem hast du dich gut unterhalten? **6** Um wen geht es in dem Lied? **7** Wovon hat er geträumt? **8** Worüber haben sie immer nur gesprochen? **9** Worum hat er sie gebeten? **10** Von wem haben sie erzählt?

16 **2** Über meinen Bekannten und seine Probleme. **3** An die Geschichte von Rosi und ihr Wiedersehen mit dem Bruder. **4** Auf das lange Wochenende und den Besuch von meinem Freund. **5** Auf seine Frau und ihre Eltern. **6** An ... **7** Von ...

27 Blaulicht

2 **1** Michael Wüst **2** 24 (Jahre alt) **3** Vertriebskaufmann **4** ehrenamtlicher Mitarbeiter **5** Technisches Hilfswerk **6** Freising
3c in vain
5 **1** mich fasziniert **2** ein tolles Gefühl **3** die Angst, nicht schnell genug zu sein **4** total Spaß **5** Sinn für mein Leben
6 ehrenamtlich: die Ehre + amtlich, der Mitarbeiter: mit + der Arbeiter, das Hilfswerk: helfen / die Hilfe + das Werk, die Jugendgruppe: die Jugend + die Gruppe, das Blaulicht: blau + das Licht, zusammenarbeiten: zusammen + arbeiten, die Knochenarbeit: der Knochen + die Arbeit, der Katastropheneinsatz: die Katastrophe + der Einsatz, der Hilfseinsatz: helfen / die Hilfe + der Einsatz, der Lebenssinn: das Leben + der Sinn, der Hochwassereinsatz: hoch + das Wasser + der Einsatz, der Lastwagenfahrer: die Last + der Wagen + der Fahrer, das Familienleben: die Familie + das Leben, sinnvoll: der Sinn + voll
7 2f, 3g, 4a, 5c, 6b, 7h, 8d
12 (1) versuchen (2) unterstützen (3) machen (4) einsetzen (5) können (6) sind (7) aufgestellt (8) aufgestellt (9) beteiligen (10) verteilen (11) sammeln (12) schreiben (13) versuchen (14) klar zu machen (15) schützen (16) tun (17) versuchen (18) sagen
14b 1f, 2d, 3h, 4d, 5d, 6d, 7c, 8e, 9b, 10f, 11a, 12d, 13g
16 **1** a: . b: . – **2** a: , b: . – **3** a: , b: .

28 Die Suche nach den Deutschen

1b Er ist in einer wirklich deutschen Gegend geboren. Er sieht aus wie ein Deutscher. Seine Muttersprache ist der Dialekt aus seiner Heimat. Er wohnt in Berlin. Zu Hause spricht er Dialekt.

2 a) Die Deutschen sind ein düsteres, unbeholfenes, verschlossenes Volk.
b) Die Sprache Deutschlands ist Hochdeutsch, das gibt es nicht. Niemand spricht Hochdeutsch. Die Muttersprache der Deutschen ist der Dialekt ihrer Heimat.
c) Er gehört zu den 15 %, die sich nicht als Deutsche fühlen.

3 → Glossar

4b The conjunction *wenn ... dann* links the main clause and the sub-clause.
The conjunctions *entweder ... oder, zwar ... aber* link main clauses or parts of clauses (e.g. pronouns, nouns, adjectives).
The conjunction *sowohl ... als auch* links parts of clauses.

5 1d, 2e, 3a, 4b, 5f, 6c

6 line 1: bin; line 28: sei; lines 48/49: seien

7 du seist, sie seien

8a Mein Freund sagte: „Meine Sprache ist kein ..." Er meinte auch: „Die Deutschen sind ein ..."
Michael Wüst sagte: „Es ist ein ... Die Einsätze sind jedoch ..." Er denkt dann immer: „Mein Leben ist nicht ..."

8b Mein Freund sagte, dass seine Sprache kein Deutsch, sondern ein Dialekt sei. Er meinte auch, dass die Deutschen ein verschlossenes Volk seien.
Michael Wüst sagte, dass es ein tolles Gefühl sei, mit Freunden zusammenzuarbeiten, dass die Einsätze jedoch schwere Arbeit seien. Er denkt dann immer, dass sein Leben nicht umsonst gewesen sei.

9a → Glossar

9b Examples: 2 Das stimmt doch nicht. 3 Du machst mich verrückt. / Das bringt mich durcheinander. 4 Das bringt mich durcheinander. 5 Hör auf damit.

10 die lachen<u>den</u> Menschen, eine beleidigen<u>de</u> Frage, ein beleidigt<u>er</u> Deutscher, das entspann<u>te</u> Gespräch

11 einen Verletzten – verletzen; den Weitgereisten – weit reisen; die Reisenden – reisen

12 2 die gesprochene Sprache 3 die diskutierenden Politiker 4 ein verletztes Kind 5 das fehlende Geld 6 die geschriebene Sprache 7 der wartende Kunde 8 eine arbeitende Mutter

13b Industrie, Fußball, Geografie, Tiere, Literatur, Porzellan, Farben der Nationalfahne

14b 1 Geografie 2 Literatur, Porzellan, Tiere 3 Industrie, Farben der Nationalfahne 4 Fußball

29 Liebe und Tod

2a → Glossar

2b **Liebe:** Freude, Leben, lebendig, lieben, Kuss, fröhlich, gern haben, lieb haben, warm **Tod:** Angst, Trauer, traurig, sterben, Grab, kalt, Mitleid haben, tot sein

4 heute – <u>Heut</u> morgen war er ganz warm.
ihn – Deswegen nehme ich <u>'n</u> ja ins Bett.
ist – Wieso <u>is'</u> Liebhaben schmutzig?
davon – Kein Wort <u>von</u> gesagt.
ist – Du hast gesagt, der Goldhamster <u>is'</u> schmutzig.
habe – <u>Hab</u> ich gar nicht.
habe, ist – Ich <u>hab</u> gesagt, ich <u>hab</u> ihn lieb, weil er tot <u>is'</u>.
ist er. – Jetzt <u>isser</u> ja tot.
nicht – Weil ich <u>nich</u> mehr nett zu ihm sein kann.
Findest du – <u>Findste</u> das nett?
darum herum – Du kommst nicht <u>drum rum</u>.
tue, habe – Und was <u>tu</u> ich dafür, dass ich ihn lieb <u>hab</u>?
darauf – Dafür pflanzt du ihm Blumen <u>drauf</u>.
etwas – Vielleicht hast du <u>was</u> davon.
etwas, davon – Wie kann ich <u>was von</u> haben, wenn er nichts <u>von</u> hat?

5 dafür → dass ich ihn lieb hab
darauf → Grab
davon → Blumen

6 3 Daran ... gewöhnt. 4 hältst ...von ihm? 5 auf sie ... verlassen. 6 freue ... darauf. 7 Davon ... gehört. 8 denkt ... darüber nach.

8a voiceless: 2, 3, 5, 6, 8, 10, 11, 13, 15, 18, 20

10 1 Der ist **doch** schon ganz kalt. 2 Verstehst du **denn** nicht? 4 Wieso **denn**? 5 Jetzt ist er **ja** tot. 6 Dann nützt ihm **doch** jetzt auch dein Liebhaben nichts. 7 Mach ihm **doch** ein schönes Grab.

11 2 Der weiß es doch nicht. 3 Der lügt doch immer. 4 Schenk ihr doch ein Buch! 5 Das ist doch nicht mehr modern. 6 Auf den kann man sich doch nicht verlassen. 7 Komm doch heute Abend zu mir. 8 Die erzählt doch immer alles weiter. 9 Der kommt doch immer zu spät. 10 Der ist doch todlangweilig. 11 Das ist doch gefährlich. 12 Sieh doch mal nach, ...

12b C, A, E, D, B

30 Licht macht Laune

1b länger, dunkel, jeden Abend, ein bisschen später

2a,b Licht bedeutet:
Leben
  – geboren werden/auf die Welt kommen: das Licht der Welt erblicken
  – leben: das Lebenslicht brennt
Hoffnung
  – Licht am Ende des Tunnels sehen
Wärme
Klugheit
  – jd. ist besonders begabt: jd. ist eine Leuchte / jd. ist ein großes Licht
  – ich verstehe/begreife etwas: mir geht ein Licht auf / das leuchtet mir ein

3a jdn. täuschen: jdn. hinters Licht führen, jdn. ins Dunkle führen
etwas aufklären: etwas ans Licht bringen

3b → Glossar

6 Der Esel kam zu Gott und fragte: „Herr, wie lange soll ich leben?" „Dreißig Jahre" antwortete Gott, „ist dir <u>das</u> recht?" „Ach Herr", antwortete der Esel, „<u>das</u> ist eine lange Zeit." Erlass mir einen Teil <u>davon</u>. Da schenkte ihm Gott achtzehn Jahre. Der Hund erschien. „Wie lange willst du leben?" sprach Gott zu ihm. „dem Esel sind dreißig Jahre zuviel, du aber wirst <u>damit</u> zufrieden sein." Darauf antwortete der Hund: „Herr, ist <u>das</u> dein Wille, denke <u>daran</u>, was ich laufen muss, <u>das</u> halten meine Füße so lange nicht aus."
Dem Menschen gab Gott siebzig Jahre. Die ersten dreißig sind seine menschlichen Jahre. <u>Die</u> vergehen schnell. <u>Darauf</u> folgen die achtzehn Jahre des Esels, <u>das</u> ist eine schwere Zeit. Dann kommen die zwölf Jahre des Hundes, ohne Zähne zum Beißen. <u>Dazu</u> kommen noch die zehn Jahre des Affen, <u>in denen er</u> närrisch ist und ausgelacht wird.

7 1 man 2 einem 3 einen 4 man 5 man 6 einen

8 werden ... kürzer, werden ... länger, wird ... früher hell, ... später dunkel

9a 1 Die Tage werden länger. 2 Bald wird es hell(er). 3 Aber wir werden älter. 4 Schnell wird es größer.

10 Präsens: wird; Präteritum: wurde; Perfekt: ist geworden

11a 1 bin ... rot geworden 2 ist ... alt geworden 3 ist ... Geschichtslehrer geworden 4 Bist ... verrückt geworden 5 bist ... wütend geworden 6 ist ... Vater geworden

12a wurde, wurden, wurde

13 line 10: geboren; line 18: wird als „Leuchte" bezeichnet; line 25: wird ... gebracht, wird aufgeklärt

14a → Glossar

14c wird ... geöffnet, wird ... gezeigt, beleuchtet, wird ... gesprochen, gesungen, soll ... gesetzt werden (*unter dem Foto*) wird ... geöffnet, geschmückt wurde

15 Ein Lebenslauf
Beispiel(e): Er lernt gehen und sprechen – er wird in die Schule geschickt.
Er lernt lesen und schreiben – er wird als „Leuchte" bezeichnet oder er wird für unterbelichtet gehalten.
Er täuscht oft andere Menschen – er wird aber auch oft genug hinters Licht geführt.
Wenn er Glück hat, dann wird er geliebt.
So lebt er sein Leben und wird irgendwann begraben.
Vielleicht wird er nicht vergessen. Oder wurde er schon vergessen?

16 1 V 2 ▣ V ▲ F, 3 P, 4 F, 5 P, 6 V, 7 F, 8 P

31 Zoff oder Zärtlichkeit

1a sprechen: sprechen, sich unterhalten, reden, plappern
streiten: streiten, der Streit, der Krach, der Zoff

1b ➔ Glossar

3 Morgenblüte: ausgeschlafen – würde sich gern unterhalten – macht die Augen auf und plappert los – redet weiter – am Abend müde
Morgenmuffel: schweigt konsequent – viel zu müde zum Lautwerden – am Abend wach – fragt sich, wo die allgemeine Entrüstung über den Abendmuffel bleibt.

4 A: Nächtliches Tagebuch – Er setzte sich an den Arbeitstisch und erwachte am Mittag.
B: Zoff am Morgen – Er ist wach, der Partner müde.

5 standard: Streit, harte Arbeit, dumm, überleben, sehen/schauen, lernen, bekommen, beginnen, Natürlich!/Sicher!
colloquial: Krach, Maloche, blöd, durchkommen, gucken, pauken, kriegen, loslegen, Klar!

6 die Decke über den Kopf zu ziehen und konsequent zu schweigen; Er beschloss, sein Leben zu ändern, die Morgenstunden auszunutzen

7a 1 ... ihm nichts zu erzählen. 2 ... ihre alten Freunde wieder zu treffen. 3 ... den Unterricht vorzubereiten. 4 ... an den Infinitiv zu denken.

10 2 Er genießt es, ein paar Tage allein zu sein. 3 Ich bin es gewohnt, so früh aufstehen zu müssen.

11 1 ... sehr gut am Abend arbeiten. 2 ... ein paar Dinge für mich einkaufen? 3 ... den ganzen Tag im Bett liegen. 4 ... mich am Wochenende besuchen.

12 ➔ Glossar

13 Was gefällt ihm? allein zu wohnen – allein zu erwachen – kein Wort sprechen zu müssen – Zärtlichkeiten am Abend
Was gefällt ihm nicht? die Frage, wie er geschlafen hat – Zärtlichkeiten und Gefühle am Morgen, mehr als drei oder vier Tage mit einer Frau zusammen sein

15 1 ..., warum viele Menschen morgens gute Laune haben.
2 ..., ob er aufstehen oder liegen bleiben soll.
3 ..., ob ich mein Leben ändern soll.
4 ..., was du gesagt hast.
5 ..., wen ich einladen soll.
6 ..., ob das ein n oder ein m ist.

16 Person: Wer ...? Wen ...? Wem ...?
Sache: Was ...? Worüber ...?
Womit ...? Wovon ...?
Person oder Sache:
m Welchen ...? Welchem ...?
n Welches ...? Welches ...? Welchem ...?
f Welche ...? Welche ...? Welcher ...?
Zeit: Wann ...? Wie lange ...?
Grund: Warum ...?
Zweck: Wozu ...? Wofür ...?
Art/Weise: Wie ...?
Quantität: Wie viel/viele ...?
Ort/Richtung: Wohin ...?

32 Manager lachen

1b Manager; wer den ganzen Tag im Büro sitzt

2 ➔ Glossar

4 Manager sollen nicht nur etwas für ihren Köper tun, sondern auch etwas für die Seele, ihren Humor trainieren, viel lachen, sich selbst nicht ernst nehmen, mal einen Freudenschrei herauslassen, Fotos von sich und Kollegen beim Grimassenschneiden machen und aufhängen, alberne Geräusche machen, eine Liste von komischen Erinnerungen erstellen, die sie zum Lachen bringen.

5 1, 2

6 1 3, 2 – 2 2 – 3 1, 2 – 4 4 – 5 1

7 1 hilft, sei 2 seien 3 sei 4 habe 5 habe, könne

8 Metcalf sagt; „Ich habe viel von krebskranken Kindern gelernt."
Die Freunde sagten: „Er ist unerwachsen und unprofessionell gewesen."
Er sagte: „Sie/Wir haben trotz ihres/unseres Leids dabei viel gelacht."
Sie sagten: „Sie/Wir sind damals sehr kreativ und motiviert gewesen."

9 1 Metcalf sagt, / ein tibetanischer Mönch habe ... – A Tibetan monk explained the exercise.
2 Metcalf, / sagt ein tibetanischer Mönch, / habe ... – Metcalf explained the exercise.

10a 1 a Marion sagte, ... – b Marion, sagte Melanie, ...
2 a ... mal, Michael? – b kein Komma
3 a kein Komma – b ... mit, Hanna?
4 ... auf dem Kopf, ... in der Hand, ... im Mund

10b Vor der Tür stand Otto, ... einen schwarzen Hut, ... eine rote Rose, ... eine Zigarette,

11a,b Heute, / meine Damen und Herren, / lernen wir das Leben und die Arbeit / von ihrer lustigen Seite zu nehmen. / Was können wir alles tun? /
Stellen Sie sich vor einen Spiegel, / breitbeinig, / Hände in den Hüften, / und lachen Sie über sich. / Lassen Sie auch ab und zu mal einen Freudenschrei heraus / oder machen Sie alberne Geräusche. / Machen Sie Fotos von sich und Kollegen beim Grimassenschneiden / und hängen Sie diese auf. / Erstellen Sie eine Liste von komischen Erinnerungen, / die Sie zum Lachen bringen. /
Wenn Sie nur zwei Mal die Woche solche Übungen machen, / wird sich das Leben bald / von seiner guten Seite zeigen.

13 Wildinger: „... die Uhr nicht gestohlen".
Richter: „Wie ist sie denn in Ihre Tasche gekommen?"
Wildinger: „Jemand hat sie mir wohl in die Tasche getan, als ich durch das Kaufhaus gegangen bin. Ich bin kein Uhrendieb. Sie wissen doch, dass ich bereits eine Uhr besitze und keine zweite brauche."
Richter: „Was haben Sie denn in dem Kaufhaus gemacht, wo Sie doch kein Geld in der Tasche hatten / gehabt haben und ein Einkauf unmöglich war / gewesen ist?"
Wildinger: „Das hat mir wohl ein anderer gestohlen."

Richter: „So einen Unsinn habe ich schon lange nicht mehr gehört."

14 2 Marina lacht nicht nur viel, sondern sie bringt auch andere zum Lachen. 3 Metcalf berät nicht nur Firmen, sondern er veranstaltet auch Seminare. 4 Helmut ist nicht nur intelligent, sondern auch gut aussehend. 5 Der Taxifahrer arbeitet nicht nur von Montag bis Freitag, sondern auch am Wochenende. 6 Das Hotel ist nicht nur schmutzig, sondern auch teuer.

15 2 Er lacht oft über andere, aber er hat es nicht gern, ... 3 Er sagt, er spricht nicht Deutsch, sondern einen Dialekt, ... 4 Die Arbeit beim THW ist schwer, aber sie gibt ... 5 Die Senioren sitzen nicht passiv zu Hause, sondern (sie) unterstützen ... 6 Er wollte seine Geliebte am nächsten Tag abholen, aber er hat nicht ...

17 ➔ Glossar
Das ist ja lächerlich! (5) – Da gibt's nichts zu lachen. (2) – Wer zuletzt lacht, lacht am besten. (4) – Dass ich nicht lache! (3) – Lachen ist die beste Medizin. (1)

18 1 Dass ich nicht lache.
2 Wer zuletzt lacht, lacht am besten.
3 Lachen ist die beste Medizin.
4 Das ist ja lächerlich!
5 Da gibt's nichts zu lachen.

33 Samstag Nacht in Deutschland

2 1 C, 2 A, 3 D, 4 B, 5 E

3 ➔ Glossar
Verb + Nomen: Parkplatz (car park), Radfahren (cycling), Rollschuhfahren (roller skating), Fernsehapparat (television set), Sitzordnung (seating arrangement), Sitzmöglichkeiten (seats seating), Wohnzimmer (living room), Knabbernüsse (nuts to nibble)
Nomen + Nomen: S-Bahnminuten (minutes by S-Bahn), Heizungskosten (heating costs), Hausbewohnerin (inhabitant of the house), Arbeitswoche (working week), Farb-TV-Samstag (colour-TV-Saturday), Aufschnittplatte (plate of cold meats), Literflasche (litre bottle)
Adjektiv + Nomen: Tiefgarage (underground garage), Fernseher (television), Spätkrimi (late-night thriller)
Adjektiv + Nomen + Nomen: Altbausanierung (modernization of old buildings)

5 2 Sind die Heizungskosten inbegriffen, ist die Miete ... 3 Sind die Väter in der Arbeit, können die Kinder ... 4 Sitzt die Mutter auf der Couch, kann sie ... 5 Will ein Auto darauf parken, dürfen die Kinder den Parkplatz ...

6 1 den ... Parkplatz 2 die ... Väter 3 Garantie 4 eine ... Wohnung, Vorhänge 5 dem Fernsehapparat 6 den Sessel

7 Attribute links vom Nomen: immer eine *saubere* Wohnung (Adjektiv)
Attribute rechts vom Nomen: Garantie *für einen guten Namen* (Präposition + Nomen) – Vorhänge *vor den Fenstern* (Präposition + Nomen) – vor dem Fernsehapparat, *der gegenüber der Couchgarnitur steht.*

(Relativsatz) – den Sessel *mit direktem Blick zum Fernseher* (Präposition + Nomen)

8 **2** die vielen Balkons, die vielen bunten Balkons, die vielen bunten Balkons an den Häusern **3** der schöne Brief, der schöne lange Brief, der schöne lange Brief von dir **4** das sehr interessante Buch, das sehr interessante Buch über Griechenland **5** die allein lebende Frau, die allein lebende Frau aus unserem Haus **6** der eingeschlafene Herr Hellwig – der auf dem Stuhl eingeschlafene Herr Hellwig **7** der 10 Gehminuten entfernte Vorort – der 10 Gehminuten vom Zentrum entfernte Vorort

9a,b Klaus Hellwig, der eine Firma für Altbausanierung betreibt (**S**), ... – ... mit seinem Freund und Nachbarn Paul Wittwer (**E**) ... zum gemeinsamen Anschauen der Sportschau. (**E**). Bei Bier aus Gläsern, die mit „Paul" und „Klaus" beschriftet sind (**E**), ... – Zum anschließenden Hellwigschen Farb-TV-Samstag (**E**) ... eine Literflasche nicht zu sauren Weins (**S**), ... – Die Pause zwischen den Lottozahlen und dem Spätkrimi (**E**) ... für die Vorbereitungen auf die Nacht (**E**)

10a 3, 4, 6, 7

10b **2** subject **3** sub-clause **4** accusative object **5** subject **6** time phrase

11b Herr Eichelstiel / muss / von dort / nur wenige Minuten / zur U-Bahn und zu den Bussen 62 und 66 und zum Oktoberfest / gehen. Er / geht / meist nur im September / auf das Oktoberfest /, um ein oder zwei Glas Bier zu trinken. Das Haus in der Parkstraße 29 / hat / 6 renovierte Wohnungen mit zwei bis vier Zimmern. Frau Doris Kunz, eine alleinstehende Künstlerin /, wohnt / im Erdgeschoss /, der Rentner Eichelstiel / im ersten Stock / und / die 1914 im Haus Parkstraße 29 geborene Frau Leimsieder / im dritten Stock. Niemand / weiß /, wer die anderen Mieter sind. Man / hört / sie / nur /, wenn sie am Morgen die Treppe herunterkommen. Der Rentner Ludwig Eichelstiel / fragt / sie /, wenn er sie im Treppenhaus trifft /, wie es ihnen geht. Er / bekommt / darauf / immer die gleiche Antwort: „Danke gut." Aber Herr Eichelstiel / weiß / nicht /, wer diese Mieter sind.

34 Was macht die Liebe?

3a,b Examples: **B** line 33–50: Schweigen über Gefühle; **C** line 51–11: Irmgards andere Beziehung; **D** line 112–124: Irmgards Krankheit; **E** line 125–135: Über Gefühle sprechen; **F:** line 136–156: Nach der Operation

4 lines 1–32: Herbert (76), Irmgard (74), seit 47 Jahren, erst seit acht Jahren, Kurz vor Weihnachten 1944, 20 Stunden, im Februar 1945, 1949

lines 33–51: sagen, reden, sprechen, sich aussprechen

lines 52–79: nicht zurückhaltend, hat Nähe und Wärme vermittelt, man konnte mit ihm

lange diskutieren; Herbert zurückhaltend, empfindsam

lines 80–111: Irmgard sehr verändert, Ausreden stimmten nicht, zum Hotel gefahren, wo sich Irmgard mit dem anderen Mann traf; gewusst, gemerkt, glaubte, dachte, fiel auf

lines 112–156: die letzten 8 Jahre, der Nierenkrebs, die Operation, das Leben mit der Krankheit und der Angst vor dem Tod

5 so was ➙ die große Liebe; darüber, danach ➙ Krise; damit ➙ Über Gefühle reden

6 **2** Socken **3** Socken gestrickt. **4** Liebesgabenpaket **5** einen anderen Mann **6** Krise **7** Die große Liebe **8** Angst vor dem Tod, dem Ende

7a,b seit 47 Jahren for 47 years, gleich straightaway, Als wir dann mal rasteten Then when we rested, 1949, inzwischen in the meantime, bis dahin up till then, damals at that time, in dieser Zeit at that time, viel später much later, immer noch nicht still ... not, noch nie never, nie wieder never again

8 (1) schon immer (2) noch nie (3) Erst jetzt (4) nie wieder (5) viel später (6) noch einmal

10a Es tut mir gut, wenn...; Ich bin sehr froh, dass...; Ich bin glücklich über ...; Ich freue mich, dass...

35 Mozart war ein armer Schlucker

1a ➙ Glossar

1b kosten, rechnen, ausgeben, erben

2 **1** kein **2** viel Geld **3** viel, er gab noch mehr Geld aus.

4 **Einnahmen:** Honorar für Klavierstunden, öffentliche Auftritte als Pianist
Ausgaben: Lohn für Magd, Dienstmädchen, Köchin, Friseur; Kartenspiel, Billard

5 **1** was considered **2** As an 11-year-old **3** anything but, bigger than **4** more ...than **5** When Mozart died **6** when he died in 1791

6 1 (3), 2 (3), 3 (2), 4 (2), 5 (1), 6 (1)

8a **westdeutsche Familien:** 1 Miete 2 Nahrungsmittel, Getränke, Tabak 3 Verkehr, Telefon, Post 4 Bildung, Unterhaltung, Freizeit 5 Bekleidung, Schuhe 6 Gesundheits- und Körperpflege

ostdeutsche Familien: 1 Nahrungsmittel, Getränke, Tabak 2 Verkehr, Telefon, Post 3 Miete 4 Bildung, Unterhaltung, Freizeit 5 Bekleidung, Schuhe 6 Gesundheits- und Körperpflege

9b Präsens: lässt; Präteritum: ließ; Perfekt: hat gelassen

10a 1 (1), 2 (1), 3 (4), 5 (4), 6 (5), 7 (6), 8 (3)

10b **1** Mozart died in 1791 and his wife had him buried in a pauper's grave.
2 I have asked people to give me / been given all Mozart's piano concertos as presents.
3 ▪ Why won't you let me go to the concert?
▲ I'm letting you, but I'd like to go too.
4 He was there, but I didn't let him into the house.
5 ▪ I don't like the coffee.
▲ Then leave it.

6 Where's my wallet? Did I leave it in the restaurant?
7 ▪ He's leaving and you're letting him have your computer? I can't understand that.
▲ He let me have / Left me his television.
8 You can't do that. Please stop it!

12 **1** die Folge seiner Misswirtschaft, seiner Leidenschaft für ... **2** die Absurdität des Lebens **3** den Dialekt unserer Heimat

13 **2** die Fahrerin des roten Autos **3** der Erfolg seiner neuen Firma **4** das Gehalt eines jüngeren Lehrers **5** die Folge ihrer schweren Krankheit **6** die Höhe der monatlichen Ausgaben **7** der Lohn eines deutschen Bäckers

14 **1** <u>wurde</u> ... von den Biographen ... <u>beschrieben</u> **2** <u>werden</u> <u>durch</u> das Buch ... <u>aufgeklärt.</u>

15 Examples: Mehrere Babys sind nach der Geburt vom Krankenhauspersonal vertauscht worden. Ein Hund wurde von einem 10-jährigen Jungen aus einem fünf Meter hohem Baum gerettet. Der Bundespräsident wurde nicht zum Jubiläum eingeladen.

36 Zeit ohne Zeit

1 keine Zeit, eine Uhr, überall, Zeitgefühl

2b ➙ Glossar

5 **2** Du brauchst mir nur die Adresse zu geben,... **3** Das brauchst du mir nicht zu sagen, ... **4** Sie brauchen sich nicht jetzt zu entscheiden, ... **5** Er braucht sich die Regel nur genau anzuschauen, ... **6** Du brauchst mir den Weg nicht lange zu erklären, ... **7** Sie brauchen mich morgen nicht abzuholen, ...

6 der Rock, der Mantel, die Hose, das Jackett, die Handschuhe, die Krawatte, das Kleid, die Stiefel, die Socken, die Schuhe

8 B **a** „... durchschnittlich 40 Jahre, 1987/im Jahr(e) 1987 80 Jahre und ... auf 100 (Jahre) steigen, ... um 1900 50.000 Stunden Freizeit, 1987/im Jahr(e) 1987 300.000 Stunden und 2030/im Jahr(e) 2030 440.000 Stunden

37 Freiheit, die ich meine

3 der DDR, Malerin, nach Südfrankreich zu gehen, verhaftet, verurteilt, entlassen, in einem Dorf in Süditalien

4 in the seventies

7 Vergangenheit Perfekt: *haben* oder *sein* + Partizip II;
Präteritum; Plusquamperfekt: haben oder sein
Gegenwart: Präsens
Zukunft: Präsens; Futur: werden + Infinitiv

8 (1) Als (2) Wenn (3) wenn (4) Als (5) Als

10 **1** Seit(dem) sie im Urlaub waren, reden sie ... **2** Während wir über den Atlantik flogen, konnten wir ... **3** Bevor der Unterricht beginnt/Bevor ich zum Unterricht gehe, sollte ich ... **4** ... es sind nur noch fünf Minuten, bis die Sportschau anfängt. **5** Erst nachdem einige Jahre vergangen waren, konnte ich ...

38 Hand

6 Person: schön, hübsch, hässlich, groß, klein, jung, alt, schlank, dick, dünn, freundlich, dunkel, schwarz, sympathisch, unsympathisch, wütend, lustig, fröhlich, blond, traurig, ängstlich, schmutzig, gepflegt, sportlich, neidisch
Beine: schön, schlank, dick, dünn, lang, kurz
Augen: schön, dunkel, schwarz, blau, braun, grün, traurig, groß, klein, freundlich, hell, lustig
Hände: schön, groß, klein, schmal, breit, schmutzig, gepflegt, schlank

10 Was fassen die Personen gerne an?
Kuchenteig, geschnittenes Gras, Klaviertasten, Samt, nasses Laub, Erde, Haut, Kinderhaut, Hundefell, weiche Wolle, Wasser
Was fassen die Personen nicht gerne an?
nassen Sand, Spinnen, Spinnennetze, Putzlumpen
Was machen die Personen gerne mit den Händen?
basteln, Streichholz anzünden, häkeln, Gartenarbeit, Klavier spielen, Katze streicheln, stricken, spülen

11b **1** 1–3, **2** 3–9, **3** 9–13, **4** 13–15

13 oder sie, denn ich, aber ich, doch das, trotzdem liebe ich, sonst wird es, deshalb/deswegen sitze ich, außerdem können sie

14 Conjunction between main clauses: *und, sondern, oder, denn, aber, doch*;
Conjunction in initital position of the second main clause: *außerdem, trotzdem, sonst, deshalb/deswegen*

15 …, ich liebe sie trotzdem seit vielen Wochen. … ich sitze deshalb/deswegen oft stundenlang …; … sie können außerdem wehtun

17a Handbuch, Handel, aushändigen, verhandeln, handeln, handelt sich um

17b,c ➜ Glossar

39 Was draußen passiert

2 ➜ Glossar

3a das Fenster, Fensterbett

3b Example: Der Mann an der Tür möchte das Fensterbett haben.

4a Beste Geschichte meines Lebens. Anderthalb Maschinenseiten vielleicht. Autor vergessen; in der Zeitung gelesen. Zwei Schwerkranke im selben Zimmer. Einer an der Tür liegend, einer am Fenster. … Der andere keinen größeren Wunsch, …. Unterlässt es; denkt an das Bett. … erstickt … Nichts; nur eine Mauer.

4b From: Nur der am Fenster kann hinaussehen.

4c Examples: Es war die beste Geschichte meines Lebens. Sie war vielleicht anderthalb Maschinenseiten lang. Den Autor habe ich vergessen; Ich habe sie in der Zeitung gelesen. Zwei Schwerkranke waren im selben Zimmer / haben im selben Zimmer gelegen.

5 components: hinaussehen: hinaus + sehen
context: Fenster (aus dem Fenster sehen)

6b Examples: **3** kochen **4** einkaufen **5** Wer bringt was mit? **6** Georg – Getränke

7 Eberhard – Kassetten, CDs **8** Gäste anrufen **9** Inas, Jörgs Telefonnummern besorgen (Franz)

12 The conjunction *um … zu* + Infinitiv can only be used when the subjects of both sentences are the same.
If the subjects are not the same, the conjunction *damit* is used.

14 **3** …, um sie kennen zu lernen **4** …, um nach Südfrankreich zu reisen und dort zu malen. **5** …, damit er und seine Frau viel Geld ausgeben konnten. **6** …, damit die Manager ihren Humor trainieren. **7** …, um motivierter und kreativer zu werden. **8** …, um abends wach und aktiv zu sein.

15 **2** Man kann das Fernsehprogramm in der Zeitschrift „Die Fernsehwoche" finden. Das Fernsehprogramm ist in der Zeitschrift „Die Fernsehwoche" zu finden.
3 „Domian" kann man um 1 Uhr nachts sehen. „Domian" ist um 1Uhr nachts zu sehen. Es ist möglich, „Domian" um 1 Uhr nachts zu sehen.
4 Domians Sendung kann man sowohl im Fernsehen als auch im Radio sehen/hören. Domians Sendung ist sowohl im Fernsehen als auch im Radio zu sehen/zu hören. Es ist möglich, Domians Sendung sowohl im Fernsehen als auch im Radio zu sehen/zu hören.
5 Man kann viele ausländische Programme über Satellit oder Internet empfangen. Viele ausländische Programme sind über Satellit oder Internet zu empfangen. Es ist möglich, viele ausländische Programme über Satellit oder Internet zu empfangen.

40 Des Schweizers Schweiz

7 **2** Akkusativergänzung – Was? **3** Dativergänzung – Wem? **4** Ortsergänzung – Wo? **5** Ortsergänzung – Wo? Ortsergänzung – Wohin? **6** Ergänzung mit Präposition – Woran?

9a ~~Nur hier~~ kann ich ~~mit Sicherheit~~ Schüchterne von Weltgewandten unterscheiden. Wir haben viel Nebel ~~in dieser Gegend~~. Ich gestatte mir ~~an einem Föhntag~~ das Alpenpanorama zu ignorieren. Schweizer tragen ~~im Ausland~~ ihr Geld ~~in Beuteln~~ unter dem Hemd oder ~~eingenäht~~ in der Unterwäsche.

9b nur hier – place, mit Sicherheit – manner, in dieser Gegend – place, an einem Föhntag – time, im Ausland – place, in Beuteln – place, eingenäht – manner

10 … Bruttolohn lag im Jahr 1996 bei …, … Nachbarn in Deutschland. … liegen in Europa klar …
Man ist sich schon seit dem 18. Jahrhundert nicht sicher. … ihn in der ganzen Welt bekannt.
… beginnen am Montag nach Aschermittwoch um vier Uhr früh mit dem …
… sprayte zwei Jahre lang (1977 – 1979) nachts unbeobachtet seine Figuren …, … ein Werk von ihm „irrtümlich" entfernt hat, … wurde in der Schweiz zu neun Monaten …

11b **1**e, **2**c, **3**b, **4**a, **5**d

14 **1** Die Schweiz in Zahlen **2** Ein Land, aber mehrere Kulturen **3** Die Schweiz – ein Reiseland **4** So sagt man in der Schweiz **5** Kein Nationalbewusstsein?

41 Nicht

1a Example sentences; explanations

1b lines 6–8: Sie möchten wissen, … line 9, 10: Da gibt es zunächst …

3 whole sentence negated: Deutsch wird in der ganzen Schweiz nicht gesprochen.
just one element of the sentence negated: Deutsch wird nicht in der ganzen Schweiz gesprochen. Nicht Deutsch wird in der ganzen Schweiz gesprochen.

4 1, 3, 5, 6

5a **1a** Wir fahren heute noch <u>nicht</u>. **b** Wir fahren noch nicht <u>heute</u>. **2a** Sie hat nicht deine <u>Adresse</u> vergessen. **b** Sie hat deine Adresse nicht <u>vergessen</u>. **3a** Ich habe diesen Text nicht <u>gelesen</u>. **b** Ich habe nicht <u>diesen</u> Text gelesen. **4a** Ich habe das nicht zu dir <u>gesagt</u>. **b** Ich habe das nicht <u>zu dir</u> gesagt.

5b **1b** Sondern wann? **2a** Sondern was? **3b** Sondern welchen? **4a** Sondern zu wem?

6 When the whole sentence is negated *nicht (nie, niemals, noch nicht …)* is placed before a prepositional object, after an object without a preposition.

7 **1** Er hat die Kinokarten nicht gekauft. **2** Er ist noch nicht nach Hause gegangen. **3** Sie war mit ihnen nicht in der Kneipe. **4** Du kannst dir nicht viel Zeit lassen. **5** Es hat ihm sicher nicht Leid getan. **6** Wir haben den Text nicht begriffen. **7** Ich habe den Text noch nicht ganz gelesen. **8** Hast du die Erklärung nicht verstanden?

8a **1** B, **2** A

9a kein ≠ ein; nichts ≠ etwas, alles; wenig ≠ viel; ohne ≠ mit; niemand ≠ jemand, alle; nie/niemals ≠ immer, oft; nirgends/nirgendwo ≠ überall

10 Examples: unfreundlich, unwichtig, ungern, unglücklich, unangenehm, unbekannt, unsportlich, ungesund

11a **-los**: geistlos witless, parteilos independent, mühelos easy, effortless, ratlos helpless, witzlos pointless, humorlos humourless, gewaltlos non-violent, charakterlos characterless, gefühllos insensitive, wortlos silent, ziellos aimless, grundlos groundless, sinnlos meaningless, endlos endless
-frei: krisenfrei free of crisis, vogelfrei outlawed, verkehrsfrei traffic-free, alkoholfrei alcohol-free
-arm: gefühlsarm cold, waldarm sparsely wooded, kontaktarm unable to make friends easily

11b Examples: eine gewaltlose Revolution; ein zielloser Spaziergang; eine gefühllose Beziehung, ein grundloser, sinnloser Streit; ein witzloser, humorloser, charakterloser Mensch; alkoholfreies Bier; eine verkehrsfreie Straße; eine waldarme Gegend; parteiloser Politiker

12a 2 Er kommt heute den ganzen Tag nicht./ Er kommt nicht mal fünf Minuten. **3** Er kommt an einem anderen Tag. **4** Er war heute schon da, aber jetzt kommt er nicht mehr. / Es ist schon spät, er kommt nicht mehr.

42 Den farbigen Firmen gehört die Welt

3 Farbpsychologe, farbliche Gestaltung, bunte Möbel, Teppiche, Bodenplatten; farbige Firmen; der bunte Vogel unter den grauen Mäusen; Buntes; graue Töne oder anthrazitfarbene; Schwarz und Grau; Schwarz-Weiß; farbig; bunte Stehtische; bunte Stellwände, grau und anthrazit; farbige Collagen; Farbseminar

4 Wer farbig oder bunt denkt, kann neue Produkte entwickeln, ist offen, kann besser kommunizieren, wagt das Ungewöhnliche, besitzt mehr Kreativität, denkt positiv.
Wer in Schwarz-Weiß (Grau, Anthrazit) denkt, ist langweilig, denkt linear, ist nicht tolerant, ist nicht kreativ, ist ein Neinsager, hat keine Ideen, dem fehlt Mut.

5 He finds ready listeners. ... has opened many doors for him. He is a colourful character. He is a colourless sort of person. He really gets going / gets up steam. He finds respect/recognition. People who only think in black and white ... He's not someone who says no to everything. The world belongs to colourful firms. He recognizes those who think in only two dimensions, and in three.

6 über – übersehen – ..., er könnte den Bündner übersehen.
auf – auffallen – Inmitten der ... Banker und ... fällt Chiavi auf.
be – beraten – Er berät Firmen ...
ent – entwerfen – ..., er entwirft bunte Möbel ...
zusammen – zusammenarbeiten – ... arbeitet er ... mit Mercedes zusammen.
ge – gehören – Farbigen Firmen gehört die Welt, ...
über – überraschen – Dass er, ..., Respekt ... findet, überrascht ihn nicht.
be – beneiden – Die meisten Manager beneiden mich, ...
be – bezeichnen – ..., ja sie bezeichnen ihre Kleidung ...
an – anziehen – Aber ihnen fehle der Mut, sich so anzuziehen.
be – bedeuten – Schwarz und Grau bedeuten Rückzug, ...
be – begegnen – ..., wenn man sich einander farbig begegnet.
ge – geraten
er – erzählen
be – beginnen
ent – entstehen, entwickeln
Wenn Erich Chiavi in Fahrt gerät, zu erzählen beginnt, dann entstehen ganze Gedankengebäude. Von riesigen runden Arbeitstischen erzählt er, die er ... entwickelt habe.
vor – vorstellen – Man stelle sich vor, die Natur wäre nur ...
aus – ausleben – Die Natur ist ..., lebt die Farben aus.
er – erkennen – Da erkennt man die Flachdenker, ...
an – ansehen – Und man sieht ihnen die Freude ... an.
ver – verpacken
nach – nachschicken
Er habe die Collagen ... in Schachteln verpacken und den Urhebern ... nachschicken müssen.
er – erhalten – Nachher erhalte ich oft Anrufe und Aufträge, ...
be – befragen
er – erfüllen
über – überlegen
Nach einem Wunsch befragt, den er sich ... noch nicht hat erfüllen können, überlegt der Davoser kurz.

7a sehen: an- (ansehen), aus- (aussehen), hinaus- (hinaussehen), nach- (nachsehen). wieder- (wiedersehen)
kommen: her- (herkommen), um- (umkommen), wieder- (wiederkommen), zurecht- (zurechtkommen)

8 Examples: **1** kreativer denken die Mitarbeiter. **2** besser funktioniert die Kommunikation. **3** desto/umso dynamischer ist er. **4** desto/umso effizienter und belebter diskutieren sie. **5** desto/umso toleranter ist er.

9 sich ... verabredet (line 1,2), sich ... anziehen (line 24,25), sich abschließen (line 29), stelle sich vor (line 55), sich ... erfüllen (line 71,72), sich exponieren (line 76)

10b Dativ

11b (1) mich ... gefreut (2) fühlst dich (3) dir ... nimmst (4) dich ... langweilst (5) dich ... angestrengt (6) dich ... beschäftigt (7) dir ... überlegst (8) dich ... kümmerst (9) mich ... getroffen (10) sich ... kennen gelernt (11) sehen ... sich (12) schreiben ... sich (13) mir ... erfüllt (14) mir ... gekauft (15) lasse mir ... schneiden

11c 10 haben einander ... kennen gelernt 11 sehen ... einander 12 schreiben ... einander

43 Ein Weg zurück

6 Doris hat sehr früh angefangen zu trinken, so mit 13.
Doris ist in kurzer Zeit sozial abgestiegen durch das massive Trinken.
Doris Mutter fühlte sich überfordert mit den drei Kindern.
Doris hat das Buddha-Poster von Sybille bekommen, ihrer Schwester.
Ihre Mutter fing immer an von ihrer Angst zu reden.
Dann hat Doris eine Ausbildung angefangen im Büro.
Im Krankenhaus hat Doris ihre Schwester wiedergetroffen, die sie lange Zeit nicht gesehen hatte.
Die Wohnung ist schön eingerichtet mit Holzregalen, Büchern, einem Buddha-Poster.
Doris hat gar nicht viel empfunden in dieser Zeit.

An Silvester hat jemand Champagner mit heimgebracht, dummerweise.

44 Das wunderbare Volk

1b word formation: unterwegs sein = auf dem Weg sein
context: er zog mit ihnen 10 Jahre lang durch Europa

1d references to the main character: der Belgier, Jan Yoors, Zwölfjähriger, „Gajo", Nichtzigeuner, er, Insider
- mit der Familie der Lowara, einem der vier Hauptstämme der Rom
- in ganz Europa
- von 1934 bis 1944

3 gemächlich, Tage, Sommerferien, langsam, Sinn für Zeit, Frühstück, bestimmte Zeit, endeten, spät, Abendbrot, Zeitpunkt, Tageseinteilung, vor und nach dem Frühstück, dem Abendessen, Sonntage, Ruhetage, Tage und Wochen flossen, aufeinander folgende Monate des Jahres, Sommer, Winter, war länger, Zeitrechnung, Geburt, ablaufende Zeit, Jahr

4 Für Frühstück und Abendbrot war kein bestimmter Zeitpunkt festgelegt. Es gab keine andere Tageseinteilung als Frühstück und Abendbrot. Sonntag und andere Ruhetage gab es nicht. Die Kinder unterschieden nicht zwischen den Monaten, es gab nur Sommer und Winter. Die Rom kannten die historische Zeitrechnung von Christi Geburt an nicht, sie bezeichneten die ablaufende Zeit durch Ereignisse.

6 **2** Sie lernte jeden Tag Vokabeln, ohne Freude daran zu haben / ohne dass sie Freude daran hatte. Sie lernte ohne Freude jeden Tag Vokabeln. **3** Statt ihr etwas zu schenken / Statt dass wir ihr etwas schenkten, haben wir sie ins Restaurant. eingeladen. Statt eines Geschenks haben wir sie ins Restaurant eingeladen. **4** Er hat über das Thema geschrieben, ohne viel Interesse daran zu haben / ohne dass er viel Interesse daran hatte. Er hat ohne Interesse über das Thema geschrieben. **5** Er hat es geschafft, ohne dass sie ihm helfen mussten. Er hat es ohne ihre Hilfe geschafft.

7a **1** Während er an der Universität studierte, hat er ... **2** Er hat viel fotografiert, während er in Italien war. / während er durch Italien reiste. **3** Während er arbeitete / gearbeitet hat, hat er ... **4** Während man diskutierte / sie diskutierten, hat er ...

8 ineinander, aufeinander

9 (1) zueinander (2) nebeneinander (3) miteinander (4) gegeneinander

10b Zigeuner, Musik, Herz, Schmerz, Liebe, Leid, Glück, Geige, Traum, träumen, weinen, vergessen, verlor

13 clichés and prejudices about Romanies: das Zigeunerleben ist lustig, sie machen Geigenmusik, sie betreiben Wahrsagerei, sie stehlen, sie lügen, sie fahren umher, sie leben in Wohnwagen

45 Der Mann, der den Zufall verkaufte

2a betrieb – ran, lief sehr gut – went very well, did good business, beschaffen – produce

2b Geschenk, Gartenschlauch

2c Idee haben

2d eine Polaroid-Kamera

3 lines 12–14, lines 27–31

4 „ … um eine Idee zu kriegen, muss ich sie erst nicht mehr brauchen, ich muss sie überflüssig machen, damit sie sich freisetzen kann."

5a 1a, 2a, 3c, 4a, 5c, 6d, 7b, 8c, 9c, 10d

5b neutral: etwas wollen, ruhig bleiben, sich etwas wünschen
intense: verwirrt sein, beeindruckt sein
very intense: etwas ersehnen, scharf sein auf etwas, wütend sein

7a **A** hatte … bezahlt, musste … gekauft werden, war beeindruckt, gewünscht hatte
B ersehnte Gegenstände, kein passendes Geschenk, herbeigeführtes Geschenk
D kam … wütend zurück

7b declined: die … kommenden Väter, der betonierte Parkplatz, rausgeschmissenes Geld, kein passendes Geschenk, ersehnte Gegenstände, herbeigeführtes Geschenk, die Regierenden, einen Verletzten

8 1 E, 2 A, 3 B, 4 C, 5 B, 6 A, 7 E, 8 B, 9 C, 10 E, 11 A, 12 B, 13 B, 14 C, 15 A, 16 B, 17 B

9 Sie hat ihn beleidigt. Er war beleidigt. Der beleidigte … Der Beleidigte …
Sie hat sich verliebt. Sie ist verliebt. Die verliebte … Die Verliebte …
Man hat sie verhaftet. Sie sind verhaftet. Die verhafteten … Die Verhafteten …

11a Ein Kunde wusste einfach kein passendes Weihnachtsgeschenk …
One customer just couldn't think of the right Christmas present …
Aber die Leute waren ja gerade auf dieses bisschen Geheimnistuerei scharf.
But people were dead keen on this bit of mystery-mongering.
…, wie es mein Freund schon immer wollte.
…, such as my friend had always wanted to.
Wir mussten doch eine Idee herbeiführen.
We had to come up with an idea.
Möchte ich auch mal gerne wissen.
That's just what I'd like to know.
Also, um eine Idee zu kriegen, …
Well, to get an idea, …
… um eine Idee zu kriegen, muss ich sie erst nicht mehr brauchen, …
… to get an idea, first I mustn't need it any more, …
So musste erst der Schlauch gekauft werden.
And that's why the hosepipe first had to be bought.

11b (1) doch (2) einfach (3) auch mal (4) schon immer (5) ja gerade (6) einfach

46 Die Österreicher

3a to the Austrians

4a commit suicide, not be able to get over something, there's nothing anyone can do about something, fixed prejudices, go into battle against something

4b 1a, 2e, 3c, 4e, 5b, 6d, 7c, d, 8a, 9c, d, 10b

6b Prag – Tschechien, Triest – Italien, Zagreb – Kroatien, Krakau – Polen, Flensburg – Deutschland, Königsberg – Russland, Karlsruhe – Deutschland

7a Baby, Halbwüchsiger, …, Greis

7b 996 foundation of Austria
1946 state celebrations to mark Austria's 950th anniversary
1955 Austria celebrates 10th anniversary, achieves full sovereignty, commits itself to permanent neutrality

8a in the park, in the spring, a man and his girlfriend, going to the park and poisoning doves there

8b in den bunten Frühling hinaus, die Bäume sind grün, der Himmel ist blau, das Wetter ist wunderschön, die Sonne ist warm, die Lüfte sind lau, der Frühling, der dringt bis ins innerste Mark, der Frühling, der Frühling, der Frühling ist hier

8c second verse (Schau, die Sonne …): gehen wir Taubenvergiften im Park, a jeder vergiftet a Taube
whole of the third verse (Schatz, geh, …)
fourth verse: Kann's geben … bis beim Taubenvergiften im Park.

47 Im Buchladen

2a Er möchte: ein Buch / etwas zum Lachen / etwas Repräsentatives / etwas, das man sieht, wenn man in das Wohnzimmer kommt / ein Tierbuch, schwer, mit grünem Einband

3 Er hat Geburtstag, er hat nicht viel Zeit, er lacht gern, er ist 40 Jahre alt, er ist altdeutsch eingerichtet

5 verstehen Sie? – Ja, also – Ja, mei, es ist so, also – verstehen Sie, also – nachher sagen wir mal – verstehen Sie? – Ja, also gut – ja mei – sagen wir mal – Jetzt sagen wir mal so – Verstehen Sie – Ja, also – nicht wahr? – nicht? – Ich würde sagen – Ja, ob jetzt natürlich – sagen wir mal – wissen Sie schon, gell – Aber wissen Sie, Fräulein – ne?

6 For example: (1) Ja, es ist so / Wissen Sie (2) Sagen wir mal / Ja, es ist so / Ja, also (3) Also / Sagen wir mal (4) ich würde sagen / wissen Sie (5) Ja, also gut (6) sagen wir mal / wissen Sie (7) Ja also (8) verstehen Sie / wissen Sie. (9) Ich würde sagen

7 gut 1, 2; schlecht 5, 6; mittelmäßig 3, 4

8 1 Solltest du keine Zeit haben, dann lass es sein. 2 Bei schönem Wetter machen wir einen Ausflug. 3 Mit dem Problem sollten Sie zum Chef gehen. 4 Falls Sie ein spannendes Buch lesen wollen, hier ist ein Roman von Karl May. 5 Wenn ich früher fertig bin, dann komme ich zu dir. 6 Im Falle, dass Sie im Oktober in Frankfurt sind, sollten Sie zur Buchmesse gehen.

9b der Leseprozess (lines 23–33), der Erfolg (lines 34–39), ein Geschenk zu Weihnachten (lines 1–8), die Ziele der Eltern (lines 9–22)

12 1 Ich habe zur Zeit viel zu tun. 2 Das alles ist zu erledigen. 3 Die Kassetten sind bald zu bestellen. 4 Du hast heute Abend noch Vokabeln zu lernen. 5 Hier sind die Personen, die anzurufen sind. 6 Wir haben noch zwei Texte zu lesen.

13 1 … alle Regeln zu lernen? 2 … dass ich zum Arzt mitkomme? 3 … dass sein Vater mit ihm gesprochen hat. 4 …die Sache noch einmal zu erklären? 5 … dass du mir ein Geschenk mitbringst.

48 Die Schönheits-Tipps von Kaiserin Sissi

2 1 9–27, 2 28–45, 3 1–8, 4 55–62, 5 46–54

3 1 Landpomeranze, unerfahren in politischen Belangen, manisch depressiv, ein Mythos, schön 2 1998 jährte sich ihr 100. Todestag. 3 „Sisis kaiserliches Schönheits- und Gesundheitsbuch", Jutta Wellmann 4 Diese Schreibweise war die von Sissi selbst verwandte 5 Inhalt: Das ist historisch nicht immer sauber recherchiert und stellenweise spekulativ – aber unterhaltsam; Aufmachung: Wellmanns Buch ist prächtig aufgemacht und reich illustriert, mit Bildmaterial, Zeichnungen, Skizzen und vielen, vielen Rezepten versehen. Das sieht ein bisschen aus wie ein Jungmädchen-Poesiealbum …

4 1 R, 2 F, 3 R, 4 F

5a pflegende Öle, duftende Lotionen, für müde, fahle, strahlende, straffe Haut, für rosigen Teint

5b m: für rosigen Teint, mit frischem Quark
f: ohne moderne Chemie, das Ergebnis harter Arbeit
m, n, f: pflegende Öle, duftende Lotionen, mit pürierten Erdbeeren

6 Rosenwasser: warmes destilliertes, frische, warmen, frischen
Zimteiscreme: süße, gemahlener, heißen, heiße, gemahlenem

8 Then things got started. There was also little to eat. It's not easy …

9 with the verbs *sein, werden, bleiben*

10 Was gibt es (zu essen / im Kino / im Fernsehen …)? – What is there (to eat)? What is on (at the cinema / on TV, …)?
Gibt es (etwas Neues / noch Karten …)? – Is there (any news)? Are there (still tickets …)?
Wie geht es dir/Ihnen? – How are you?
Wie gefällt es Ihnen (hier / im Sprachkurs / in Ihrer Firma …)? – How do you like it (here / on your language course / in your firm …)?
Wie war es (im Urlaub / auf der Party / im Theater …)? – What was it like (on holiday / at the party / at the theatre …)?
Wie spät ist es? – What's the time?
Es ist mir egal. – I don't care.
Es tut mir Leid. – I'm sorry.
Ich habe es eilig. – I'm in a hurry.
Es geht los. – We're off.

11a das Rezept, fit

11b es in the nominative: teuer ist es auch nicht / es ist auch nicht teuer

12 2 Ich mache wieder eine neue Diät. 3 dich zu verstehen 4 die Rezepte geben 5 wann du das machst.

14a die Erziehung ihrer Tochter (3), Sissis Sprachkenntnisse (1), Sissi und die Politik (4), Sissis Charakter (2)

49 Warum?

2c drugs – einen rauchen, in andere Welten tauchen, die Augen waren tot, leer, müde, schwer, sich an eine fremde Macht ergeben, nur für Geld hast du dich gequält, dafür gingst du auf den Strich, für deinen Dealer

3 what the narrator now thinks and feels: verse 2, lines 3-8, verse 3, verse 4, lines 1, 2; what the friendship was like at the beginning: verse 1, verse 2, lines 1, 2; how it developed: verse 4, from line 3, verses 5, 6

4 1d, 2c, 3e, 4a, 5b

5 verse 1: Wir kannten uns seit Jahren, sind zusammen abgefahren. Uns gehörte die Welt und dafür brauchten wir kein Geld. Wir haben uns einfach treiben lassen, wir wollten nichts verpassen. Wir wollten nicht so werden, wie die Leute, die wir hassen. Nur ein Blick von dir und ich wusste genau, was du denkst, was du fühlst – diese große Vertrauen unter Frauen, das hat mich umgehauen. Es war völlig klar, ich konnte immer auf dich bauen.

verse 4: Ab und zu mal einen rauchen, mal in andere Welten tauchen, das war ja noch o.k., was ich gut verstehe. Doch dann fing es an mit den Sachen, die waren weniger zum Lachen. Doch du musstest sie ja machen. Ich stand nur daneben, konnte nicht mehr mit dir reden. Alles, was du sagtest, war: „Das ist mein Leben. Mein Leben, das gehört mir ganz allein und da mischt sich keiner ein. Lass es sein, lass es sein – das schränkt mich ein."

6a Dieses große Vertrauen unter Frauen, **das** hat mich umgehauen. **Sie** war geil, diese Zeit. Mein Leben, **das** gehört mir ganz allein.

6b 2 Diese Person, die nervt mich ständig. / Sie nervt mich ständig, diese Person. 3 Dieser endlose Diaabend, der war ja furchtbar. / Er war ja furchtbar, dieser endlose Diaabend. 4 Mein Tagebuch, das darf niemand lesen.

7 Examples: **1** Wir kannten uns seit Jahren **und** sind zusammen abgefahren. **2** Wir haben uns einfach treiben lassen **um** nichts **zu** verpassen, **denn** wir wollten nicht so werden wie … **3** Es war völlig klar, **dass** ich auf dich bauen konnte. **4** Sie war **nicht nur** da, **sondern** (sie war) **auch** nah **und** (sie war) (**auch**) kaum zu übersehen. **5** Der Wind hat sich gedreht **und jetzt** ist es zu spät. **6** Ab und zu mal einen rauchen **um** mal in andere Welten **zu** tauchen, das war ja noch o.k. … **7** Lass es sein, lass es sein, **denn** das schränkt mich ein.

50 Ramstein

1a **a** radio – **b** 21st September 2006, beginning of autumn – **c** first part: New York, second part: Ramstein, Deutschland – **d** three people: Benjamin Trick (speaker on the radio), Timothy Tailor (reporter), landlady of the Golden Gate in Ramstein

2b **1** R, **2** R, **3** F, **4** R, **5** F

3b 6, 1, 5, 7, 3, 4, 2

4b ➔ Glossar

4c (1) Gaststube (2) Bandit (3) Tischdecke (4) Tischplatte (5) Knie (6) Speisekarte (7) Mappe (8) Plastikfolie (9) Schweinskotelett (10) Kartoffelsalat (11) Trinken

5 Überraschung: 2, 4, 6, 8; Begrüßung: 9; Erinnerungen: 5, 10; Einladung: 1, 3, 7

6a 2, 4, 5, 6, 10

6b **1** a c d e, **3** e, **5** b, **7** a c e, **8** g, **9** e, **10** b f

7 **1** den Weihnachtsbaum mit Gin zu löschen **3** wie leer es hier ist **4** laut, überfüllt und gewalttätig **5** bis in die neunziger Jahre … **6** warum man ihn … **7** dass ich nach Europa …

51 Die Zaubersprache

2b **1** Seine Eltern wurden überaus lebhaft und lustig, wenn sie Deutsch sprachen, sie waren verwandelt. **2** Er lief zornig davon. Er lernte die Sätze/Wörter, die seine Eltern in ihren Gesprächen benutzten, übte sie ein, wiederholte sie im genauen Tonfall, wie Zauberformeln. **3** Es war die Sprache ihrer glücklichen Schulzeit in Wien.

3 *haben* oder *sein* + past participle

4 **2** Ich hätte / Wir hätten nicht länger gewartet. **3** Wir hätten es allein nicht geschafft. **4** Ich wäre / Wir wären beinahe zu spät gekommen.

5b … gefeiert hätte, wäre ich heute nicht zu spät aufgestanden. Wenn ich heute nicht zu spät aufgestanden wäre, hätte ich den Bus nicht verpasst. Wenn ich den Bus nicht verpasst hätte, wäre ich nicht zu spät zur Konferenz gekommen. Wenn ich nicht zu spät zur Konferenz gekommen wäre, hätte ich die Geschäftspartner nicht verärgert. Wenn ich die Geschäftspartner nicht verärgert hätte, hätte ich den Auftrag bekommen.

6 **1** muss **2** wahrscheinlich **3** Ich meine **4** wird … wohl

7 ? vielleicht, möglicherweise, können (kann/könnte), Futur + vielleicht, möglicherweise
+ wahrscheinlich, vermutlich, wohl, vermuten, denken, meinen, glauben, müssen (müsste), dürfen (dürfte), Futur (+ vermutlich wahrscheinlich, wohl)
++ bestimmt, sicher, gewiss, überzeugt sein, sicher sein, müssen (muss), Futur + bestimmt, sicher, gewiss

9 (2) und hat kein einziges Wort gesagt. (3) und nicht immer gleich wütend werden. (4) auch den Tonfall. (5) würde ich zu dir fliegen. (6) Wenn er sie wirklich lieben würde, würde er nicht im Konjunktiv sprechen. (7) haben noch bis weit nach Mitternacht gesungen und getanzt. (8) konnte lange nicht einschlafen. (9) das Wort bedeute(e)t. (10) kennen einander/sich kaum. (11) warum er so plötzlich verreist ist. (12) so teuer ist, fahre ich jetzt mit dem Fahrrad.

10 Examples: Meine Geliebte! Ich liebe dich und werde dich immer lieben. Komm bitte heute Abend um halb acht zum zweiten Ausgang des Zoologischen Gartens, wie immer. Zieh das an, was ich so schön an dir finde: das grüne Kleid, den grünen Hut und braune Schuhe. Vergiss bitte nicht den Regenschirm, es könnte regnen. Wir gehen zu Gambrinus und essen dort zu Abend. Und dann, wenn du möchtest, könnten wir in meine Wohnung gehen und dann … dein …

52 Es ist leicht, Millionär zu werden

1b Er lernte eine neue Einstellung zum Geld. Er lebte einige Monate von nur fünf Mark am Tag, bezahlte seine Schulden und begann Kapital aufzubauen.

2 … muss sie ihre Einstellung ändern. … sollte sie sich ein Heft anlegen, in das sie ihre täglichen Erfolge notiert. … Sie muss 10 Prozent ihres Lohns auf einem Sparkonto zur Seite legen, einen Teil jeder kommenden Gehaltserhöhung ebenfalls darauf überweisen und das Geld in Aktienfonds anlegen. … Ich rate, das Geld bereits am Ersten jedes Monats auf das unantastbare Sparkonto zu tun. … Der Trick ist, das Sparen nicht als Last zu sehen. … Man soll hier und jetzt leben … deshalb ist es falsch, für Konsumzwecke Schulden zu machen. … deshalb empfehle ich, neben dem Sparkonto noch ein sogenanntes Spaßkonto anzulegen. … Das rate ich ihm sogar. Und zwar mit Hilfe der 50/50-Regel: Sie besagt, dass man das Geld für die Schulden-Rückzahlung in zwei gleiche Teile splitten soll. … So ist es wirklich kein Problem, täglich in fünf Minuten seine Erfolge zu notieren, wie ich es empfehle.

4 **2** Ich habe weder Zeit noch Motivation, Vermögen aufzubauen. **3** Ich kann weder meine Schulden abzahlen noch sparen. **4** noch meine Frau finden Sparen sehr wichtig. **5** Ich habe weder einen Finanzberater noch besuche ich Seminare zu Finanzfragen. **6** hat der Chef weder gelobt, noch hat er mein Gehalt erhöht.

5 Examples:
+ Sie müssen Ihre Einstellung ändern. Man sollte sich die täglichen Erfolge notieren. Ich rate Ihnen, Geld auf einem Sparkonto zur Seite legen. Ich empfehle Ihnen, Geld in Aktienfonds anzulegen. Es ist sinnvoll, am Monatsbeginn mit dem Sparen anzufangen. Es ist besser, wenn man das Sparen nicht als Last sieht. Ich würde neben dem Sparkonto ein sogenanntes Spaßkonto anlegen.
– Machen Sie nicht den Fehler, das sparen zu wollen, was am Monatsende übrig bleibt. Es ist falsch, das Sparen als Last zu sehen. Sie sollten nicht das Konto überziehen. Ich würde nicht alles ausgeben, was da ist. Ich warne Sie davor, für Konsumzwecke Schulden zu machen.

1 Das Gespräch

5 Ja der Erwin

Augenblick!
Ja, hallo!
Ja der Erwin.
Wie geht's dir?
Ja? ... Schön!
Gell! ... Ja!
Wie war's im Urlaub? ... Ja ja! ... Schön!
Ach so! ... Ja ja! ... Ja so!
Ja also ... Ja ja! ... Also dann ... Ja? ... Ja ja!
Klar! ... Also ...
Haha, sehr gut! ... Also ... Ja!
O.K. dann ... Also ... Ja ja! ... Also dann, O.K.?
Danke ja! O.K.? ... Ja! ... Also dann ... O.K.! ... Ja!
Ich ... Ich ruf dich an.
Können wir machen. ... Ja, also o.k. dann.
Servus Erwin! ... Ja ja! ... O.K. dann... Also
Erwin ... Ja, O.K.!
Ach so! ... O.K. Erwin. ... Also dann ...
Ich würd' Folgendes ... Ja. ... Ich würd' Folgendes vorschlagen: ... äh ... Ja! ... Ja ja!
Ich ruf dich auf alle Fälle an.
Ja, O.K.! ... Also dann ... Nett, dass du angerufen hast.
Ebenfalls.

2 Dualismus

14

Wo ist der Himmel? – Der Himmel ist oben.
Wo ist die Hölle? – Die Hölle ist unten
Wo ist der Strand? – Der Strand ist rechts.
Wo ist der Mensch? – Der Mensch ist in der Mitte.
Wo sind Adam und Eva? – Adam und Eva sind im Bild.

Wo steht das Nomen? – Das Nomen steht im Text.
Wo steht „Liebe und Tod"? – „Liebe und Tod" steht in Übung zwei.
Wo steht „Das Gespräch"? – „Das Gespräch" steht auf Seite zwei.

4 Farben hören – Töne schmecken

13

a   Tag, Nacht, Danke, Sprache
e   Stern, Erde, Text, stehen
i   Bitte, links, Film, Liebe
o   wohnen, Brot, kommen, Sport
u   bunt, gut, Blume, Luft

8 Guten Tag

1   Guten Morgen!
     Wie bitte?
     Natürlich.
2   Hallo!
3   Was?
     Ach so!
     Tschüs, bis morgen.
4   Tag!
     Wie geht's?
5   Also dann!
     Schade!
6   Endlich!
     Na, dann.

17

Montag, Dienstag, Mittwoch, Donnerstag, Freitag, Samstag, Sonntag – jeder Tag vergeht ohne Ziel. Für mich sieht der Sonntag wie Montag aus, der Alltag ist überall zu Haus' ...

14 Weibsbilder

18 Stephie Betz

▣ = Hubert Eichheim   ▲ = Steffi Betz

▣ Stephie, kannst du mir mal erzählen, wo du lebst, wie du lebst, mit wem?

▲ Also, ich leb in einer Wohnung in München, mit meiner Mutter zusammen. Sie hat ihr eigenes Schlafzimmer und ich habe mein eigenes Schlafzimmer und wir teilen uns die Küche und das Bad, eigentlich so. Eine ziemlich kleine Wohnung, aber es passt. Mein Hund gehört auch noch dazu, zur Family. Und mein Vater, der lebt mit seiner Frau eben 500 Meter weiter die Straße rauf mit meinem Halbbruder, und das ist ganz okay. Dann, ich leb ich ziemlich nah am Zentrum, das ist ganz praktisch: Ich kann mit meinem Hund immer mit dem Radl in den Englischen Garten oder sonst wohin fahren und das ist ganz praktisch. Ich brauch eigentlich kein Auto mehr.

▣ Wie alt bist du?

▲ Ich bin fünfzehn.

▣ Und du gehst in die Schule?

▲ Ja.

▣ In was für eine Schule?

▲ In ein Gymnasium.

▣ Was heißt Gymnasium?

▲ Gymnasium ist Hochschule quasi. Es gibt eben nach der Grundschule, also die jeder besucht, Hauptschule kann man gehen, je nach Notendurchschnitt, oder Realschule oder Gymnasium. Und mein Notendurchschnitt war eben nach der Grundschule so gut, dass ich es mir leisten konnte, auf das Gymnasium zu gehen.

▣ Und da lernst du natürlich auch Fremdsprachen.

▲ Ja, ich lern Spanisch, Latein, wenn man das als Fremdsprache zählen kann, und Englisch.

▣ Und da hast du natürlich viel zu lernen?

▲ Ja.

▣ Wie viele Stunden verbringst du denn am Tag nach der Schule?

▲ Mit Lernen?

▣ Mhm.

▲ Im Schnitt zwei Stunden. Also, es kommt auf die Zeit drauf an. Weil, es gibt auch immer so Phasen, wo man eben viele Schulaufgaben schreibt wie März, April ungefähr, oder vor Weihnachten. Da sind es dann auch schon im Schnitt drei Stunden, weil man einfach zwei Stunden Vokabeln lernen muss oder sonst was, welche Schulaufgabe halt grad ansteht. Und sonst, dann gibt es wieder Zeiten nach den Ferien, wo man gar nichts tun muss.

▣ Also, du hast keinen großen Stress?

▲ Nöö, eigentlich nicht.

▣ Und dann hast du auch viel Freizeit?

▲ Ja, ja eigentlich schon.

▣ Und was machst du da in der Freizeit? Was machst du, wenn du fertig bist mit deinen Hausaufgaben?

▲ Erst mal schlafe ich viel. Dann, mit meinem Hund geh ich viel spazieren, fernsehen, lesen und, ja, und meistens kommt dann meine Mutter und sagt noch irgendwas, was ich machen muss.

▣ Also für zu Hause?

▲ Ja, Küche putzen oder Bad putzen oder so was.

▣ Und wie sieht es aus mit Freundinnen und Freunden?

▲ Ja, die treffe ich auch oft. Also zur Zeit ist es so, dass ich eigentlich immer unter Leuten bin, irgendwie, meistens aber am Wochenende. Weil, da hat man Zeit und da gehe ich öfters weg. Und unter der Woche ist es halt wegen der Schule ein bisschen blöd.

▣ Was heißt das, ich gehe weg?

▲ Ich gehe weg, das heißt, dass man zum Beispiel: in der Schule werden oft so Einladungen ausgeteilt von irgendeiner Diskothek oder irgendeinem Festival. Und da schließen sich halt dann die Freunde zusammen oder die Freundesgruppen und man geht dahin, und ja bis um eins rum ungefähr. Oder man geht ins Internet Café oder ins Backstage. Das ist hier auch in München. Das ist halt auch ein Festivalgelände, wo man hingeht.

▣ Hast du da nie Schwierigkeiten mit deiner Mutter?

▲ Hatte ich in letzter Zeit. Also, es ist halt so, dass meine Freunde, die meisten schon älter sind und deswegen auch länger wegbleiben dürfen als ich. Und jetzt hatte ich letzthin mit meiner Mutter eben 'nen Streit. Aber ich habe mich dann durchgerungen, und jetzt darf ich bis eins wegbleiben.

▣ Jeden Samstag oder unter der Woche auch?

▲ Ja, unter der Woche nicht, also ... Aber ich darf zum Beispiel bei Freunden immer übernachten, oder so.

25 Der schöne siebenundzwanzigste September

12

Der erste Januar, der zweite Februar, der dritte März, der vierte April, der fünfte Mai, der sechste Juni, der siebte Juli, der achte August, der neunte September, der zehnte Oktober, der elfte November, der zwölfte Dezember

19 Feierabend – Meiers gehen ins Theater

Willi: Wo ist denn die blaue Krawatte? Verdammt noch mal, in diesem Haus findet man ja auch gar nichts. Helga, ... Helga?

Helga: Welche Krawatte meinst du denn?

Willi: Na, die blaue mit den weißen Tupfen, die ich immer ins Theater anzieh.

Helga: Die habe ich weggeworfen. Die war so unmodern, die kannst du wirklich nicht mehr anziehen.

Willi: Was? Weggeworfen? Meinen Lieblingsschlips? Und welchen soll ich jetzt anziehen?

Helga: Komm, beruhige dich, Willi. Ich habe dir eine neue Krawatte gekauft, weiß mit blauen Tupfen, probier die doch mal, die hängt hier im Schrank.

Willi: Um Gottes Willen, du bist ja noch gar nicht angezogen. Und in zehn Minuten kommt das Taxi. Auch das noch.

Anna: Ich geh schon dran. Meier.

Willi: Das ist bestimmt für dich, wahrscheinlich deine Freundin Emma.

Anna: Mama, das ist für dich, Emma ist dran!

Willi: Hab' ich's nicht gesagt? Die hat uns jetzt gerade noch gefehlt! Anna, sag dieser Frau, dass deine Mutter jetzt keine Zeit hat.

Helga: Nein, nein, ich komme schon. Sie will sicher nur wissen, wann und wo wir uns morgen treffen.

Willi: Morgen treffen ... schon wieder? Die muss auch immer im unpassendsten Moment anrufen. Wegen der kommen wir jetzt zu spät zum Theater. Weiß mit blauen Tupfen, ach ja, hier ... na ja, auch nicht das Gelbe vom Ei. Helga, jetzt beeil dich, du musst dich noch anziehen.

Helga: Ja, ja, ich bin ja gleich fertig, ich muss nur noch das Kleid anziehen. Welches soll ich denn anziehen? Das Grüne oder das Schwarze?

Willi: Zieh halt das Grüne an.

Helga: Ach nein, nein, das nicht, das macht mich so dick. Anna, schau doch mal nach deinem Bruder. Boris hat jetzt sicher Hunger. Gib ihm das Fläschchen und leg' ihn ins Bett ... Nein, ich zieh das Schwarze an, das ist viel schicker, so richtig elegant, sonst hab ich ja nichts Gescheites fürs Theater. Hilf mir doch mal, machst du mir mal den Reißverschluss zu.

Willi: Zieh doch mal den Bauch ein! Das geht nicht, du bist zu dick!

Helga: Aber natürlich geht das, sei doch nicht so ungeschickt!

Willi: So, da hast du's, jetzt ist es kaputt.

Helga: Oh nein, was soll ich denn jetzt machen? Ich habe doch sonst nichts zum Anziehen!

Willi: Zieh halt das Grüne an. Das ist das Taxi. Anna, sag dem Taxifahrer Bescheid, wir kommen gleich, falls deine Mutter heute noch mal fertig wird. Was ist denn mit Oskar los? Der bellt ja wie verrückt. War Anna heute Abend schon mit ihm spazieren?

Helga: Ja, sicher, der war schon draußen, der bellt doch immer, wenn's klingelt ... Also in diesem Kleid, da seh ich ja furchtbar aus.

Willi: Ach Unsinn, das geht schon. Hast du die Karten eingesteckt?

Helga: Die Karten? Ich? Wieso ich? Die wolltest du doch besorgen.

Willi: Ich? Das mit dem Theater war doch deine Idee! Haben wir jetzt etwa keine Karten?

Helga: Wenn du keine hast - nein. Na ja, ist ja auch nicht schlimm. Ich hab ja sowieso nichts Richtiges zum Anziehen.

27 Blaulicht

11

Moderatorin 1: Das nächste Beispiel ehrenamtlicher Arbeit liefert eine 85-Jährige, die die Dinge um sie herum nicht auf sich beruhen lässt. Sie mischt sich ein. Und wie! Greenpeace, dieses Wort heißt ja eigentlich grüner Frieden und hat sich der Gewaltfreiheit verschrieben. Trotzdem erleben die Leute, die sich für Greenpeace engagieren, auch Unerfreuliches.

Die älteste Greenpeaceaktivistin Deutschlands sucht denn auch nicht die heile Welt. Ingeborg Wagner, 85 Jahre alt, 15 Enkel und 6 Urenkel, will die Welt heilen helfen, sichtbar, standhaft, zusammen mit anderen Senioren im „Team 50-Plus".

Ingrid Wagner: In dieser Gruppe versuchen wir die Jungen zu unterstützen in ihren Unternehmungen. Und die machen sehr viel waghalsige Dinge, wo sie teilweise sogar ihr Leben einsetzen. Das können wir natürlich nicht mehr. Also wir sind auf der Straße, wenn da ein Infostand aufgestellt, Informationsstand aufgestellt wird. Dann beteiligen wir uns daran und verteilen Zettel oder sammeln Unterschriften. Und wir schreiben viele Briefe an Politiker und Firmenchefs, Unternehmer und versuchen ihnen klar zu machen, dass es wichtig ist, die Umwelt zu schützen. Und falls sie das gar nicht tun, versuchen wir ihnen unsere Meinung darüber zu sagen.

Moderatorin 2: Ingeborg Wagner hat sich schon als junge Frau für die Natur und für den Umweltschutz interessiert. Doch erst im Alter fand sie Zeit, aktiv zu werden.

Moderatorin 1: Alle Achtung, das nenne ich eine rüstige Alte. Und wenn sie jetzt auch bei Greenpeace aktiv werden wollen, dann erkundigen Sie sich vor Ort oder bei Greenpeace in Hamburg, wo Ihr nächstes Team 50-Plus stationiert ist. Und wenn es keines vor Ihrer Haustüre gibt, ist auch kein Schaden. Dann gründen Sie halt eins.

31 Zoff oder Zärtlichkeit

17 a

▣ Christian und ich haben gestern noch lange über den Film diskutiert.
▲ Worüber habt ihr diskutiert?
▣ Über den Film.

▣ Ich muss dir unbedingt von unserem Ausflug erzählen, der war ganz toll!
▲ Wovon musst du mir unbedingt erzählen?
▣ Von unserem tollen Ausflug.
▣ Du sollst bitte daran denken, dass Jutta morgen Geburtstag hat.
▲ Woran soll ich denken?
▣ Dass Jutta morgen Geburtstag hat

▣ Das geht nicht so schnell, du musst noch vierzehn Tage warten.
▲ Wie lange muss ich noch warten?
▲ Vierzehn Tage.

▣ Wir haben lange nichts von Jenny gehört. Sie wollte doch im August nach Deutschland kommen.
▲ Von wem habt ihr lange nichts gehört?
▣ Von Jenny.

▣ Ich habe für die Reise eine super praktische Tasche gekauft.

▲ Was für eine Tasche?
▣ Eine super praktische.

▣ Siehst du die beiden Männer dort? Der rechte sieht aus wie mein Bruder.
▲ Welcher sieht aus wie dein Bruder?
▣ Der rechte.

▣ Beide Hosen sind gut, aber die rote Hose finde ich schöner.
▲ Welche findest du schöner?
▣ Die rote.

17 b

▣ Ich brauche unbedingt 10.000 Euro.
▲ Wozu brauchst du denn so viel Geld?

▣ Ich habe gestern bis zwei Uhr nachts gearbeitet.
▲ Was hast du denn so lange gemacht?

▣ Ich muss unbedingt wissen, wem das rote Kabrio gehört.
▲ Warum interessiert dich das? Warum willst du das wissen?

▣ Komm mal ganz schnell her!
▲ Warum soll ich kommen?

▣ Weißt du schon, dass Annemarie wieder geheiratet hat?
▲ Woher weißt du das? Wen hat sie denn geheiratet? Wann hat sie denn geheiratet?

▣ Warum bist du denn so schlecht gelaunt?
▲ Ich sitze hier und warte nun schon fast eine Stunde.

▣ Auf wen wartest du denn? Worauf wartest du denn?

37 Freiheit, die ich meine

11b Jahrgang 49 – aufgewachsen in zwei deutschen Staaten

Wann haben Sie erfahren, dass ihr Geburtstag ein historisch bedeutsamer Tag ist?

Monika Röhm: Ich war da 17 Jahre alt, ging in die Obersekunda, ins Gymnasium, und in Rheinland-Pfalz bekam jeder Schüler in der Obersekunda das Grundgesetz geschenkt. Und als ich dieses aufmachte, las ich auf der ersten Seite mein Geburtsdatum. Und das war für mich dann unvergesslich, dass das der Gründungstag der BRD war. Ich hab dann später andere Leute gefragt, Juristen, die es eigentlich hätten wissen sollen, es hat keiner gewusst.

Petra Wecker: Ich bekam eine Einladung vom Bürgermeister der Stadt Dresden. Zusammen mit meinen Eltern musste ich ins Rathaus kommen. Ich bekam dort ein schönes Geschenk, meine ersten Rollschuhe, das war ganz toll für mich, dann gab es Kaffee und Kuchen, dann haben wir ein bisschen gefeiert. Wir wurden fotografiert, das kam dann auch in der Zeitung, diese Bilder wurden veröffentlicht und da hab ich eigentlich begriffen, dass ich an einem ganz besonderen Tag Geburtstag habe.

Und wann war das?

Das war zu meinem 10. Geburtstag, 1959.

Gibt es besondere Prägungen, die Sie aus Ihrer Kindheit behalten haben?

Petra Wecker: Ja, ich kann mich gut erinnern: Eines Tages sagte mein Vater mal dann zu mir, dass er alles dafür tun möchte, dass nie wieder ein Krieg entsteht. Er selbst war überzeugter Hitlerjunge, ist dann in den Krieg gekommen und in Gefangenschaft. Er hat dort viele grausame Sachen erlebt, wie viele andere auch. Er ist nun auch wieder nach Hause gekommen mit dem Vorsatz, in diesem Staat alles dafür zu tun, damit nie wieder ein Krieg ausbricht.

Monika Röhm: An erster Stelle Gehorsam, Disziplin, Pflichtbewusstsein, überhaupt Leistung zu bringen. Ich hatte immer das Gefühl, wenn ich nicht eine Leistung bringe, dann werde ich auch nicht geliebt. Das heißt, wenn ich Mist baue, dann werde ich abgeschoben, dann habe ich gar keine Daseinsberechtigung.

Wann haben Sie zum ersten Mal von der Existenz eines anderen deutschen Staates gehört?

Petra Wecker: Ich kann mich noch erinnern, die Erwachsenen haben sich immer über drüben unterhalten, was drüben passiert, was dort gemacht ist. Da habe ich dann mal meinen Vater gefragt, was drüben bedeutet, wo das ist, wer das ist und da hat er mir erklärt, dass es noch einen anderen deutschen Staat gibt. Für mich stellte sich das so dar, dass wir sind die Guten und drüben leben die Bösen, das sind die Nazis, die für den Krieg verantwortlich sind. So wurde das auch überall besprochen, in den Medien, zu Hause unter den Erwachsenen.

Monika Röhm: 1961 im August war ich mit meinen Eltern in Italien in Urlaub. Und dort wurden deutsche Zeitungen verteilt und es gab große Diskussionen und Aufregung unter den Erwachsenen, weil darin zu lesen war, es wird oder es ist eine Mauer gebaut. Und man hat drüber diskutiert und es war plötzlich klar, Deutschland ist zweigeteilt: die Ostzone, was früher nur ein Teil war, ist jetzt für sich. Und da kann ich mich dran erinnern.

Hatten Sie irgendwelche Vorstellungen von den Menschen, die da drüben in der DDR lebten?

Monika Röhm: Nur vage. Persönlich hatten wir ja keinen Kontakt in die Ostzone, weil keine Verwandtschaft und auch keine Freunde gab, die da waren, also bin ich nie rübergefahren und meine Vorstellungen waren eben, dass diese Leute unfrei waren.

Was für eine Vorstellung hatten Sie von den Menschen im Westen?

Petra Wecker: Durch viele Zeitschriften, die wir so rumgereicht haben, da waren immer nur schöne Menschen, die waren erfolgreich, irgendwie waren die besser als wir. Das stellte sich immer wieder so dar.

Ein Minderwertigkeitsgefühl gegenüber dem Westen, haben Sie das empfunden?

Petra Wecker: Ein bisschen schon, ja.

Wie nah war Ihnen Ihr Staat DDR? Hätten Sie damals gerne im Westen gelebt?

Petra Wecker: Nein, gelebt, nein, das kann ich nicht sagen. Ich bin sehr heimatverbunden und bin auch sehr stolz auf meine Stadt, auf Dresden und meine Familie, aber ich hatte immer den großen Wunsch mir mal etwas anzusehen, zum Beispiel wir haben in der Schule über Ebbe und Flut gesprochen, da wäre ich gerne mal an die Nordsee gefahren und hätte mir das selbst mal angesehen oder in die Alpen, die hohen Berge, das kann man sich ja von hier aus gar nicht vorstellen. Einfach nur mal in Urlaub fahren und dann wieder nach Hause kommen, weil ... was anderes wollte ich gar nicht.

Mit welchen Gefühlen haben Sie den Fall der Mauer wahrgenommen?

Monika Röhm: Recht emotional hier zu Hause am Fernseher, aber wirklich dran geblieben und ich fand es sehr bewegend, wie die Mauer aufging und die ersten Trabis rüberkamen, also diese Käfige, die wurden aufgemacht und die Leute waren befreit, sie waren frei, war fantastisch.

Sind Sie rausgegangen an die Grenze?

Petra Wecker: In den Nachrichten haben wir es mitbekommen. Wir haben uns sofort ins Auto gesetzt, mein Mann und ich, und sind nach Berlin gefahren, alle sind nach Berlin gefahren, wir haben fünfeinhalb Stunden gebraucht, wo wir sonst bloß anderthalb Stunden fahren. Es war alles herrlich, es war einfach nur schön, weil wir hatten uns damit schon abgefunden, dass wir bis zu unserem Rentenalter niemals ins westliche Ausland fahren dürfen und dass wir das mit vierzig erleben dürfen, also dass ich auch mal ins Ausland fahre, das war ganz herrlich. Das war alles laut und bunt, viel Lärm, aber es war trotzdem schön.

Dann habe ich einen Supermarkt besucht und es war genauso wie mein Mann mir es gesagt hat, alles voll, alle Regale immer, alles im Überfluss war vorhanden, ich hab dann auch was gekauft, ich hab viel Quatsch gekauft, vielleicht aus dem Gedanken heraus, dass es das morgen vielleicht nicht mehr gibt. Bei uns gab es ja so was nicht.

Sind Sie nach der Vereinigung oft in den Westen gefahren?

Petra Wecker: Ja, mindestens zehn Mal. Zuerst war ich an der Nordsee und da hab ich mir Ebbe und Flut angesehen, dann war ich in Hamburg, München, in Augsburg, durch die Alpen sind wir gefahren, Bad Kissingen, wo mein Mann immer gearbeitet hat.

Monika Röhm: Nein, ich war noch nicht in den neuen Bundesländern. Im Moment schiebe ich das noch vor mich her, und denke mir, das kann ich machen, wenn ich die anderen weiten Reisen nicht mehr machen kann. Dann würden mich besonders Dresden und Weimar interessieren.

38 Hand

10

▲ = verschiedene Personen

Was fassen Sie gerne an?

▲ Kuchenteig zum Beispiel, wenn's so durch die Finger batzelt.

▲ Gras, geschnittenes Gras fühle ich gern.

▲ Meine Klaviertasten.

▲ Samt, ganz weichen, so'n Tuch, was man so um den Hals machen kann.

▲ Nasses Laub.

▲ Erde.

Und wenn Würmer drin sind?

▲ Dann tu ich sie halt raus.

Die magst auch fühlen?

▲ Ja.

Was mögt ihr denn überhaupt nicht gerne fühlen?

▲ Nassen Sand, der so matschig is.

▲ Spinnen.

Weißt du überhaupt, wie sich 'ne Spinne anfühlt?

▲ Ja, wenn ich sie auf der Hand hab, Beine halt.

▲ Wenn's so krabbelt.

▲ Ja genau, oder Spinnennetze, vor allem nasse, so wenn die Tröpfchen dranhängen.

▲ Putzlumpen.

▲ Ich fühl zum Beispiel Haut gerne, also, die streichel ich einfach gerne.

▲ Die Kinderhaut speziell.

Was noch?

▲ Na, Hundefell!

Wie fühlt sich das an?

▲ Weich, manchmal auch'n bisschen struppig.

Was machen Sie gern mit den Händen?

▲ Was ich gerne mach', ist, wo die Hände viel müssen – also was basteln, also wo die Hände viel Arbeit kriegen, wo sie ganz fein auch arbeiten müssen.

▲ Wenn man irgendwas ganz schnell machen muss, so 'n Streichholz anzünden oder so.

Das findste toll?

▲ Ja.

Wenn es dann gelingt, vor allen Dingen.

▲ Ja.

▲ Also ich mag häkeln sehr gern, aber stricken nich'. Ich weiß nich', stricken geht bei mir irgendwie mit den Händen zu langsam, aber häkeln geht so schnell.

▲ Gartenarbeit mach ich gern mit den Händen, außerdem spiel ich gern Klavier mit meinen Händen.

▲ Also ich streichel ganz besonders gern eine Katze, die ein warmes Fell von der Sonne hat, also das find ich ganz besonders schön.

▲ Weiche Wolle fühl ich gern ... und ich strick recht gern ... und Wasser fühl ich auch sehr gern ...

Also spülen ist eigentlich was Besinnliches, wenn das so schön plätschert und so warm die Finger entlang, dann ... Spülen Sie gerne?

▲ Ja, das ist eine angenehme Arbeit. Ich hab keine Spülmaschine.

12 Ich küsse Ihre Hand Madame

Ich küsse Ihre Hand, Madame, und träum, es war Ihr Mund.
Ich bin ja so galant, Madame, und das hat seinen Grund.
Hab ich erst Ihr Vertraun, Madame, und Ihre Sympathie,
wenn Sie erst auf mich baun, Madame, ja dann werden Sie schaun, Madame.
Küss ich statt Ihrer Hand, Madame, nur ihren roten Mund.

Madame, ich lieb Sie seit vielen Wochen.
Wir haben manchmal auch davon gesprochen.
Was nützt das alles, mein Pech dabei ist,
dass, ach, Ihr Herzchen leider nicht mehr frei ist.
Ihr Mund gebietet mir „Sei still!".
Doch träumen kann ich, was ich will.

Ich küsse Ihre Hand, Madame, und träum, es war Ihr Mund.
Ich bin ja so galant, Madame, und das hat seinen Grund.
Hab ich erst Ihr Vertraun, Madame, und Ihre Sympathie,
wenn Sie erst auf mich baun, Madame, ja dann werden Sie schaun, Madame.
Küss ich statt Ihrer Hand, Madame, nur ihren roten Mund.

39 Was draußen passiert

10 Zeit haben

Mir scheint, wir leben in einer Zeit, wo immer weniger Menschen Zeit haben, gemächlich zu einem Brunnen zu laufen. „Schneller, lauter, sofort" lautet die Devise und die Nerven werden dünner und der Preis dafür, den wir bezahlen, der ist hoch. So stellt eine groß angelegte Studie aus Kanada fest, und ich bin der Überzeugung, das bestimmt oder trifft sicher im Großen und Ganzen auch auf Deutschland zu, dass zum Beispiel berufstätige Paare im Durchschnitt etwa 20 Minuten pro Tag gemeinsam zusammen verbringen. Oder ein anderes Beispiel, das mich wirklich zum Kopfschütteln bringt: Berufstätige Väter sollen, gemäß dieser Studie, pro Woche sich im Durchschnitt noch 10 Minuten mit ihrem Kind abgeben. Und noch so eine weitere schreckliche Meldung: Zwei Drittel der berufstätigen Mütter fühlen sich ausgelaugt und erschöpft, weil ihnen die notwendige Zeit zur Erholung fehlt.
Wir leben in einer Zeit, stellt der französische Soziologe Paul Virilio fest, in der es keine Zeit mehr gibt zur Reflexion, das heißt zum Nachdenken, sondern nur noch zum Reflex, das heißt zur Reaktion.
In dieser Sendung wollen wir Zeit haben zum Nachdenken und wir möchten die Gelegenheit wahrnehmen, miteinander zu diskutieren und herauszufinden, ob und wie es möglich ist, trotz Hektik und trotz äußerem Druck Zeit zu haben, um im Bilde von Saint Exupéry zu sprechen, um zum Brunnen zu laufen.

40 Des Schweizers Schweiz

13 Jetzt reden wir – Mitbestimmung, Volksabstimmung

▲ = Sabine Christiansen (Moderatorin),
◆ = Kurt Felix (Schweizer Entertainer),
● = Britta Kurz,
■ = Antje Vollmer (deutsche Politikerin)

▲ = Guten Abend, einen schönen guten Abend aus Berlin, meine Damen und Herren, ich grüße Sie ganz herzlich.
Alle Staatsgewalt geht vom Volk aus, so heißt es im Grundgesetz, doch hier in Deutschland gilt das bekanntlich nur alle vier Jahre, das wissen Sie, wie in diesem Herbst bei den Wahlen.
Die Deutschen wollen mehr mitbestimmen, bei unseren Nachbarn in der Schweiz ist das längst eine Selbstverständlichkeit und ich begrüße daher bei uns den glühenden Anhänger der Volksabstimmung, Kurt Felix, und Britta Kurz, die sich hierzulande für mehr Demokratie einsetzt.
Wie oft stimmt man denn in der Schweiz ab, jeden Sonntag?
◆ Ja, nein, nicht jeden Sonntag, sagen wir so, alle zwei bis drei Monate stimmen wir ab, aber dann über mehrere Sachvorlagen, also über sieben, acht Vorlagen müssen wir uns dann beschäftigen vorher damit, auf einmal.
▲ = Womit zuletzt haben Sie sich beschäftigen müssen?
◆ Zuletzt haben wir uns beschäftigt mit Jugend und Drogen, das war die letzte Abstimmung, aber es stehen wieder sehr interessante bevor. Wir stimmen ja nicht nur ab über staatliche Sachen, also über eidgenössische Sachen, sondern auch über kantonale Sachen – das wäre also hier vergleichbar mit Ihren Bundesländern – auch über Gemeindedinge, also ob man beispielsweise aus einer Maklerwiese einen Fußballplatz machen soll. Also mit solchen Dingen beschäftigen wir uns.
▲ Und Frau Kurz, das wollen Sie auch, dass wir uns nun damit beschäftigen.
● Genau. Wir haben ja im Grundgesetz stehen, Staatsgewalt geht vom Volke aus. Das Volk übt diese Souveränität in Wahlen und Abstimmungen aus und wir sehen eben im Moment die Demokratie auf nur einem Standbein wie der Storch im Salat, das Abstimmungsstandbein fehlt.
▲ Ich hab doch auch meinen Volksvertreter gewählt und der müsste das doch alles für mich regeln. Warum muss ich denn nun alle zwei Monate noch acht Vorlagen bearbeiten und mir angucken, was ich da will. Da muss ich ja richtig arbeiten.
■ Bei der Wahl, bei der die Volksvertreter gewählt werden, wird die Stimme abgegeben und dann kommt sie für vier Jahre nicht mehr wieder. Innerhalb dieser vier Jahre kann sich aber was ganz Neues ergeben, was beispielsweise bei der Wahl noch kein Thema war. Zum anderen, bei Wahlen wird über ganze Pakete abgestimmt und eben nicht über einzelne Sachfragen. Ich kann in einer einzelnen Sachfrage eine ganz andere Meinung haben als die Partei, die ich gewählt habe, und das kann ich eben nicht ausdrücken.
◆ Die Frau spricht schon wie eine Schweizerin.
▲ Ist die Begeisterung denn allgemein in der Schweiz so groß? Was man ja kaum weiß, man

kennt Sie nun als Fernsehmoderator natürlich landauf, landab, aber was man eigentlich nicht so weiß, Sie sind ja eigentlich Lehrer, Staatskunde gelehrt einmal, das heißt, es ist klar, Sie sind natürlich dann begeistert von mehr Demokratie. Aber die Schweizer sind es insgesamt. Man möchte es nicht mehr missen.
◆ Das ist eigentlich auch ein Grund, weshalb wir Schweizer noch nicht in der EU sind, weil wenn wir in die EU kommen, haben wir immer Angst, es würden dann die Entscheidungen in Brüssel gefällt und wir wollen diese demokratischen Rechte nicht aus der Hand geben und ich hoffe, ich komme heute noch drauf Ihnen zu sagen, was für demokratische Rechte wir haben.
▲ Aber bislang ist es uns meistens einfach nur vergönnt der Politik im Fernsehen zuzuschauen oder brav Steuern zu zahlen und eben dann alle vier Jahre, da dürfen wir zur Wahl gehen, aber das reicht vielen Bürgern nicht mehr.
◆ Aber bei uns läuft es ja anders, bei uns muss sich die Regierung, müssen sich die Politiker, müssen sich die Medien um den Bürger bemühen. Sie müssen sagen, Guck mal, so muss man das machen, das sind die Vorteile und das sind die Nachteile. Und da kann nicht die Schweizer Regierung oder das Parlament einfach über den Kopf der Bevölkerung hinweg entscheiden. Denn etwas ist auch entscheidend: Schauen Sie mal, wenn die Demokratie von unten herauf funktioniert, wie es das in der Schweiz noch tut, wenn das funktioniert, dann werden diese Gesetze, die eingeführt werden, dann werden Verfassungsartikel, die neu dazukommen oder die geändert werden, dann werden diese vom Volk auch angenommen, dann werden diese auch akzeptiert, dann werden diese auch legitimiert. Alle zwei Monate hat sich der Schweizer Bürger mit Sachvorlagen auseinander zu setzen – wie Sie schon sagten, das geht vom Stammtisch über den Küchentisch, auf Plakatwänden, die Medien Fernsehen, Radio usw. Wir diskutieren über diese Probleme und deshalb interessiert sich aber der Bürger auch mehr für den Staat, als vielleicht das in Deutschland der Fall ist. Ich weiß nicht, also bei uns ist diese Politikverdrossenheit nicht so groß wie vielleicht hierzulande, was ich oft höre in den Medien. Und wenn Sie das in der Schweiz erzählen würden, wenn Sie Politiker in der Schweiz wären und würden das erzählen, wären Sie bei uns schon längstens abgewählt, ich muss es Ihnen sagen. Wir sind darauf sehr, sehr sensibilisiert. Es ist doch toll, es kann doch niemand wegdiskutieren, es ist doch toll, wenn wir Schweizer in Staatsangelegenheiten sagen können, „Jawohl, wir wollen in die UNO" oder „Halt, wir wollen nicht", „Jawohl, wir wollen in die EG". Wenn ich im Kanton St. Gallen vor drei, vier Wochen abgestimmt habe, „Jawohl, Erbschaftssteuer weg". Wenn ich sogar auf kommunaler Ebene noch Entscheidungen machen kann.
■ Die Schweizer haben ja sogar das Frauenwahlrecht eingeführt, allerdings sehr, sehr spät.
◆ Ich muss Ihnen sagen, das nimmt natürlich auch sehr viel Druck weg, das nimmt auch sehr viel Frust weg, wenn ich mit etwas nicht einverstanden bin, dann gehe ich an die Urne und werfe

ein „Nein" rein und hiermit habe ich mal ein Ventil geöffnet und akzeptiere dann aber, das übrigens, das funktioniert in der Schweiz seit 150 Jahren.

Ich glaube, das Volk braucht ein Gaspedal und ein Bremspedal. Das haben wir in der Schweiz. Das Gaspedal ist bei und die sogenannte Volksinitiative, wenn wir die Verfassung ändern wollen. Da muss jemand 100 000 Unterschriften zusammenbringen und dann kann man in einer Volksabstimmung etwas bewirken, also man kann den Staat vorwärtsbringen. Dann haben wir aber auch das Bremspedal und das ist in der Schweiz ein ganz wichtiges demokratisches Instrument, das ist das Referendum, sagen wir dem. Also wir können Gesetze, die erlassen werden vom Staat, von der Regierung oder von irgendjemand, wir können das ausbremsen. Dazu braucht es aber nur 50 000 Unterschriften. Also in einem Monat - und dann rede ich nicht mehr so viel, Frau Christiansen – ich möchte Ihnen das Wunderbare der Demokratie doch mal vorführen am praktischen Beispiel: Gestern Morgen im Briefkasten hat jetzt eine Partei, die Autopartei, die haben nämlich mit Unterschriften begonnen zu sammeln, 100 000 müssen die haben, hier ist die Broschüre, habe ich taufrisch für Sie mitgenommen: „Kampf dem Stau". Da wird darüber abgestimmt, wollen wir eine zweite Tunnelröhre oder die Autobahn auf sechs Spuren ausbauen. Und prompt kommen die anderen und sagen „Hallo, wir haben hier schon 100 000 Unterschriften, wir wollen nämlich vier autofreie Sonntage einführen". So wird diskutiert, so geht man an den Bürger heran, da kann nicht der Politiker sich wählen lassen und dann vier Jahre regieren in Bern – er muss sich alle zwei Monate um den Bürger bemühen. Deshalb haben wir, glaube ich, ein zufriedenes Volk und unzufriedene Politiker ...

43 Ein Weg zurück

Ansagerin:

Sie liegen im Winter auf Parkbänken und wir verstehen nicht, warum sie nicht frieren. Sie sitzen im Bus vor uns und wir drehen den Kopf weg, weil wir ihren Geruch nicht ertragen. Sie stellen sich uns in den Weg und wir drücken ihnen schnell etwas Geld in die Hand. In Deutschland sind 360 000 Menschen obdachlos. Und fast immer sind sie auch Alkoholiker. Was sind das für Menschen? Wie kann man leben ohne Wohnung, ohne Arbeit? Und gibt es auch einen Weg zurück? Hören Sie heute ein Interview mit einer jungen Frau, die Alkoholikerin war und zeitweise auch auf der Straße gelebt hat.

2b

■ = Interviewer

■ Ihre Kindheit haben Sie in einem Vorort von München verbracht, der Vater erfolgreicher Architekt, die Mutter Hausfrau, hatte also viel Zeit für Sie und Ihre Geschwister. Es stimmte eigentlich alles.

Doris Ja, von außen gesehen schon. Aber, ich glaub, meine Mutter wollt eigentlich ganz anders leben. Die wollt auch eigentlich keine Kinder und als sie schwanger war mit dem Thomas, meinem Bruder, wollt sie sich am liebsten umbringen.

■ Hat sie Ihnen das erzählt?

Doris Ja, später mal. Sie hat sich einfach so allein gefühlt. Mein Vater war ja fast nie da. Die war total frustriert, ständig nervös, wenn irgendwas war, hat sie gleich geschrien und uns auch oft geschlagen, d.h. eigentlich nur mich.

■ Warum nur Sie?

Doris Hm. Weiß ich eigentlich nich, keine Ahnung.

■ Hat Ihre Mutter denn auch getrunken?

Doris Ja. Aber so, dass es keiner sieht.

■ Und Ihr Vater?

Doris Wenn der da war, hat sich immer eigentlich das Gleiche abgespielt, dann gab's Streit. Letztens ist mir aufgefallen, dass ich die beiden nie zusammen hab lachen sehen, meine Mutter und ihn. Die haben sich dann auch später getrennt.

■ Hat Ihre Mutter denn die Scheidung eingereicht?

Doris Ja.

■ Und wann war das?

Doris Das war Anfang der 80er Jahre. Da war ich gerade 10. Ja, mein Vater hatte eine andere Frau kennen gelernt, auch eine Architektin, bei einem Kongress. Und meine Mutter, ja, die Ehe von meinen Eltern war ja schon kaputt, aber das war dann noch mal so ein richtiger Schlag für sie.

■ Und dann?

Doris Ja, der Thomas kam zu meinem Vater und der neuen Frau und ...

■ Wie alt war Ihr Bruder denn da?

Doris Der is ein Jahr jünger als ich. Also, da war er neun. Und die Sibylle und ich sind zuerst bei unserer Mutter geblieben.

■ Sie kamen dann aber ins Heim. Warum?

Doris Weil ... ich bin einmal abgehauen von daheim und ...

■ Sie sind von zu Hause weg? Warum?

Doris Ja ... ich hab zwei Fünfer gehabt und für meine Mutter war das alles so furchtbar wichtig, die Schule und so. Und gleichzeitig hatte die immer Angst, dass sie was falsch macht. Ich konnte ihr das einfach nicht sagen.

■ Und dann sind Sie ins Heim gekommen?

Doris Nee, noch nich. Aber da fing meine Mutter an davon zu reden, dass sie überfordert ist mit mir und so. Und dann, dann war ich 13, das war in so'ner Clique und wir ham uns immer nach der Schule an der U-Bahn getroffen und ham zusammen Joints geraucht. Und natürlich Bier getrunken. Da war's ihr dann irgendwann echt völlig zu viel, und dann hat mich die Mama tatsächlich ins Heim gesteckt.

■ Und Ihre Schwester blieb bei der Mutter?

Doris Ja. Die Sibylle is ganz anders als ich. Die hat sich nur so in sich verkrochen und nicht viel gesagt. Aber wenn's zwischen meiner Mutter und mir ganz schlimm war, dann hat sie immer Partei für mich ergriffen.

■ Und wie war das dann für Sie?

Doris Im Heim?

■ Ja.

Doris Ach, das war eigentlich gar nich so schlimm. Aber ich hab gar nich viel empfunden in der Zeit, ich weiß nich.

■ Haben Sie im Heim auch noch Haschisch geraucht und Alkohol getrunken?

Doris Joints nich. Das geht nich, wegen dem Geruch. Aber Bier schon. Das ham eigentlich fast alle da gemacht.

■ Und wie lange sind Sie im Heim geblieben?

Doris Vier Jahre. Ich hab dort den Realschulabschluss gemacht und dann bin ich erst mal wieder zu meiner Mutter.

■ Und dann?

Doris Dann hab ich ne Ausbildung angefangen, im Büro. Und mit 18 dann konnt ich mir ein eigenes Zimmer nehmen und das war dann erst mal voll cool, endlich mal keiner da, der einen kontrolliert. Aber irgendwie, die Arbeit. Ich hab da überhaupt keinen Sinn drin gesehen, ich hab gar nich gewusst, warum ich das eigentlich mach. Und ich hab keine Lust mehr gehabt, da hin zu gehen, null Energie, ich war irgendwie so leer, ja, hab mich so leer gefühlt. Ich wollt oft gar nich mehr auf die Straße gehen, nich mehr einkaufen, nichts. Ich hab mich richtig versteckt in meinem Zimmer.

5 b

■ Und heute? Wie ist das heute für Sie, wenn Sie so zurückschauen? Sie haben ja eine richtige Odyssee hinter sich ...

Doris Na ja, ich glaub, ein Knacks ist schon da. Irgendwie kann man das nich alles einfach so ... so wegradieren. Aber eigentlich geht's mir jetzt seelisch ganz gut. Na ja, ich hab schon manchmal Angst. Ich hab einfach Angst, dass ich's nicht schaff. Wenn du einmal Alkoholiker warst, bist du immer Alkoholiker und wenn du hundert Jahre trocken bist, du bleibst einfach einer.

■ Doris, wenn jemand merkt, dass er immer mehr trinkt, was meinen Sie? Was soll der tun?

Doris Was soll der tun? Hm, viel geholfen hat mir das bei den Anonymen Alkoholikern. Ich bekam da nie zu hören, du hast das und das gemacht, das ist falsch, du musst jetzt das tun. Da erzählt einfach jeder von sich und es ist egal, was du gemacht hast. Es is in Ordnung so. Ja, und in die Natur gehen, mit den Bäumen reden, mit den Pflanzen reden, ich seh sie auch als lebende Wesen.

■ Und Ihre Zukunft? Wie sehen Sie jetzt Ihre Zukunft? Was erwarten Sie vom Leben?

Doris ... Hm, ich glaub, ich schau nich in die Zukunft. Ich hab ja schon extrem gelebt und ich hab da auch teuer bezahlt dafür. Ich bin körperlich schon ziemlich kaputt, ich weiß nich, was da noch kommt. Nee, ich leb halt jetzt. Mehr hab ich nich. Aber ich das is doch schon viel, oder?

44 Das wunderbare Volk

10 Schwarzer Zigeuner

Hinweis: In der gesungenen Fassung fehlen die im Buch abgedruckten Strophen vier und fünf.

45 Der Mann, der den Zufall verkaufte

11 c

■ Hallo, Margot. Wie siehst du denn heute aus? Du gehst bestimmt auf die Party von Georg?

▲ Nein, ich arbeite doch im Hotel Koblenzer Hof als Sekretärin.

■ Und da musst du so elegant angezogen sein?

▲ Ich hatte einfach nichts anderes.

■ So möchte ich auch mal aussehen.

▲ Sag das nicht. Du hattest schon immer die besseren Klamotten.

■ Das ist es ja gerade Ich habe die besseren Klamotten, aber du siehst einfach besser aus.

48 Die Schönheits-Tipps von Kaiserin Sissi

14

Martha Schad: Sie selbst gilt ja immer als das bayrische Dummchen, das nach Wien geheiratet hat. Das muss auch mal hinterfragt werden. Natürlich hatte sie Unterricht wie alle herzoglichen und königlichen Kinder am Hof in Bayern. Und sie war wohl sprachenbegabt, sie sprach mit ihrer älteren Schwester Néné immer Englisch, wie ihre kleine Tochter in ihrem Tagebuch schreibt, sie lernte sehr schnell Ungarisch und zwar ein bisschen aus Opposition zu ihrer Schwiegermutter in Wien, die die Ungarn nicht sehr schätzte und später lernte sie Griechisch.

Moderatorin: Elisabeths Vorlieben in der Dichtung und der Musik waren klar definiert. Heinrich Heine und Richard Wagner hatte sie sich zu ihren Heroen erkoren. Eine Wahl, die ihre Modernität zeigt und wohl auch ihren rebellischen Geist, denn beide, Heine und Wagner, waren ja alles andere als hoffähig. Opposition gegen die starren Sitten am Kaiserhof brachten sie schließlich wohl auch dazu, ihre jüngste Tochter ganz allein nach ihren Vorstellungen erziehen zu lassen.

Martha Schad: Ein regelrechtes Bildungsprogramm verwirklichte sie mit ihrer jüngsten Tochter Marie Valerie, die mit zwanzig Jahren so gebildet war, dass es ihr schwer fiel einen Ehemann zu finden, der ihr ebenbürtig war von der Bildung her. Die Kleine hatte von Anfang an eine englische Gouvernante, eine französische Gouvernante, die besten Schauspieler, die besten Lehrer am Hof in Wien und selbst nach Bayreuth zu Wagner-Festspielen fuhr die Kaiserin mit ihrer Tochter.

Moderatorin: Ihre größte politische Tat, so sagt Martha Schad, war unbestritten der Ausgleich mit Ungarn. Ihre größte Weitsicht bewies Elisabeth in der Einschätzung der Monarchie, zu der sie als Kaiserin von Österreich und Königin von Ungarn ein überraschend distanziertes Verhältnis hatte.

Martha Schad: Das ist schon spannend bei der Kaiserin Elisabeth, dass sie sehr schnell merkt, dass die Regierungsform der Monarchie zu Ende gehen wird. Noch mehr hat sie darin bestätigt ihr Sohn Rudolf, der ja deshalb mit dem Vater sehr sehr schwer zurechtkam und erstaunlicherweise auch ihre Töchter. Und als die Monarchie zu Ende war, sind beide, Gisela und Marie Valerie, durchaus mit dieser neuen Regierungsform einverstanden. Das waren schon sehr moderne Gedanken einer neuen Staatsform, die die Kaiserin hatte.

50 Ramstein

1

Teil 1

Das ist Benjamin Trick, Ihr Wordjockey von WNCQ, einen Blick auf den Kalender, falls Sie es vergessen haben, es ist Donnerstag, der 21. September 2006, Herbstanfang. In New York ist es warm und schwül, die Temperatur liegt im Moment bei 93 Grad Fahrenheit, Luftfeuchtigkeit 76%.

Nach den Schießereien in Detroit und Chicago liegen die Aktienbörsen am Boden, Dow Jones auf 860 gefallen, kein Wunder bei dieser Hitze. Also am besten holen Sie sich einen Vitadrink aus dem Kühlschrank und lehnen sich zurück und vergessen Sie Ihre Kopfhörer nicht. Wir haben nämlich heute etwas Besonderes für Sie. WNCQ, America's last radio voice, hat als einzige Station der Vereinigten Staaten einen echten Radiokorrespondenten, unseren roving editor Timothy Tailor, der von jedem Punkt des Globus aus exklusiv für uns berichtet. Zuletzt war unser Mann in Europa, er hat uns einen stundenlangen Bericht über diese komische Gegend mitgebracht.

Teil 2

Für WNCQ Timothy Tailor, Ramstein, Westdeutschland, 3. September. In diesem kleinen Ort irgendwo zwischen Heidelberg und Luxemburg hat das 21. Jahrhundert nicht stattgefunden. Ein gottverlassenes Nest, es gibt hier nur eine einzige Kneipe. Wenn Sie die Bibel kennen, erinnern Sie sich vielleicht an die Geschichte vom verlorenen Sohn. Sie werden es nicht für möglich halten, aber ich, Ihr Reporter von WNCQ, werde hier wie der verlorene Sohn begrüßt:

Ja, ist das die Möglichkeit? Herr Tail Ohr! Sind Sie es wirklich? Was machen Sie denn hier bei uns in Ramstein?

Das ist die Wirtin vom Golden Gate. In ihrer Gaststube sieht es genauso aus wie vor zwölf Jahren. Der einarmige Bandit an der Wand blinkt sinnlos vor sich hin, unverrückt thront das Senfglas auf der karierten Tischdecke und unter der schweren Tischplatte lauern die Querhölzer, an denen jeder, der die deutsche Gemütlichkeit nicht kennt, sich die Knie wund schlägt.

Ja, ist es denn die Möglichkeit, der Herr Tail Ohr?

Auch die Speisekarte ist unverändert, eine kunstlederne Mappe so schwer wie ein Messbuch, unter der vergilbten Plastikfolie wird das alte Menü angeboten: Schweinskottelet mit Kartoffelpüree, Jägerschnitzel Hawaii, Würstchen mit Kartoffelpüree, Würstchen mit Kartoffelsalat und zum Trinken gibt es Schoppenwein lieblich und Schoppenwein herb.

Willkommen in Ramstein, Herr Teil Ohr. Na, was darf's denn sein? Ein kleines Schnäpschen zur Feier des Tages. Sie sind natürlich eingeladen, Herr Tail Ohr.

Auch Frau Leininger, genannt das Walross, hat sich nicht verändert. Sie kommt auf mich zu wie ein rollender Dampfer, stützt die Arme in die Hüften und wirft mir einen Blick voll grauenhafter Koketterie zu.

Nein, nein, nein, wer hätte das gedacht, der Herr Tail Ohr!

Dass sie mich wiedererkennt, grenzt an ein Wunder, denn ich habe ihre Stube, ihr Dorf, ihr Land, ihren Erdteil 12 Jahre lang nicht betreten.

Ein bisschen Musik, Herr Tail Ohr, bis Ihr Essen fertig ist? Sie sollen sich wie zu Hause fühlen.

Mein Gott, damals, als Sie hier waren in Ihrer schicken Offiziersuniform, Herr Tail Ohr, hach, das waren noch Zeiten, ach ja, das kommt nicht wieder, die schönsten Jahre unseres Lebens. Wissen Sie noch, wie Sie versucht haben, den Weihnachtsbaum mit Gin zu löschen?

Nein, beim besten Willen ich kann mich nicht erinnern. Dafür fällt mir auf, wie leer es hier ist. Ich habe das Golden Gate ganz anders in Erinnerung, nämlich laut, überfüllt und gewalttätig. Nach neun Uhr abends war hier kein Stuhl mehr frei, die Musik war ohrenbetäubend, die schwarzen GIs hämmerten auf den Spielautomaten herum und die kleinen rattenhaften Dealer brachten ihre Ware direkt an den Tisch. Ramstein, müssen Sie wissen, war bis in die neunziger Jahre der größte militärische Stützpunkt der USA auf dem europäischen Kontinent. Aber glauben Sie ja nicht, was Ihnen die Zeitungen weismachen wollen, dass wir damals die Herren der Welt waren, alles nostalgisches Geschwätz. Der Dollarkurs war für die GIs in Deutschland absolut mörderisch, sie konnten sich nur die billigsten Kneipen und Bordelle leisten. Und ich als frisch gebackener Leutnant war nicht viel besser dran. Meine Vorgesetzten sahen es nicht gern, dass ich mich in Golden Gate herumtrieb. Aber im Offiziersklub hinter dem Stacheldraht der Basis fühlte ich mich wie ein Zuchthäusler. Und so landete ich abends immer im gemütlichen Purgatorium der Frau Leininger. Niemand kümmerte sich um mich, ich kümmerte mich um niemand. Mit allen Anzeichen einer chronischen Depression saß ich da und betrank mich methodisch und wartete auf die obligate Schlägerei. Dann bahnte sich das Walross mit unbewegter Miene eine Gasse durch die Menge, trennte die Messerstecher und warf ihre Gäste hinaus. Keiner von ihnen hatte auch nur die geringste Ahnung, warum man ihn in diese unwirtliche Gegend geschickt hatte. Auch ich hatte das Gefühl, dass ich nach Europa deportiert worden war.

54 Baummieter

Friedensreich Hundertwasser – eine Reportage

Am anderen Ende der Welt, weit entfernt von der Hektik der großen Städte, lebt er am liebsten. Neuseeland war schon das Traumziel seiner Mutter gewesen, die vor den Nazis hierhin fliehen wollte. Hat er sich deshalb, viele Jahre später, hier niedergelassen? So weit das Auge reicht, gehört alles ihm. Das riesige Areal einer alten Farm hat er mit Tausenden von Bäumen wiederaufgeforstet. Den früheren Kuhstall baute er um zum Flaschenhaus. Jenseits einer der vielen kleinen Brücken der umgebaute Schweinestall mit Grasdach und Solartechnik für warmes Wasser. Und als Komfort das biologische Humusklo, für das er schon seit Jahren wirbt. Telefon und Fax verbinden ihn mit aller Welt.
Die Spirale ist sein Markenzeichen. Schon als junger Maler wurde Hundertwasser mit seinen Spiralbildern weltberühmt.

Ja, also, die Spirale ist ein ganz, ganz wichtiges Symbol des Universums, bedeutet Tod und Leben gleichzeitig. Ganz gleich, ob man von außen oder von innen in die Spirale eindringt, oder wenn man vom Zentrum aus hinausgeht, dann bedeutet das Geburt und nach außen hin Auflösung und Tod. Wenn man von außen in die Spirale eindringt, dann kann es Materialisation und Beginn sein – etwas, das sich verdichtet, langsam, und im Zentrum in einem Punkt im Tod endet.

„Judenhaus in Österreich" heißt ein frühes Gemälde, ein anderes „Krematorium" – Erinnerungen an Judenverfolgungen in Österreich, die auch seine Familie betrafen. Fast die gesamte jüdische Verwandtschaft mütterlicherseits kam in den Vernichtungslagern der Nazis um, Mutter und Sohn überlebten.
Das Leben im besetzten Nachkriegswien war hart, die Zukunft des einzigen Sohnes ungewiss. Lehrer, Koch, Garagenbesitzer, auf keinen Fall Künstler. Aber genau das wurde er.

Da es kurz nach dem Krieg war, hatte ich natürlich keine Ahnung von moderner Kunst und so begann ich nach der Natur zu malen. Bei jedem Ausflug in den Wiener Wald eine neue Zeichnung.

Nur drei Monate besuchte er die Wiener Kunstakademie. Als Künstler ist er Autodidakt.

Ein Kunstwerk hat verschiedene Assoziationsmöglichkeiten. Je mehr ein Bild Assoziationsmöglichkeiten bietet, verschiedenen Leuten mit verschiedenen Denkungsweisen, desto besser ist das Bild. Deswegen, wenn ein Bild nur eine Interpretation zulässt, dann ist es ein schlechtes Bild, wie z.B. die Fotografie. Wenn dagegen ein Bild völlig gegensätzlichen Menschen etwas gibt, z.B. einem Kommunisten und Antikommunisten oder einem Christen und Antichristen oder einem, der dem Geld hinterher ist, der es als Geldanlage betrachtet, oder jemand, der sich da verinnerlicht fühlt, und das all diesen verschiedenen Menschen das gibt, was er braucht, nicht wahr, so ist das ein gutes Bild, nicht wahr.

Die Mutter hatte sich lange gegen den Beruf des Künstlers gesträubt, also musste er weg aus Wien, per Autostopp nach Italien. Dort lernte er den französischen Maler René Brô und seine Frau Micheline kennen.

Sie nahmen ihn mit nach Paris. Aus der Begegnung mit René Brô wurde eine lebenslange Künstlerfreundschaft.

1953 malte er seine erste Spirale. Und er hatte einen Künstlernamen für sich gefunden.

Ich wurde als Stowasser geboren, dann habe ich das eingedeutscht, das „sto" auf hundert, sodass ich jetzt Hundertwasser hieß, dann habe ich mich geärgert, dass man mich Fritz nannte, und da habe ich Friedrich in Friedensreich umbenannt, das ist eigentlich nur eine Verdeutschung. Später kamen noch, noch andere Namen dazu, wie Regentag und Dunkelbunt und ich werde sicher noch andere Namen erfinden.

1962 Auf der Kunstbiennale von Venedig bekommt Hundertwasser eine eigene Ausstellung im österreichischen Pavillon. Der Beginn seiner Weltkarriere.
Danach lebt und malt Hundertwasser mehrere Jahre in Venedig.

Anfang der 80er Jahre wird aus dem Maler der Architekt Hundertwasser. Eine alte Sesselfabrik in Wien hat er gemeinsam mit seinem Freund und Manager Joran Harel zum Kunsthaus umgebaut.
Es enthält ein attraktives Privatmuseum, das heute Touristen aus aller Welt anzieht.
Eine Sammlung von Hundertwasser-Gemälden und von Architekturmodellen füllt ganze Stockwerke. Wohnlandschaften und Bauwerke von denen viele inzwischen verwirklicht worden sind.
Der Schritt vom Maler zum grünen Baumeister, als den er sich selber sieht, lässt sich hier mit Händen greifen.

Ich verweise auf Le Corbusier, der Paris dem Erdboden gleich machen wollte, um seine gradlinigen Monsterkonstruktionen hinzusetzen.

Eine heftige Polemik gegen die Herrschaft der geraden Linie in der Architektur, die Hundertwasser von Anfang an für unmenschlich hielt.

Die Ränder von den Trottoirs sind alle schnurgerade, doch die Menschen gehen ja in Wirklichkeit gar nicht geradeaus. Ja, die gerade Linie ist leider ein, ein Trugbild, eine nicht existierende Linie, eine feige Linie, eine reproduktive Linie. In ihr wohnt nicht der menschliche Geist sondern der Massensklave. Ich betrachte das, was ich anstrebe, als Befreiung der Architektur.

Zum ersten Mal konnte er seine Ideen mit dem Wiener Hundertwasserhaus verwirklichen, ein Naturhaus der besonderen Art.

Ich habe nicht meine Kindheitsträume verwirklicht, sondern ich habe versucht für viele Menschen zu träumen.

Die Grundsteinlegung war 1983. Hundertwasser zeichnete als Planer.

Ich wollte etwas tun, ich wollte etwas bewegen im positiven Sinne für die Menschen, wusste aber noch nicht wie und wo und was, nicht wahr? Und hab natürlich dann die Mittel benützt, die mir zur Verfügung standen. Das war die Malerei später und dann die Grafik und dann meine Formulierungen und meine Manifeste und meine Architekturmodelle und dann die Architektur, nicht?

Nach 3 Jahren wurde das Haus den Mietern übergeben.

Und das ist auch eines der großen Geheimnisse, warum meine Bauten so anders sind. Weil sie sind ja nicht nur optisch und formal anders, sondern auch in ihrem ganzen Werden, in der Entstehungsphase. Von Grund auf herrschen hier andere Gesetze und das teilt sich dann natürlich mit auf den fertigen Bau und auf die zukünftigen Bewohner und so weiter. Das heißt also der Bauarbeiter baut so, als ob es sein eigenes Heim wäre, er ist dann stolz darauf, was er getan hat.

Und das sind Bauarbeiter, die ganz normal sind. Das ist nicht nur einer, sondern das ist auf jeder Baustelle so, das sind hunderte und aberhunderte von Leuten, die fähig sind ihre Kreativität an meinen Bauten auszuleben.

In der Wiener Fachwelt war dieses erste Hundertwasser-Haus allerdings sehr umstritten. Man hatte von ihm das ökologische Haus erwartet, keine vergoldete Kitschkathedrale.

Es herrscht eine absolute Ablehnung der Schularchitektur dessen, was ich tue, und gleichzeitig konfrontiert mit einer absoluten Zustimmung der Menschen. Also, es ist ein großer Zusammenprall von Meinungen. Soll Architektur den Menschen und der Natur dienen oder soll Architektur nur eine verlängerte Exposur einer Kulturmafia sein. Also ich tendiere schon dafür zu behaupten, dass die Architektur dafür da ist, den Menschen und der Natur zu dienen.

Für den engagierten Ökologen Hundertwasser ist ein Baum mehr als nur ein Baum.

Jeder Baum ist ein heiliger Baum. Besonders wenn er mitten in der Stadt ist. In der Stadt ist der Baum auch ein Botschafter der freien Natur.

Als in der Hainburger Au, unweit von Wien, ein Donaukraftwerk gebaut werden sollte, machte er sich zum Wortführer der Protestaktion.

Also einen Baum schneidet man in 5 Minuten um, zum Wachsen braucht er aber 50 Jahre. Das ist die Relation zwischen technokratischer Zerstörung und ökologischem Wiederaufbau. Ich erkläre hiermit feierlich, dass ich, Hundertwasser, die Patenschaft über alle Bäume übernehme, die im Herzen der Hainburger Au widerrechtlich von den Baggermaschinen der Donaukraftwerkgesellschaft niedergewalzt werden sollen. Falls dieses unfassbare Geschehen Tatsache werden sollte, dann wird diese Patenschleife zur Trauerschleife.
Als Einzelgänger und Außenseiter ist es oft schwierig, sich gegen Rudel zu behaupten. Das heißt, man muss so stark sein wie das ganze kläffende Rudel und das geht natürlich oft auf Kosten meiner Substanz.

1973 war Hundertwasser zum ersten Mal nach Neuseeland gekommen. Drei Jahre später segelte er mit seinem Kutter Regentag über den Pazifik dorthin. Und seit 1986 ist er sogar neuseeländischer Staatsbürger.

Denn nur die Natur kann uns Schöpfung lehren und Kreativität lehren, der Mensch kann das nicht.

Neuseeland ist für ihn zur eigentlichen Heimat geworden. Und dort ist er auch wieder zur Malerei zurückgekehrt. Es hat den Anschein, als hätten seine Lebensspiralen ihn dorthin geführt, wo er immer hat leben wollen, im Einklang mit sich und der Natur.